航天科技图书出版基金资助出版

航天产品工程

袁家军　编著

中国宇航出版社

·北京·

图书在版编目(CIP)数据

航天产品工程/袁家军编著. 一北京:中国宇航出版社,2011.2
ISBN 978-7-80218-921-8

Ⅰ.①航…　Ⅱ.①袁…　Ⅲ.①航空航天工业一工业产品
Ⅳ.①V1

中国版本图书馆CIP数据核字(2011)第021077号

责任编辑　张铁钧　阎　列　曹晓勇
封面设计　宇航数码　**责任校对**　祝延萍

出　版
发　行　中国宇航出版社

社　址　北京市阜成路8号　　**邮　编**　100830
(010)68768548
网　址　www.caphbook.com / www.caphbook.com.cn
经　销　新华书店
发行部　(010)68371900　　(010)88530478(传真)
(010)68768541　　(010)68767294(传真)
零售店　读者服务部　　北京宇航文苑
(010)68371105　　(010)62529336
承　印　天津画中画印刷有限公司
版　次　2011年2月第1版　　2021年6月第2次印刷
规　格　787×1092　　**开　本**　1/16
印　张　20.25　　**字　数**　350千字
书　号　ISBN 978-7-80218-921-8
定　价　98.00元

本书如有印装质量问题，可与发行部联系调换

前　言

航天产品工程以航天产品成熟度理论为核心，聚焦航天产品快速成熟的技术与管理过程，实现小子样航天产品的快速成熟，满足复杂航天系统对产品高可靠、高质量、高一致性要求。近年来，航天产品工程在航天科研生产体系建设、产品型谱建设、产品定型、生产线建设与认证等工作中得到实践应用，为航天型号缩短研制周期、改善研制效益、提高质量与可靠性、加速技术创新等发挥了重要作用。

为了更好地总结航天产品工程已有的成果经验，系统推广航天产品工程的理论和方法，加强对航天产品工程理论的研究和交流，撰写了这本《航天产品工程》。本书共分为 8 章，其中：第 1 章总论，主要介绍了国内外产品工程的发展、航天产品工程的理论基础，提出了航天产品工程的核心理论、技术体系和主要内容等；第 2 章航天产品成熟度，主要阐述了航天产品成熟度的概念、航天产品快速成熟方法、成熟度模型以及成熟度定级条件、程序等；第 3 章航天产品数据包，主要阐述了产品数据包的概念，产品数据包的范围、形成过程、内容以及数据包与成熟度的关系等；第 4 章航天产品型谱，主要阐述了产品型谱的内涵与作用、航天产品型谱编制的内容和方法，以及航天产品型谱的应用与管理等；第 5 章航天产品开发，主要介绍了航天产品开发的基本理论和方法，给出了航天产品开发的详细过程和具体案例等；第 6 章航天产品定型，主要阐述了航天产品定型的内容和方法、定型的步骤和管理等；第 7 章航天产品生产线建设，主要介绍了产品生产线的组成与建设要求，给出了生产线建设的步骤与认证、运行评估的标准与方法等；第 8 章航天产品工程信息化，主要介绍了国内外产品工程信息化的情况和实施的基础，阐述了产品研制过程信息化和产品管理信息化的主要内容，给出了产品工程信息化系统的建设方案等。

在本书编写过程中，杨孟飞、王卫东、张敬铭、原民辉、卿寿松等参加了全书策划，李志阳、周海京参加了第 1 章撰写，周海京、王卫东、李宇峰参加了第 2 章撰写，石晓然、王涛、程晓、杨孟飞、冯小琼、郭立、王大雷、宋晓慧、施帆参加了第 3 章撰写，杜刚、何洋、李琦、周思卓负责第 4 章撰写，冯靖皓、刘闯斌、于淼负责第 5 章撰写，王喜奎、张书庭、周凯、郑驰、张杰参加了第6章撰写，王至尧、牛庆锋、赵晨露、李富军、韩天龙负责第7章撰写，曹学先、周凯、柯伦、王栩、庞娅莉负责第8章撰写。张敬铭、朱毅麟、张照炎、郑松辉、余孝昌、王卫东、李志阳、周思卓、杨孟飞、原民辉、卿寿松、葛榜军等参加了全书统稿和审校。

感谢中国航天科技集团公司宇航部、中国空间技术研究院组织了本书的策划，北京空间科技信息研究所、中国航天标准化研究所组织了本书的撰写。此外，对于中国运载火箭技术研究院、航天动力技术研究院、航天推进技术研究院、四川航天技术研究院、上海航天技术研究院、中国航天电子技术研究院，以及中国宇航出版社等单位在本书撰写和出版过程中给予的大力支持一并表示感谢。

本书在撰写过程中力求做到结构完整、概念准确、阐述清楚，但因为航天产品工程是一项创新性和探索性的工作，本书的内容难免有错误和疏漏之处，恳请关心和关注我国航天事业的各界专家、学者们和广大读者给予批评指正。

袁家军

2011年1月15日

目　录

第1章 总 论

中国航天事业经过50多年的发展，取得了举世瞩目的伟大成就，特别是近年来相继实现了载人航天、月球探测等重大技术跨越，现役运载火箭可靠性稳步提升，各类卫星应用领域得到极大拓展，并逐步发展了具有中国特色的航天系统工程理论和方法。

航天是战略高科技的典型代表，是当今世界国与国之间竞争的重要前沿技术领域，航天产业已经成为各国转变经济发展方式，提高科技实力、产业实力和国家综合实力的新兴先导产业。持续提升航天系统工程能力，推动经济社会发展正在成为一项世界性课题。以美国为首的世界航天强国已经加快了航天系统工程的创新力度，提出并应用了大量新的系统工程理论、技术工具和管理方法。

从21世纪初开始，中国航天企业和相关管理部门，充分继承航天事业经过50多年探索形成的系统工程基本理论及方法，吸收国外航天产品质量与可靠性管理、航天产品生命周期管理等一般理论和方法，紧密结合中国国情和航天系统研制实践，积极探索新形势下加快中国航天事业发展的新路径、新思路，大力推动航天科研生产转型升级，针对航天产品高可靠、高质量及小子样研制的特点，提出了航天产品成熟度理论，建立了以推进航天产品快速成熟为核心的航天产品工程技术体系，初步形成了具有中国航天特色、反映中国航天事业发展需求的航天产品工程理论、方法和流程。

1.1 航天产品工程的发展及作用

1.1.1 航天产品与航天产品工程

1.1.1.1 航天产品的概念

产品是一项活动或过程的结果，包括硬件、软件、流程性材料、服务或它们的组合。

航天产品是指航天系统开发、研制或生产过程形成的硬件或软件。按其组成的复杂程度分为系统、分系统、单机、模块4个层次。

（1）系统

系统一般是指为执行规定功能以达到规定的目标而由一组有关要素组成的集合。在航天领域系统一词通常指整星、整箭、整船或整器，有时由若干下级要素（分系统或单机）组成的产品也泛称系统。

（2）分系统

分系统主要是指为执行规定功能以达到规定的目标，但本身还不能满足用户需求，由一组相互有关的要素所组成的集合或完成某一主要功能的单机组合。

（3）单机

单机主要是指设计并生产成能完成规定的功能，同时在被分解和再组装后能保持其功能的设备，或具有独立功能、完整结构和明确机、电、热等接口的构成分系统的产品。

（4）模块

模块则是完成某项功能并与其他模块共同支持单机的底产品。

本书在中国航天系统工程理论的基础上，重点研究航天单机产品快速成熟的理论、方法和流程。书中所称的航天产品，主要是指航天单机产品，但系统级、分系统级以及模块级产品也可依据本书的理论、方法和流程实施快速成熟。

1.1.1.2　航天产品的特点

航天工程系统及其各级各类工程产品主要运行在大气层外，其研制和应用需要适应硬件不可维护和外层严酷空间环境等特殊要求。

航天工程系统及其产品的研制活动一般具有探索性、先进性、复杂性、高风险性的突出特点和高可靠、高质量、小子样研制及一次成功的特殊要求。

探索性是指在航天工程实践中，科学、技术和工程问题相耦合，给航天工程实施带来众多不确定性。先进性是指航天工程系统和产品研制需要集最新科技成果之大成，即需要综合运用相关专业领域最前沿的研究成果，这使得航天工程成为技术先进性最为突出的复杂工程系统。复杂性是指跨学科集成，跨行业协作，系统庞大，参与人员众多，技术和管理复杂性高。高风险性是指航天产品需要在近乎无维护支持的情况下，以自主运行模式完成任务。航天产品在经过反复综合集成和系统优化之后，其各组成元素之间存在高度的交互关联关系，某个局部的细微问题或异常，均可能导致工程系统整体的功能衰减甚至失效，进而造成严重后果。因而，航天产品需要满足高可靠、高质量的要求。小子样研制是指航天产品研制过程中投产试验样品少，生产过程中小批量或单件生产。一次成功是指航天工程的研制和试验只能在地面进行，很多关键技术在地面难以真实考核，因而一次成功是系统第一次在真实环境下运行就要取得成功。以上这些特点都对航天系统开发和产品研制工作提出了更为严峻的挑战。此外，随着航天技术快速发展，越来越多的没有航天产品研制经验的新单位也加入到系统开发队伍中来，这也进一步增加了技术集成和工程管理的难度。

1.1.1.3 航天产品工程的定义

为有效实施航天工程管理，确保多型号并举的研制任务一次成功，在吸收国外相关实践和研究成果的基础上，不断进行航天系统工程理论和方法的创新，针对小子样研制情况下快速提升产品成熟程度这一命题，提出了产品成熟度理论。应用该理论，开展航天产品规划、研制、生产、管理的综合技术创新，将产品成熟度提升作为保证航天工程系统研制任务成功的重要基础，系统地提出并实施了航天产品工程。

航天产品工程是对航天产品开发、生产、质量管理、产品定型和应用等过程进行优化，以满足小子样研制条件下产品高性能、高可靠、高质量要求的综合性工程技术。

1.1.2 国外航天产品工程相关研究情况

国外航天领域目前还没有关于航天产品工程的明确提法，但针对航天产品相关的工程技术和成熟度评价方法等的研究已经比较深入，特别是技术成熟度和制造成熟度、成熟平台与现货产品应用、阶梯化研制以及持续改进机制等，对于中国航天产品工程的研究起到了重要的参考借鉴作用。

1.1.2.1 技术成熟度与制造成熟度

从20世纪中后期开始，随着航天技术的发展和应用要求的提高，为了在项目实施过程中有效识别、跟踪和控制风险，确保任务成功，世界航天发达国家纷纷开始探索和应用以技术成熟度和制造成熟度为核心的成熟度评价技术。

(1) 技术成熟度

技术成熟度（Technology Readiness Levels，TRL），又称技术准备等级或技术准备度，是指单项产品或单项技术在研发过程中所达到的一般性可用程度。由美国航空航天局（NASA）在20世纪80年代提出，作为航天研制项目在立项、评审、决策及研制启动之前，评价项目在技术上可用程度的指标。

目前，在美国航空航天局的《系统工程手册》以及一系列程序要求文件中，都明确要求开展技术成熟度评估，并规定了各阶段应达到的技术成熟度等级。美国国防部（DoD）在联邦问责局（GAO）的建议下，也已在航空、航天等重大国防采办项目中实施技术成熟度评估工作，并颁布了相应的管理文件和工作手册。除美国外，英国国防部、欧洲空间局（European Space Agency，ESA）等部门和机构在其项目中也已开始应用技术成熟度评估技术。技术成熟度一般分为 9 级，目前较为通行的技术成熟度等级（2005 年美国国防部发布）的划分见表 1—1。

表 1—1 美国国防部发布的技术成熟度等级定义

里程碑	技术成熟度	描 述
里程碑 A	1	基本原理被发现和报告
	2	技术概念和用途被阐明
	3	关键功能和特性的概念验证
里程碑 B	4	实验室环境下的部件和试验模型验证
	5	相关环境下的部件和试验模型验证
	6	相关环境下的系统、分系统模型或原型机验证
里程碑 C	7	模拟作战环境下的原型机验证
大规模生产	8	系统完成技术试验和验证
初始及完全作战能力	9	系统完成使用验证

（2）制造成熟度

制造成熟度（Manufacturing Readiness Levels，MRL）是对技术成熟度概念的拓展，主要为弥补技术成熟度难以评估装备生产系统的经济性和有效性的不足。用于确定武器装备研制过程中制造技术是否成熟，以及技术向产品转化过程中是否存在风险，从而管理并控制武器系统生产，使其在质量和数量上实现最佳化，即最大限度提高武器系统质量、降低成本和缩短生产周期，满足作战任务需求。

与技术成熟度类似，制造成熟度也具有完整的评定标准和度量方法，用于评定特定阶段制造技术的成熟程度，并允许不同类型技术之间进行一致的成熟度比较。2009 年 5 月，美国国防部颁布了新版《制造成熟度评估手册》，该手册将制造成熟度划分为 10 级，如表 1—2 所示。相对于技术成熟度，制造成熟度的应用目前尚处于起步阶段。

表1—2 美国国防部发布的制造成熟度等级定义

制造成熟度	描 述
1	生产可行性已评估
2	生产方案已定义
3	生产方案已确定
4	在实验室环境条件下的技术生产能力验证
5	在相关生产条件下部件模型的生产能力验证
6	在相关生产条件下系统、分系统的生产能力验证
7	在有代表性的生产环境条件下系统、分系统、部件的生产能力验证
8	具备小批量的生产能力
9	小批量的生产已验证，具备大批量的生产能力
10	大批量的生产能力验证

技术成熟度是美国航天项目研制过程中采用的研究较为充分、成效比较明显的一种项目评价方法和管理手段，而制造成熟度是美国航天系统研制过程中新近采用的一种管理工具。两者的目标和性质一致，都是以识别和控制项目风险为目的，供项目甲方和项目管理者使用的基本管理工具。技术成熟度和制造成熟度的提出，是航天系统和产品研制技术管理的重要成果，具有重要的参考应用价值。然而，技术成熟度和制造成熟度主要依据产品的外部特性和应用验证情况进行度量和评价，较少考虑产品的内在特性和产品成熟的本质要求，对如何促进航天产品在小子样情况下的快速成熟，缺乏有效的支撑。

1.1.2.2 成熟平台与现货产品应用

从20世纪70年代开始，世界航天发达国家和国际一流航天企业开始推行航天产品系列化、型谱化工作。国际主要航天系统集成商重点构建了成熟公用平台，确立了航天系统体系结构，建立了开放的标准接口规范，简化了研制生产流程，主导了基于成熟平台的应用卫星制造产业链建设。

公用平台的开发理念和相应接口规范体系的建立，加快了卫星所属单机和部件等的系列化、专业化开发。航天各级产品供应商纷纷建立企业产品系列型谱，开展现货产品研发、研制工作，并逐步形成了以系列型谱为指导、技术相对成熟、质量稳定、可供卫星设计选用的现货产品（OTS），根据用户和市场的不同，现货产品又分为商业现货产品（COTS）、政府现货产品（GOTS）以及军用现货产品（MOTS）。

以成熟公用平台和现货产品为主要特征的航天产业化技术应用，受到各航天发达国家的高度关注。20 世纪末，美国航空航天局开发的对地观测系统强调采用现货产品设计思想。21 世纪初，美国空军与洛克希德·马丁公司签署的新一代卫星研制合同中，也提出了全面采用现货产品、技术的相关要求。同期，欧洲超过 120 个项目、近 200 颗卫星应用了现货产品。美国和欧洲一些国家的政府和航天企业机构针对航天现货产品的选用制定了大量的标准和规范，不仅推动了现货产品在航天系统研制中的应用，也推动了航天产品开发思路和研制模式的创新。

应用现货产品，航天系统用户和研制企业可以不用过多地参与产品全生命周期管理，减少了大量的修改和维护经费，是缩短航天系统研制周期、降低系统研制成本的一种较为现实的途径。但对于一些大型重点建设项目或一些对风险控制要求较高的项目，现货产品在航天系统研制中的应用范围还不够大，众多航天工程系统在选用现货产品时，设置了严格的筛选标准和验证要求。现货产品为航天系统研制提供了一种新思路和新选择，而这种思路的落实尚需进一步深化研究。

1.1.2.3 阶梯化研制与准流水线生产

美国和欧洲一些国家结合国家航天能力基础建设的需求，对研制方式进行了有益的尝试和积极的探索。其中阶梯化研制和准流水线生产，在缓解近年美国大型航天系统超支严重、进度推迟等问题中取得了较大成效。

（1）阶梯化研制

阶梯化研制（Block Approach），是指采用“目标一次设定、分批逐步实现”方式实现新技术嵌入，以降低研制风险、提升研制进度和质量的一种方法。其基本原理为：按照阶梯化原则将系统及相关技术分解成一些标准单元模块；根据不同阶梯产品的研制生产需求，形成技术更新升级的梯度；构建一种渐进发展、螺旋提升的环境和机制，以适应新产品的研制需求。美国全球定位系统（GPS）的系统研制即采用此方法。

与阶梯化研制相对应的，美国和欧洲一些国家在许多系统研制中采用了回归基础方法（Back to Basics Approach），即采取各种措施，寻求低风险技术引入，旨在使技术渐进成熟。回归基础方法主要有 5 项要素：合作模式（管理），定向集成（技术），新商业模式实施（商业支持）以及对人和对过程的高度关注。

(2) 准流水线生产

美国和欧洲的一些传统航天发达国家，具备强大的国家工业基础和现代化流水线生产的经验。为应对航天系统研制的巨大需求，不断运用流水线生产方法，利用原有现代化大生产的基础条件，结合航天工程研制和产品生产的特点，改造更新了适应小批量生产的准流水线，推动了航天系统和航天产品研制进度和质量的稳步提升。其中，最为典型的是波音公司的GPS IIF系列卫星脉冲生产线（Pulse Production Line）。它基于波音737生产线的建造理念，通过建立一系列连续的包含特定工具和保障条件的脉冲点，有效减少了系列卫星的生产时间。

阶梯化研制主要在于通过渐进的方式降低系统研制风险；准流水线生产主要在于更好地发挥现代工业基础的整体能力。从美国的情况看，阶梯化研制和准流水线生产确实在控制和缩短研制周期的同时，保证了美国航天产品质量与可靠性，降低了航天项目风险，产生了重要的经济、军事和社会效益，具有重要的参考意义。但阶梯化研制和准流水线生产需要较为雄厚的系统规模、技术基础和经济实力作为基本条件。

1.1.2.4 持续改进机制与六西格玛管理

世界主要航天国家都在采取各种有效的质量控制措施，以期达到航天产品高质量、高可靠性的目标。因而，不断提高航天产品质量管理的有效性就成为航天产品设计研制的重要环节。

持续改进机制（Continuous Process Improvement，CPI），即在系统研制和产品生产中，通过不间断地完善过程控制，循序渐进地提升质量和稳定性的方法。2006年，在持续改进机制一般原理的基础上，美国国防部发布了基于逐步改进思想的《美国国防部持续改进机制转型手册》，提出了具有一定特色的持续改进机制的方法，其中精益六西格玛管理是其核心。

精益生产（Lean Manufacturing），是一种以最大限度地减少企业生产所占用的资源及降低企业管理和运营成本为主要目标的生产方式；六西格玛管理（Six Sigma），是基于统计学原理提出的质量管理概念，六西格玛代表质量合格率达到99.999 7%或以上，六西格玛管理是提升产品质量的有效方法。美国国防部将上述两者结合，统称为精益六西格玛管理（Lean Six Sigma，LSS），并针对不同研制企业的管理特点和实施基础，提出了采用精益生产和（或）六西格玛管理的具体流程和技术工具。

精益生产和六西格玛管理都是当代流行的企业管理理念，在许多行业得到了广泛应用，取得了比较突出的成效。但在航天领域尚处于初步应用和逐步成熟的阶段。

1.1.3　中国航天产品工程的发展情况

1.1.3.1　航天系统工程的发展

1958年，中国著名学者、航天事业的奠基人钱学森编著的《工程控制论》中文版出版，对系统工程的理论和方法进行了阐述，奠定了中国系统工程的理论基础。20世纪60～70年代，在"两弹一星"等国家重大项目的实施中，以钱学森为代表的一批科学家领导航天系统推行和实践系统工程的理论和方法，广泛进行了航天系统工程的探索实践，成为"两弹一星"成功研制的重要经验之一。

20世纪80～90年代，中国航天型号研制中设立总指挥和总设计师两条指挥线，明确了总指挥作为航天型号负责人，对型号研制的技术、质量、进度、项目经费等负全责，总设计师对型号研究、设计、生产、试验等技术工作负全责，在系统工程理论的基础上，逐步形成了具有中国特色的航天型号系统工程管理模式。20世纪90年代起至2000年，是中国航天系统工程全面发展的阶段，形成了质量问题归零"双五条"、技术状态变化控制"五条"等一系列方法规范，针对航天型号系统工程管理的各个要素制定了规范化的管理和评价方法。

2000年以来，通过载人航天工程、月球探测工程、第二代卫星导航等重大项目的实践，中国航天系统工程和项目管理理念和方法进一步得到改进，并不断向规范化、定量化的方向发展，初步建立从定性到定量综合集成的航天系统工程管理方法，为航天产品工程的形成、发展奠定了基础。

1.1.3.2　质量与可靠性管理

中国航天事业的发展进程并非一帆风顺，特别是1994～1996年，中国航天事业遭受了一系列挫折。面对"失败不起，没有退路，只能成功"的严峻形势，中国航天企业和管理部门认真总结成功的经验和失败的教训，提出并实施了一系列具有航天特色的强化型号研制和质量管理的措施，加强了产品保证能力的建设，从而保障了1996年以来各项国家重大科技专项及型号科研生产试验任务的圆满完成。

中国航天取得的成就，源于质量管理能力的不断跨越。而航天科技工作者在履行使命的实践中，不断探索总结出的管理理念和方法是实现质量管理能力不断跨越的重要基础。概括起来有以下几方面。

(1) 坚持以人为本，培育航天质量文化

不断增强员工的质量意识，树立"零缺陷"的理念，全面提升员工的质量素质，为航天产品研制生产和质量管理能力跨越，提供强大的精神动力，创造良好的工作氛围。

（2）强化质量基础，提升产品保证能力

通过实践、认识，再实践、再认识，不断深化质量管理体系建设，加强质量与可靠性技术创新和推广应用，强化技术支撑机构和条件建设。建立健全质量标准规范体系，不断提升产品保证能力。

（3）实施系统管理，完善型号过程控制

遵循“从源头抓起、预防为主、系统管理、一次成功”的方针，逐步摸索并有效实施了一整套科学、先进和具有中国航天特色的型号研制生产全过程的控制方法。

1.1.3.3 通用化、系列化、组合化

1996年9月，原国防科工委和航天工业总公司印发了《关于加强卫星与飞船工程通用化、系列化、组合化工作的决定》，在国防科技工业领域开展了卫星与飞船工程通用化、系列化、组合化（简称“三化”）工作。通过“三化”工作，通用化、系列化和组合化的设计思想在卫星、飞船以及运载火箭研制中得到宣贯，获得了一批“三化”研究的重要成果，为后来的产品工程研究起到了启蒙和引导作用。其中，通用化为航天产品定型工作进行了先期探索；系列化为产品型谱的建设摸索了经验；组合化为产品开发模式优化提供了基本思路，使其成为航天产品工程研究的重要基础。

当然，由于当时中国卫星、飞船以及运载火箭研制的数量少，尚不具备全面推进“三化”工作的物质条件，同时受到时代以及人们在认识和观念上的局限，“三化”工作更多地局限于航天系统和产品设计思路的改进研究。

1.1.3.4 产品化

为了满足日益繁重的航天研制任务需求，有效缩短产品研制周期，降低产品研制成本，保证产品的质量和稳定性，实现航天系统从试验应用型向业务服务型、从单星向多星和星座组批生产模式的战略转型，从2003年开始，中国航天个别企业在国家相关管理部门的支持下，启动实施了航天产品化建设的研究和实践。主要有以下几方面内容。

（1）建立适应多型号、多任务和批产要求的产品体系

确立产品体系框架，实现产品型谱全面覆盖，推动成熟通用单机产品定型，完成关键通用产品生产线建设，搭建产品信息共享和工作交流平

台，实施平台技术状态固化工作等。

（2）建立产品保证队伍体系、文件体系和标准体系

建立专业化产品保证队伍和产品保证技术支持机构，初步形成产品保证文件体系，实现产品保证标准体系在研制全过程的覆盖，初步建立以产品质量与可靠性数据包为核心的精细化质量管理模式，建立各级面向产品的质量分析工作机制，强化外协产品保证管理，完善可靠性工作监督、评价和管理机制，结合产品定型实施可靠性增长工程等。

（3）建立健全产品队伍组织模式

构建面向产品的队伍组织模式，设置产品首席专家和产品保证工程师等重点岗位；明确产品首席专家的工作职责，加强对产品首席专家的考核与激励，实现产品队伍中设计人员与调试、测试、试验人员的分离；建立起专业化岗位体系，为从事产品工作的相关技术管理人员提供多项政策保证。

航天产品化建设，以航天型号研制需求为牵引，以产品规划和梳理为基础，以产品型谱建设、产品成熟度提升、产品定型、产品生产线建设与认证、产品规范体系建设、产品推广应用为主要途径，以实现产品可重复生产、推动产品更新换代为目标，以建立可重复生产需要的全过程文件体系、规范体系、配套资源以及相关的科研生产管理模式为保证，是推动中国航天系统从以型号研制为中心向型号与产品并重转变的重要基础性工作。

1.1.3.5 精细化质量管理

航天的质量管理伴随着航天事业的快速发展不断深化和创新。实施精细化质量管理，成为航天事业发展的必然要求和战略选择。2009年，中国航天企业将几十年航天质量管理经验，特别是近年工作成果进行总结，发布了《航天型号精细化质量管理要求》，即质量管理“28条”。针对新形势、新任务和新特点，提出了全面实施精细化质量管理的基本思路和具体要求。

实施精细化质量管理，实现质量管理能力新跨越的基本思路是“五个强化”。即按照继承、完善、创新的工作方针，强化零缺陷理念、强化质量体系建设、强化全过程控制、强化质量基础建设、强化团队建设。主要有以下几方面内容。

（1）深入落实零缺陷质量理念

与系统工程管理有机融合，将零缺陷的理念贯彻到型号研制生产的每

个阶段、每个过程，贯彻到每个员工、每个岗位的活动中。以过程的零缺陷保证产品的零缺陷。深入开展全员质量意识教育，不断提高全员质量素养。通过严格执行各项规章制度，培养员工良好的工作作风；通过将质量职责和目标层层分解落实，使型号研制人员职责明确、清晰，确保工作要求全覆盖；通过系统的工作策划，将产品的指标要求分解变成每项具体工作的细化、量化要求，确保工作有依据；通过严格的过程控制和闭环管理，将各项要求切实落实到每一个产品上、每一项操作中，确保工作无差错；使从识别产品要求到产品交付的各个环节都得到有效控制，力求做到一次成功。

（2）系统提升质量管理能力

系统开展面向产品的质量分析，开展质量管理体系评估，完善体系改进机制；加强对共性问题的分析与解决，强化对通用产品的定型管理，建立产品质量改进机制；通过系统策划与分析，规范产品可靠性设计、分析和验证，深化质量与可靠性数据包管理，强化型号产品全过程控制；通过加强资源保障、技术方法和标准规范的研究及专业队伍建设，提升质量基础能力；通过有针对性的质量培训和案例教育，开展技术交流，加强班组建设，提升团队能力和零缺陷意识。

（3）强调对于关键环节和变化的控制

1）加强关键环节识别。对不可测试项目和关键工序，合理设置关键和强制检验点并形成表格化的检验记录，检验记录要求完整、准确、细化、量化，并留有必要的可追溯性的影像资料；对检验、测试数据要进行判读、比对和分析；对处于临界和有明显变化趋势的数据要进行原因和后果分析，必要时需进行验证。通过精细化的控制措施，保证关键环节受控。

2）关注对变化的控制。对出现的变化有准确的把握，并提前考虑对其进行控制的措施，进一步规避和控制风险，防止研制生产出现反复；加强不合格项和偏差管理，对技术状态的变化和检测、测试数据的变化加强分析，必要时进行验证。

（4）细化和量化管理

实施对要求的细化和量化，在对要求充分识别的基础上，通过建立航天产品数据包工作，将产品保证要求和量化过程控制的结果逐级分解落实到型号的各级产品中，以规范和指导型号产品对要求实现全过程、各环节的细化和量化管理工作。

实施工作过程中的精细化操作，通过表格化管理、量化的过程记录等方式将工作的各项要求予以落实；强调通过对质量与可靠性数据和信息的深入研究、系统分析来发现问题、把握趋势、指导管理。

1.1.4 航天产品工程的作用

航天产品工程是在全面总结近年产品技术和管理工作实践基础上，解决高科技产品开发一般性问题的理论和方法，深入研究并推广应用航天产品工程的理论、工具和方法，对于推动中国航天事业又好又快地发展具有重要的理论和实践方面的意义。

1.1.4.1 推动系统工程理论创新

系统工程是解决复杂系统的理论和方法。航天系统工程研究必须不断寻求新的理念、理论和工具，以解决新形势下航天领域所面临的问题。而以航天产品快速成熟为主线的产品工程，是新时期中国航天系统工程能力提升的重点领域，也是推动航天科研生产转型升级的重要支点。

技术、产品、管理和队伍的成熟是航天工程成功的重要保证，技术、管理和队伍成熟则是产品成熟的前提。探索和把握产品成熟的规律，反过来对于促进技术、管理和队伍能力的提升，提供了方向和步骤。从理论上探索研究实现产品快速成熟的途径和流程是航天系统工程理论和方法创新的重要课题。

航天工程不是一般性质的技术探索活动，保证重大航天任务的一次成功是国家实力、国家形象的体现，应该成为航天工程追求的目标。任务成功要靠技术成熟和产品成熟来保证，靠队伍成熟和管理成熟来支撑。作为航天产品工程的核心，产品成熟度理论既是指导航天产品成熟度快速提升的重要工具，也是复杂航天系统风险识别与控制、技术团队能力提升的工具，以及航天工程管理持续改进的工具。通过不断深化以产品成熟度理论为核心的航天产品工程的研究，将进一步推动航天领域的工程管理理论和技术的创新，显著提升航天系统工程能力，引领航天系统工程的发展。

1.1.4.2 推动航天产品快速成熟

随着航天工程系统需求增加和航天研制技术变革，航天产品生产模式从单件向多件组批生产转变，需要逐步建立由型号驱动向产品拉动的模式转变，航天产品向更长寿命、更强功能、更高技术密集度发展，对可靠性技术和航天工程能力的要求更高。

航天产品小子样研制、一次成功的特点，决定着当前航天可靠性工作的发展。深入分析影响航天产品快速成熟的内在特征，明确航天产品的成熟路径以及相应的流程与方法，实现航天产品快速成熟，成为新时期航天系统工程必须解决的重要技术问题。

深入开展航天产品工程研究，是推动中国航天实现跨越式发展的重要基础。航天产品工程的不断发展，将为航天产品在小子样研制情况下，有效提升成熟程度提供基础理论和方法指导，并为促进航天产品快速成熟、提高系统工程能力奠定基础。

1.1.4.3 提升风险管理能力

航天事业是高投入、高风险的行业。航天系统和各级产品在全生命周期中充满各种风险，稍有不慎，轻则影响研制费用和进度，重则使整个任务失败，甚至造成人员伤亡。为了保证航天任务的成功，必须尽量把风险降低到最低限度，力求不出或少出问题。目前，风险管理已纳入各航天型号研制工作中，形成了一整套较系统的做法，成为一项重要的管理工作。

但总体上看，对于航天产品自身固有的不确定性和产生风险的因素，认识上和技术上还存在着很大不足，对航天各级各类产品的风险识别、分析和规避的技术过程尚需深化，航天风险管理与决策能力受到较大影响。深入研究产品成熟度提升的流程和方法，成为突破航天风险管理发展瓶颈的必然方向。

积极探索航天产品工程理论、方法，不断深化产品成熟度理论、方法、流程的研究，将有力地支撑风险识别、分析的定量化和科学化。采取有针对性的措施和资源分配策略，经济合理地减小和跟踪风险，为在航天工程研制中基于产品成熟程度实施的风险管理和风险决策活动提供基本工具和手段，推动航天风险管理水平的提高。

1.2 航天产品工程的理论基础

1.2.1 航天产品工程的研究范畴与重点

从工程需求出发，航天产品工程研究的重点既要包括产品成熟程度定义、度量标准和度量规则，也应包括实现产品成熟的途径和方法。从基本内涵考虑，产品成熟至少应包含技术完备、状态固化、生产稳定、过程受控等几方面含义，并能够基于产品成熟的本质特性和内在规律实现各要素的系统融合。

从航天产品固有特征出发，航天产品在任务要求、运行模式和运行环境等方面的特殊性，航天工程所具有的探索性、先进性、复杂性、高风险性等特点，都制约了传统理论方法的应用，也增加了航天产品工程理论研究的难度。同时，目前在航天系统工程研制过程中，还普遍存在着多种导致变化的因素，使得航天产品难以快速提升其一致性和稳定性，也进一步凸显了航天产品工程理论研究的重要意义。这些变化因素主要包括以下两点。

1）产品技术状态的变化，其原因可能来自元器件、原材料等基础产品自身的变化，也可能来自产品涉及的专业技术的发展和更新。

2）航天产品生产过程要素的变化，其原因可能来自生产岗位人员的变化，或者来自生产管理体系的变化。

就理论本身而言，产品工程理论既具有工程技术的属性，也包含了管理理念和方法，是在航天系统工程方法论基础上对管理和技术进行交叉融合和深化研究后形成的综合技术成果。

航天产品工程是航天系统工程理论、方法的新发展，航天产品工程的研究重点是航天产品成熟的本质特性和内在规律，以及航天产品如何在小子样研制情况下快速成熟的方法。

作为一门综合性交叉学科，航天产品工程既需要系统工程技术过程理论、方法的支撑，也需要组织管理流程、工具的支撑。但航天产品工程不具体研究航天系统设计过程及各级各类产品的机、电、热等专业特性，也不是具体的工程管理理论。专门指导产品开发设计的技术方法以及一般性的管理内容，本书不作介绍。

1.2.2 系统工程方法论

1.2.2.1 航天系统工程方法论

航天事业的发展依靠当代最先进科学技术的支撑，同时，也与系统工程的理论和方法有着紧密联系。系统工程的理论保证了航天事业的发展，航天事业的发展也极大地推动了系统工程的完善、发展和提高。航天系统工程的方法论和工具集是航天产品工程研究的重要理论来源。

系统工程方法论是分析和解决系统开发、运作及管理实践中的问题所应遵循的一般程序、逻辑步骤和基本方法。它是系统工程思考问题的一般方法与规律。系统工程方法论的特点在于研究方法强调整体性，技术应用强调综合性，管理决策强调科学性。

在总结国内外航天工程研制经验，特别是近年来中国航天系统工程研究实践的基础上，航天系统工程方法论可以归结为以下“五个结合，五个转变”。

1）定性与定量相结合，由定性认识向定量认识转变。任何系统都有定性特性和定量特性两个方面，定性特性决定定量特性，定量特性表现定性特性。定性特性是定量特性描述的基础和指导，但只有定性描述，对系统特性的把握难以深入和准确，只有借助定量描述，才能对系统特性的认识更深刻、更精确。

2）宏观与微观相结合，由实现宏观认识向微观认识转变。宏观认识是微观认识的外在表现，微观认识是宏观认识的基础，微观决定宏观。需要在宏观认识的基础上，通过充分放大细节，不断探求系统内在微观变化的本质。

3）创新与规范相结合，技术活动由创新向规范化方向转变。创新是发展的驱动力，是突破常规思维约束，寻求对问题的全新解决。而规范是创新的产物，规范形成的过程即是创新的过程。应不断固化创新成果，坚持在长期实践和探索研究中形成的规范要求，实现技术活动的井然有序和技术过程的协调高效。

4）人与计算机相结合，技术作业由人工作业向自动化作业转变。人与计算机的结合，实际上是人脑与计算机能力的结合与融合，把人的创造性优势与计算机在逻辑思维方面的优势都充分发挥出来。随着技术作业信息化、智能化程度的不断提高，需要更多地发挥计算机自动化作业的能力，将人从程式化作业中解放出来，更多地发挥人的创造性，并将人为低层次错误降到最低。

5）不确定性与确定性相结合，对系统风险的把握由不确定性向确定性方向转变。确定性与不确定性不是两个完全对立的概念，而是一个连续统一体。从不确定性到确定性有一个逐渐加深的过程，要通过风险识别与控制方法的改进提高，不断减少偏差和不确定性，形成对系统完全确定性的认识。

1.2.2.2　航天系统工程的核心思想

在运用系统工程方法来分析与解决现实复杂系统问题时，需要确立系统的观点（系统工程工作的前提）、总体最优及平衡协调的观点（系统工程的目的）、综合运用方法与技术的观点（系统工程解决问题的手段）、问题导向和反馈控制的观点（系统工程有效性的保障）。航天系统工程的要义是应用整体观念、相关与制约观念、层次观念、目标观念、环境适应性观念、优化观念和风险观念去分析、研究和处理航天系统研制过程中的问题。

在系统工程方法论的基础上，综合工程研制和质量管理的相关经验和成果，作为航天产品工程研究的基础。航天系统工程的核心思想可深化概括为“综合集成、集成综合、迭代深化、放大细节、严格管理、快速成熟”等6个方面。

（1）综合集成

综合集成是系统的初步构建方式。针对航天型号任务需求，通过跨学科、跨专业协同工作，综合各专业要素，构建组成型号任务需求的系统原型，这一过程称为综合集成过程。

（2）集成综合

集成综合是指针对综合集成形成的系统原型，依据任务环境条件和工作要求，以及对大系统的各方面影响因素，进行反复的综合分析、考核、完善工作，使系统原型尽可能接近真实系统的技术状态。

（3）迭代深化

迭代深化是通过各方面工作取得的信息，对航天系统进行反复设计、分析和验证，加速系统的改进和完善。迭代深化的方式包括两个方面：一方面是随工程研制阶段的进展，在新阶段对前一阶段进行迭代；另一方面是通过反复识别、分析问题、解决问题并验证其有效性，持续改进系统设计。

（4）放大细节

在航天系统工程中，充分识别并有效控制影响任务成败的关键细节是确保任务成功的核心工作，通过各种方式和手段，不断深化对系统关键细节的把握程度，是航天系统研制人员和管理人员的首要任务。

（5）严格管理

管理是保证系统工程实现跨学科协同和专业综合的基础和保障，只有严格管理才能保证系统工程的各项工作的有效落实和最终目标的实现。

（6）快速成熟

由于航天工程系统具有小子样研制特点，无法利用传统的工程方法完成成熟度提升，因此，必须利用前述系统工程理论，探索开发适用航天型号特点的快速成熟路径和方法，支持航天型号开展有效的质量可靠性保证工作。

上述航天系统工程方法论及核心思想，指明了产品成熟过程的基本方向，成为构建航天产品工程理论的核心基础。

1.2.3　航天产品开发技术过程

在不断推进航天工程实践的基础上，中国航天发展了一些具有中国特色的航天产品技术过程的模型和流程，其中产品开发模型和技术状态基线管理方法较为典型。

1.2.3.1　产品开发模型

以系统工程方法为基础，中国航天领域经过不断创新、实践和完善，逐步形成了具有自身特色的传统航天型号产品开发模型。在这一模型中，用户和采购方要求通过研制人员反复迭代的设计、分析、评价、权衡、决策和优化活动，逐级向下细化为各组成部分技术要求，并通过研制活动转化形成实物产品，再经过逐级验证、交付，并在高一级进行组装和集成，最终完成整个系统的研制和验证，并交付用户。

这一模型，以用户要求为起点，描述了系统从要求分析到系统验证的闭环过程，通常被称为航天产品开发“V”字模型，如图1—1所示。

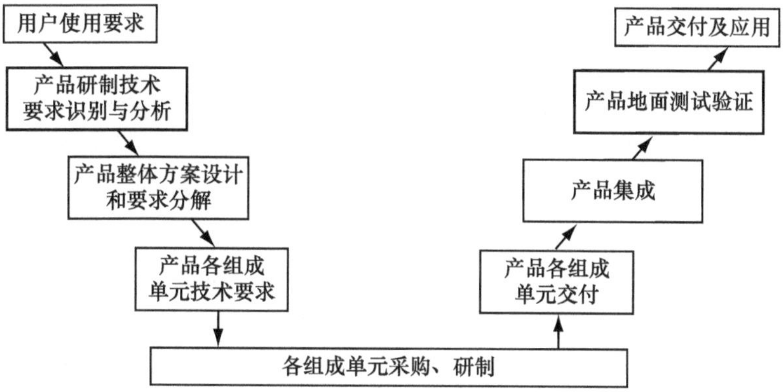

图1—1　航天产品开发“V”字模型

1.2.3.2　技术状态与基线管理

(1) 技术状态管理

技术状态是指在技术文件中规定的，并且在产品中所要达到的产品功能特性和物理特性。技术状态管理（Configuration Management）是在产品（含硬件、软件及其组合体）全生命周期内，运用技术管理手段，对在技术文件中规定的、并在产品上最终实现的功能特性和物理特性实施监督的一种管理方法。

技术状态管理是系统工程管理的重要组成部分，是航天等复杂大型工程在研制生产过程中，确保产品质量、降低费效比、缩短研制周期的有效措施。技术状态管理主要包括技术状态标识、技术状态控制、技术状态记实和技术状态审核等活动，如图1－2所示。

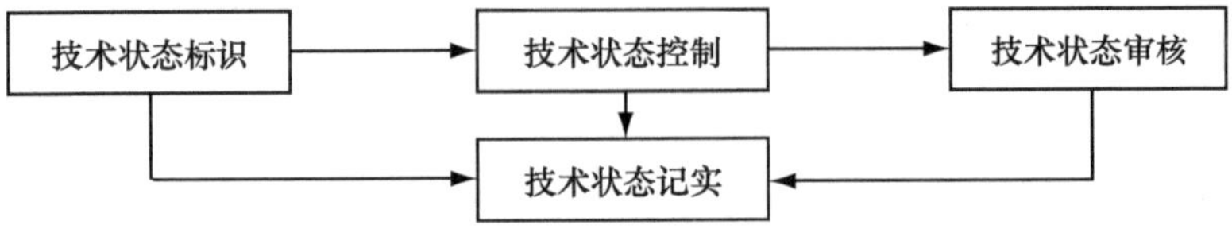

图1－2　技术状态管理活动

具体而言，技术状态管理的主要内容如下：

1）技术状态标识。包括确定产品结构，选择技术状态项目，将技术状态项目的物理和功能特性以及接口和随后的更改形成文件，为技术状态项目及相应文件分配标识特征或编码等所有的活动。

2）技术状态控制。技术状态文件正式确立后，控制技术状态项目更改的所有活动。

3）技术状态记实。技术状态记实是对所建立的技术状态文件、建立的更改状况和已批准更改的执行状况所做的正式记录和报告。

4）技术状态审核。技术状态审核是确定技术状态项目是否符合技术状态文件而进行的检查。技术状态审核包括功能技术状态审核和物理技术状态审核。功能技术状态审核是为核实技术状态项目是否已经达到技术状态文件中规定的性能和功能特性所进行的正式检查；物理技术状态审核是为核实技术状态项目建造/生产技术状态是否符合其产品技术状态文件所进行的正式检查。

（2）技术状态基线

在实施技术状态管理中不仅涉及技术状态项目（Configuration Items，CI），而且也涉及基线。技术状态基线（Baseline）是指在某一特定时间正式规定的产品的技术状态，它是后续活动的参照基准。技术状态项目是技术状态管理的基本单元。基线是指已批准的并形成文件的技术描述。技术状态管理中，一般要考虑3个基线，即功能基线、分配基线和产品基线。技术状态管理的实质就是对基线的管理。

1）功能基线。功能基线主要是对研制任务书规定的产品功能特性和性能特性作出详细说明，以及对有关问题的约束形成技术要求。这就是最初的功能技术状态标识。

2）分配基线。分配基线是最初批准的分配技术状态标识，也就是通过先行试验等活动和确认，将产品或系统的功能分配到产品的各个组成部分，形成产品各个组成部分的设计任务书。

3）产品基线。产品基线是最初批准或有条件批准的产品技术状态标识，是经过初步设计、技术设计和鉴定等阶段后，形成产品重复或批量生产使用的成套技术文件。

基线管理是贯穿于产品研制全过程的管理。在产品全生命周期内，有必要规定作为下一过程工作起点的参照基准时，应建立技术状态基线。前一过程技术状态的输出应是下一过程技术状态的输入，是下一过程开展活动的依据和基准。在技术状态管理过程中，既要确立同一阶段的基线，又要保持研制全过程设计的连续性和继承性。前一阶段的工作没有达到规定的目标或没有达到满意的质量要求，就不能转入下一阶段。为保证设计质量，必须注意确立基线转移的检查和评审，不允许有任何超越开发设计程序的现象发生。对于经批准确立的基线不应轻易变更，在特殊情况下需进行变更时，必须按原审批程序和级别重新进行批准。技术状态基线与经过批准的更改，共同组成现行获准的技术状态。

1.2.4　航天产品分析方法

在航天系统工程方法论的指导下，中国航天领域在实际工作中提出了一些具有较强可操作性和代表性的航天产品分析方法和技术工具，成为产品工程重要的理论方法基础。具有典型代表性的主要是："1＋6＋2"可靠性分析方法、"九新"风险分析方法以及面向产品的质量分析等，在有效支持航天系统工程管理活动的同时，也推动了系统工程方法论的丰富和深化。

1.2.4.1　"1＋6＋2"可靠性分析方法

"1"即完善产品的故障模式与影响分析（FMEA），包括设计、实现过程、使用等各环节的失效模式分析；"6"即做好抗力学环境设计、热设计、电磁兼容性设计、静电防护设计、抗辐射设计、裕度设计等6个方面的设计与分析；"2"即元器件选用和可靠性试验验证2项充分性分析。"1＋6＋2"方法要求可靠性关键环节的保证措施要落实到生产、测试的过程文件之中，做到可控；可靠性验证要充分，要求分析历史积累的仿真、地面试验和飞行数据，验证整机可靠性指标的达标情况，真正做到量化。

1.2.4.2　“九新”风险分析方法

“九新”风险分析方法，是指在结合各个型号特点的基础上，重点针对新技术、新材料、新工艺、新状态、新环境、新单位、新岗位、新人员、新设备等进行深入和系统的分析，识别风险，制定规避和控制风险的措施与预案，确保各阶段针对风险管理的关键工作项目系统全面，工作重点清晰明确，工作安排合理可行，保障资源落实到位。

1.2.4.3　面向产品的质量分析方法

面向产品的质量分析，即着重做好对产品质量问题信息的采集、聚焦和放大，对问题的原因进行归类和深入透彻的分析，将关注点聚焦到共性、重复性、批次性问题及问题多发、关键和通用产品上，对造成质量问题的深层次原因和产品的薄弱环节“小题大做”，制定针对性的纠正和预防措施并加以落实。同时，通过各级面向产品的质量分析活动，不断完善各级质量管理体系文件，推动质量管理体系的持续改进。

1.2.5　航天质量管理与产品保证

以系统工程方法论为基础，中国航天领域将质量管理体系、产品保证与过程质量控制三者有机结合，构建了航天系统质量管理活动的基本框架。其中，质量管理体系是顶层规范和工作基础；产品保证是基于任务提出的量化的质量要求；质量控制活动则是依据工作要求形成的刚性约束和控制措施。产品保证为质量控制提供了依据，质量控制确保产品保证要求得到落实，两者在质量管理体系统一约束和支持下，相互支撑，共同实现保证系统研制任务一次成功的目标，并逐步实现精细化质量管理要求。

在构建航天系统质量管理活动框架的基础上，中国航天形成了在我国质量管理领域具有重要影响的质量问题归零“双五条”和技术状态变化控制“五条”准则。

1.2.5.1　质量问题归零“双五条”标准

航天质量问题归零“双五条”，包括技术归零和管理归零两个方面。目前，它正以其自身的科学性、先进性和有效性，被越来越广泛地应用于包括航天领域在内的全国其他技术领域，成为规范人们质量活动的一项共同的行为准则。

（1）技术归零

所谓技术归零，是指针对质量问题的技术原因进行归零。它包括定位准确、机理清楚、问题复现、措施有效、举一反三等5条具体要求。

1）定位准确，是要求确定质量问题的准确部位。

2）机理清楚，是要求通过理论分析和试验等手段，确定问题发生的根本原因。

3）问题复现，是要求通过试验或其他验证方法，确定问题发生的现象，验证定位的准确性和机理分析的正确性。

4）措施有效，是指针对发生的质量问题，制定并采取可行的纠正措施，保证产品质量问题得到解决。

5）举一反三，是指把发生的质量问题信息反馈给本型号、本单位和其他单位、其他型号，并采取预防措施。

（2）管理归零

所谓管理归零，是指针对质量问题的管理原因进行归零。它包括过程清楚、责任明确、措施落实、严肃处理、完善规章等5条具体要求。

1）过程清楚，是要查明问题发生、发展的全过程，从中查找管理上的薄弱环节或漏洞。

2）责任明确，是要求根据质量职责，分清造成质量问题的责任单位和责任人，并分清责任的主次。

3）措施落实，是要求针对管理上的薄弱环节或漏洞，制定并落实有效的纠正措施和预防措施，确保类似问题不再发生。

4）严肃处理，是指对由于管理原因造成的质量问题应严肃对待，从中吸取教训，达到教育人员和改进管理工作的目的。

5）完善规章，是指要针对管理上的漏洞或薄弱环节，健全和完善规章制度，并加以落实，从制度上避免质量问题的发生。

1.2.5.2 技术状态变化控制“五条”原则

航天型号研制中要严格控制技术状态。凡满足任务书要求、经考核验证并经技术评审确定的技术状态，不得随意更改。确需更改，必须按论证充分、各方认可、试验验证、审批完备、落实到位五条原则执行。技术状态变化控制五条原则，是多年来航天型号研制实施技术状态更改控制的经验总结，是航天型号研制过程中实施技术状态更改必须遵守的基本准则。

论证充分是指决策方案的制定和选择应建立在系统研究和论证的基础上。论证要充分研究需要解决的问题、发展变化过程、问题产生的原因，全面考虑系统内部各要素的相互联系和影响，保证系统在相对稳定状态下进行，防止决策方案的盲目、随意和草率，做出科学负责的决策。

各方认可是更改所涉及的各相关部门和（或）相关技术系统应对更改

的必要性及更改方案的可行性有清楚的认识并形成共识。各方认可是集体智慧的综合和提炼，是对更改机理的进一步认识并形成共识的过程。

试验验证是以试验等方式来证实更改方案的正确性、可行性、有效性。试验验证的环境条件应尽可能与实际运行环境一致或相近，覆盖要素全面，试验频次和样件数量满足需要。

审批完备是指所有涉及更改的技术状态文件，均应按规定的职责和程序完成审查和批准，并签署完整。审批完备不同于各方认可，审批完备是对审查结果的确认，而各方认可是对更改的认知程度。

落实到位是指对已批准的技术状态更改要求，各相关部门应贯彻执行、落到实处。落实到位包含文件更改到位、产品实现到位和落实情况监测到位。

1.3 航天产品工程的核心理论和主要内容

1.3.1 航天产品工程内涵

航天产品工程是以航天产品为研究对象，在系统工程和管理科学等学科基础上形成的新的交叉学科。航天产品工程以产品成熟度理论为核心，聚焦航天产品快速成熟的技术与管理过程，是研究技术、知识、信息、设备、人的因素、环境、流程、管理等各要素的统一优化配置，并以产品成熟度为工具对航天产品设计、开发、生产、试验以及质量控制、持续改进进行系统规划、评价与创新，从而实现小子样航天产品快速成熟，满足复杂航天系统对产品高可靠、高质量、高一致性等要求的综合技术。

航天产品工程的研究目标是实现小子样情况下航天产品的快速成熟。航天产品小子样研制的特点，给基于经典数理统计理论的概率可靠度指标体系的工程应用，带来了极大困难。深入研究小子样航天产品的快速成熟路径以及流程方法，是推动航天可靠性工程，顺应航天技术发展，满足研制任务需求的迫切需要。

航天产品工程的研究范畴包括技术、知识、信息、设备、人的因素、环境、流程、管理等。航天产品工程的研究方法主要是对要素的优化配置，对过程的规划、评价与创新。与航天系统工程有一些不同，航天产品工程虽然也是一种技术过程的组织与管理技术，但更为关注产品成熟程度快速提升中各要素的系统规划和持续改进。

航天产品工程是一个正在发展中的研究领域，随着航天工程实践的不断发展，航天产品工程的内容、方法也将持续修改完善。

1.3.2 航天产品成熟度理论

中国航天领域产品成熟度的研究始于2003年，主要是为适应航天科研生产由单件研制向小批量生产转型这一新的发展趋势，针对航天产品研制品种多、状态多、研制队伍相对分散、老产品质量问题多、产品创新能力相对不足等问题而开展的。

作为航天产品工程的核心理论，航天产品成熟度理论主要针对航天产品高可靠、高质量及小子样研制的特点，运用系统工程的理论和方法，提出了产品成熟度理论的框架，对产品成熟度的概念、产品成熟的本质特征和内在规律，以及航天产品成熟度快速提升的流程和方法进行了探索研究。以下重点对其理论观点进行简要介绍，完整内容的系统论述详见第2章。

产品成熟度是对产品在研制、生产及使用环节等全生命周期所有技术要素的合理性、完备性以及在一定功能、性能水平下质量稳定性的一种度量。产品成熟度研究的重点是产品成熟的本质特征和内在规律，针对小子样研制、高可靠、高质量等特点，为航天产品快速成熟提供有效途径和方法。产品成熟度理论是指通过系统整合产品设计、制造、过程控制等各要素，明确阐述产品成熟程度提升目标、方向和具体过程的完整路线图及其所包含的全部技术和方法的集合。

产品成熟度的研究，必须运用系统工程的原理和方法，综合考虑产品的设计过程、生产制造过程及使用过程，将影响成熟的核心要素识别出来，并在产品实现和使用的全过程加以控制。

从产品开发过程分析，产品技术状态是衡量产品成熟程度的一条主线；产品基线是决定产品成熟度的重要要素之一；产品的内部关键特性，即设计、制造和产品实现全过程质量控制3类关键特性是对产品的功能、性能和质量起决定性作用的参数；而产品成熟度提升的本质是对设计关键特性、制造关键特性和过程控制关键特性细化、量化和受控水平的提升；针对航天产品小子样状态及其关键特性等重要数据进行完整记录并充分挖掘而形成的产品数据包是产品成熟度提升的重要工具；产品成熟度快速提升的途径和方法是有效引导产品成熟度提升的技术流程，基于产品关键特性、产品基线和产品数据包等，产品成熟度快速提升过程可以概括为航天产品的多次迭代开发过程的“W”模型。为量化产品成熟度评价并提供标志，采取分级的形式，形成了产品成熟度模型，将产品成熟度划分为8级，分别为：1级，原理样机产品；2级，工程样机产品；3级，飞行产品；4级，一次飞行考核产品；5级，多次飞行考核产品；6级，三级定型产品；7级，二级定型产品；8级，一级定型产品。

1.3.3 航天产品工程技术体系

1.3.3.1 航天技术体系的基本结构

航天产品工程技术体系包括核心理论和具体要素两个层次，如图1—3所示。核心理论主要包括产品成熟度理论及产品成熟度快速提升的基本流程和方法，具体要素包括产品成熟度、产品数据包、产品型谱、产品开发、产品定型、产品生产线和产品工程信息化等过程要素的技术与方法。

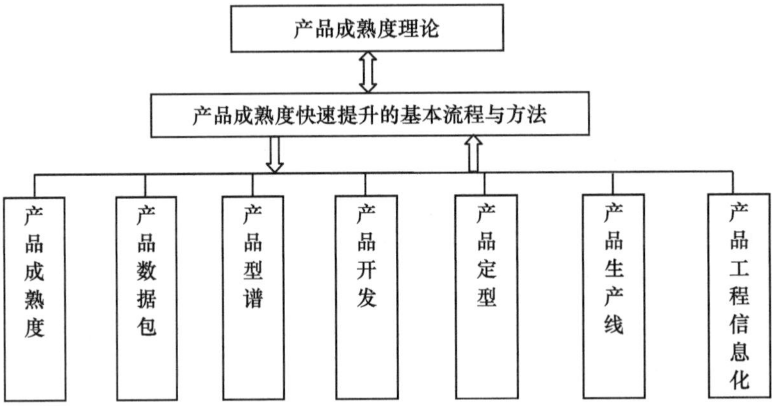

图1—3 航天产品工程技术体系基本结构

1.3.3.2 航天产品工程各要素及相互关系

围绕小子样航天产品快速成熟的目标，航天产品工程主要包括产品成熟度、产品数据包、产品型谱、产品开发、产品定型、产品生产线、产品工程信息化7大要素。

产品工程各要素是一个相互衔接、有效配合的技术体系。其中，产品成熟度是产品成熟程度的表征，是产品质量与可靠性以及应用程度的度量，是指导产品专业化研发和成熟度培育活动的基本路线图，是推动产品快速成熟的主线；产品数据包是记录产品成熟过程的基本载体，是贯穿航天产品成熟度提升的重要工具，是在产品研制、生产、交付应用全过程中落实各项管理和控制活动，实施反复迭代深化，逐步实现精细化目标的重要手段；产品型谱是总结过去、支撑现在、引领未来的产品优化系列，是产品开发、成熟度培育提升、产品定型、型号选用与更新换代等工作的基本依据，是推动产品系列化发展的整体规划，是尽可能增加子样、用最小的产品规格满足最大化产品需求的基础；产品开发是产品快速成熟模型的起点，是落实产品成熟度理论各项要求的首要步骤；产品定型是推动产品迭代深化的重要节点，是提升产品成熟度的关键环节；产品生产线是制造产品系统的生产系统，是产品快速成熟的物质依托；产品工程信息化是产品工程技术过程和管理过程的信息化保障，是实现产品工程人机交互、提高工程效率和效力的基本条件。

1.3.4 航天产品工程管理

航天产品工程既要研究产品工程能力，也要研究产品工程各要素发展所需具备的能力以及具体应用的实例。实施航天产品工程管理，一方面要深化各要素技术过程和管理过程，重点优化航天产品快速成熟过程，明确推进航天产品快速成熟的方法和工具，提高各要素需要具备的能力；另一方面为实现航天产品高可靠、高质量和快速成熟的目标，需要在提升航天系统工程能力的同时，通过航天产品工程各要素的相互牵动和协调推进，全面提高航天产品工程的整体能力和各要素发展的能力。其核心在于航天产品研制单位（主要是承研、承制航天产品的研究所、研究院）如何组织、实施航天产品工程，做好航天产品过程管理，由原来重点抓型号向型号与产品并重转变。

1.3.4.1 航天产品工程要素的管理

落实航天产品工程理论、方法和流程，推进小子样航天产品快速成熟，必须以“抓型谱、抓产品、抓升级”为中心，不断强化产品工程各要素的管理，提升航天产品研制单位对航天产品工程要素管理的能力。

加强航天产品工程要素的管理，必须以产品成熟度的理论、模型、工具为指导，依据快速成熟的阶段划分和基本流程，不断探索和推进航天产品工程管理的最佳实践，全面提高航天型号科研、生产、管理能力。

要以产品成熟度快速提升为主线，不断深化和明晰产品本质特征与快速成熟路径；要以产品数据包为核心，持续细化产品实现过程的精细化质量控制方法；要持续完善产品型谱建设，推动航天产品的系统规划和集成管理；要进一步优化产品开发模式，在源头落实产品成熟度提升的各项要求，落实产品定型的基本程序和方法，提高可靠性验证、环境适应性验证、产品极限能力验证等主要考核验证步骤的有效性；要以产品生产线建设与认证以及产品管理模式优化为主要途径，夯实高效产出、质量可靠、性能稳定、可重复生产的航天产品研制的能力基础；要深入推进产品工程信息化，应用现代技术手段，提升产品工程的实施效率和水平。

1.3.4.2 航天产品工程能力的管理

深化和完善航天产品工程理论、方法和流程，强化航天产品工程管理，必须以科研生产转型升级为核心，不断完善航天产品全生命周期管理水平，提升航天产品工程的整体能力。航天产品工程能力的管理，主要包括技术体系与工作机制、流程与程序、方法与工具、标准与规范以及专家与队伍等。

1）在体系与机制方面，要建立新形势下高效的科研生产管理体系，建立面向型号和面向专业产品的计划、质量、物资、经费等各要素的管理和评估机制，实现以评促建和持续改进的目标。

2）在流程与程序方面，要深化航天产品多次迭代开发模型的应用，按照产品初次研制、产品重复生产和使用、产品定型和升级改进 3 个阶段的不同要求，明确产品快速成熟的不同方法，通过反复迭代和深化完善实现成熟度提升。

3）在方法与工具方面，要将技术基础与系统工程方法相结合，同步推进设计环境与工程环境的改善；建立技术、产品、管理各层面的成熟度模型和评价方法；针对产品设计、工艺和过程控制 3 类关键特性建立产品数据包；不断完善面向“九新”风险分析的风险识别、控制方法和程序。

4）在标准与规范方面，要树立产品专业化、型谱化发展的理念和方法，在型号项目中建设基于成熟产品选用和系统集成创新的理念，改进、完善产品开发和型号设计程序、方法，形成标准规范。

5）在专家队伍建设方面，要调整航天系统队伍配置模式和管理职能，建立独立的面向专业产品的技术专家队伍，在技术状态选取、风险识别控制以及持续流程改进方面发挥产品队伍与专家的作用；同时按照航天产品工程的要求，组织、协调、落实专业产品的型谱规划、产品开发、成熟度提升、产品定型、产品生产线建设、产品工程信息化等各项工作。

参 考 文 献

[1] 白思俊，等. 系统工程 [M]. 2版. 北京：电子工业出版社，2009.

[2] 龚源. 军品质量工程 [M]. 北京：国防工业出版社，2008.

[3] 国防系统管理学院. 系统工程管理指南 [M]. 北京：宇航出版社，1992.

[4] 何益海，常文兵. 基于制造成熟度的武器装备研制项目制造风险评估 [J]. 项目管理技术，2009，7 (7).

[5] 胡树华. 国内外产品创新管理研究综述 [J]. 中国管理科学，1999，7 (1).

[6] (美) 罗伯特·希斯科. 美国国家航空航天局系统工程手册 [M]. 褚桂柏，马世俊，等，译. 北京空间飞行器总体设计部，1999.

[7] 钱学森. 大力发展系统工程 尽早建立系统科学的体系 [M] //系统工程论文集. 北京：科学出版社，1981.

[8] 钱学森，许国志，王寿云. 组织管理的技术——系统工程 [N]. 文汇报，1979—9—27.

[9] 上海交通大学. 智慧的钥匙 [M]. 上海：上海交通大学出版社，2005.

[10] 王卫东，杨维垣，李宇峰. 航天器研制项目风险管理 [J]. 项目管理技术，2007 (2).

[11] 王卫东，周海京，周凯，等. 优化系统工程模型 转变型号研制管理模式（上）[J]. 航天工业管理，2009 (7).

[12] 王卫东，周海京，周凯，等. 优化系统工程模型 转变型号研制管理模式（下）[J]. 航天工业管理，2009 (8).

[13] 许国志. 系统科学 [M]. 上海：上海科技教育出版社，2000.

[14] 殷瑞钰，汪应洛，李伯聪，等. 工程哲学 [M]. 北京：高等教育出版社，2007.

[15] 余后满，郝文宇，袁俊刚，等. 航天器系统工程技术发展思路 [J]. 航天器工程，2009，18 (1).

[16] 袁家军，等. 神舟飞船系统工程管理 [M]. 北京：机械工业出版社，2006.

[17] 袁家军. 航天产品质量与可靠性数据包及其应用 [J]. 中国质量，2009 (4).

[18] 袁家军. 实施精细化质量管理 加速实现航天质量管理能力的新跨越 [J]. 质量与可靠性，2009 (1).

[19] 袁家军. 中国航天系统工程与项目管理的要素与关键环节研究 [J]. 宇航学报，2009，30 (2).

[20] 袁家军. 推动航天科研生产管理转型升级 提升系统工程能力 [J]. 航天工业管理，2010 (3).

[21] 袁家军. 航天产品成熟度研究 [J]. 航天器工程，2011，20 (1).

[22] 朱毅麟. 开展技术成熟度研究 [J]. 航天标准化，2008 (2).

[23] 朱毅麟. 技术成熟度对航天器研制进度的影响 [J]. 航天工业管理，2009 (6).

[24] 诸一维，罗瑛. 严格技术状态更改控制 确保航天型号研制质量 [J]. 航天标准化，2007 (1).

[25] DEAL D. S&T Ingredients for the Back to Basics Recipe [R]. The John Hopkins University 9th National Security Space Policy & Architecture Symposium，2006.

[26] Department of Defense Directive：DoD—Wide Continuous Process Improvement (CPI) /Lean Six Sigma (LSS) Program [R]，2008.

[27] Department of Defense. Continuous Process Improvement Transformation Guidebook [R]，2006.

[28] Department of Defense. Manufacturing Readiness Assessment Deskbook [R]，2009.

[29] Department of Defense. Technology Readiness Assessment Deskbook [R]，2005.

[30] DEPPE. Reliability Enhancement Testing [J]. Annual Reliability and Maintainability Symposium，1994 Proceedings (Cat. No. 94CH3391—0).

[31] DoD Executive Agent for Space. Memorandum for Undersecretary of the Air Force // "Back to Basics" and Implementing a Block Approach for Space Acquisition [R]，2007.

[32] ECSS-M-00-03A. Space Project Management：Risk Management [S]，2000.

[33] ISO/CD 21350. Space Systems—Off—the—Shelf Item Utilization [S]，2004.

[34] ISO 10007. Configuration Management Requirements [S]，2003.

[35] JOHNSON S. The Strategic Role of Product Management [OL]. http：//www.pragmaticmarketing. com.

[36] MEIER S. Best Practices for Managing Large—Scale Federal Acquisition Programs [J]. PMI Aerospace and Defense SIG/CoP Presents，2010.

[37] NASA/SP—2007—6105 Rev1. NASA Systems Engineering Handbook [S]，2007.

[38] NPG 8000. 4. Risk Management Procedures and Guidelines [S]，2002.

[39] Office of the chief engineer. NASA Program and Project Management Processes and Requirements [M]，2007.

[40] O'NEILL M R. Planning and Investment in Military Related R&D [R]. NDIA Science & Engineering Technology Conference，2002.

[41] SANDER. Analysis of Quality Information Flows in the Product Creation Process of High—Volume Consumer Products [J]. International Journal of Production Economics，67：12000.

[42] SCHNEIDEWIND. Measuring and Evaluating Maintenance Process Using Relia-

bility, Risk, and Test Metrics [J]. IEEE Transactions on Software Engineering, 25 (6): 769—781.

[43] STANLEY G. Manufacturing Readiness Assessment Acquisition Training [R]. Manufacturing Technology Division U. S. Air force, 2008.

[44] TORELLI N. US DoD Systems Engineering and Workforce Development [R]. Defense Research and Engineering Office of the Undersecretary of Defense, 2010.

[45] U. S. Air Force. Manufacturing Readiness Assessment Tool [M], 2008.

[46] U. S. Department of Defense. Commercial Item Acquisition Considerations and Lessons Learned [OL]. http://www.acq.osd.mil/dp.

[47] U. S. Department of Defense. DoD Weapon System Acquisition Reform—Product Support Assessment [M], 2009.

[48] U. S. Department of Defense. Memorandum for Secretaries of the Military Services [R]. Implementing a Life Management Framework, 2006.

[49] USAF. MIL—STD—499B (Draft) [S]. Engineering Management, 1993.

[50] WINDLEY P J. The Discipline of Product Management [M]. State of Utah, 2007.

第 2 章　航天产品成熟度

当前，中国航天工业正处于转型发展时期，航天型号产品的任务需求和应用方式等正发生显著变化，任务性质从科研试验任务为主向应用服务任务为主转变。为适应转型发展的要求，2003 年，中国航天领域开始实施航天产品工程工作，提出了产品成熟度概念。2009 年，集团级的产品成熟度标准出台，以支持航天产品在小子样研制情况下的产品成熟度提升。

产品成熟度是航天产品工程研究与实践的重要环节，对构建航天产品专业化发展模式、支持航天型号选用成熟产品，以及产品研发、培育和应用等工作有着非常重要的作用。

2.1　国外技术成熟度、制造成熟度发展简述

2.1.1　技术成熟度发展概况

技术成熟度主要针对应用新技术研制的新产品，强调从技术开发到产品转化过程中新技术应用的完备性及其验证的充分性，并以技术成熟度等级加以度量。其中，新技术应用的完备性是指新技术元素的应用对产品的功能、性能及可靠性指标等技术要求的满足程度，主要通过产品的关键技术元素特征进行度量。验证的充分性是指对所采用的新技术本身进行验证的环境与产品的真实使用环境的吻合程度，主要以验证环境特征与对应的新技术元素耐受环境的能力进行度量。

技术成熟度最早由美国航空航天局在 20 世纪 80 年代提出，开始分为 7 级，后来扩展为 9 级。1995 年 4 月 6 日，美国航空航天局的约翰 · C · 曼金（John C. Mankins）撰写了《技术准备等级》白皮书，讨论了对技术成熟度的应用，并提出了每级技术成熟度的说明。1999 年，美国联邦问责局发表报告称，鉴于有关研制项目所承受的风险较大，建议国防部采用经技术成熟度评估的技术。2001 年，美国国防部开始采用技术成熟度技术，并颁发军标指南草案以及评估手册，应用于所有重要采办计划中。2002 年 4 月 5 日，美国颁布了 DoD 5000.2－R 文件，该文件规定了技术成熟度等级由低向高划分为 9 个层次。

在 2003 年美国国防部颁布的《国防采办管理框架》和 2008 年颁布的《国防采办管理系统》中都强调了在正式采办工作中必须引入技术成熟度评估，强制性要求里程碑 B 和里程碑 C 的评审必须包括技术成熟度评估的内容。2008 年版《国防采办指南》将初步设计评审提前至技术开发阶段，旨在强调在技术开发阶段力争解决所有的技术问题，并强制性要求开展技术成熟度评估工作。美国国防部系统采办框架如图 2—1 所示。

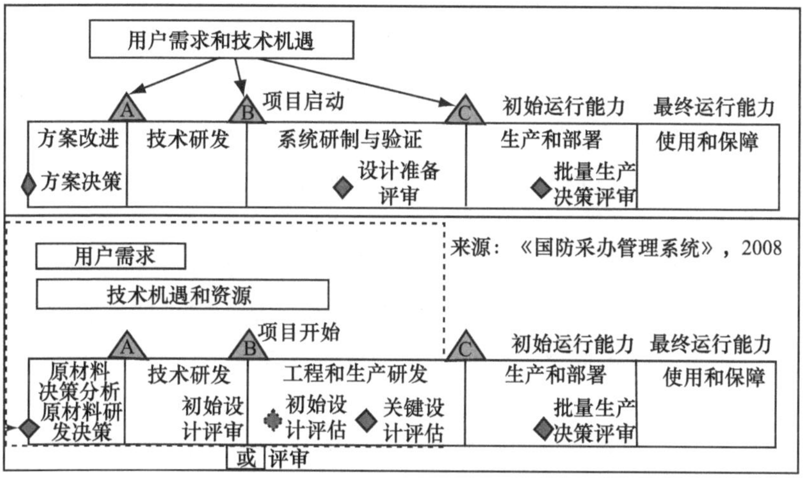

图 2—1　美国国防部系统采办框架

来源：《国防采办管理框架》，2003

2003 年，美国国防部颁布了《技术成熟度评估手册》，将技术成熟度等级划分为 9 级，如表 1—1 所示。通过设定技术成熟度等级，可以对与技术有关的概念、技术状态、经演示验证的技术能力等内容进行评估，从而有效地把握技术状态，控制技术风险。2005 年 3 月，美国国防部又对该手册进行了修订。

航天器（或航天系统）通常由若干个分系统、上百个部件（设备、单机）所组成。航天器系统的技术成熟度是由其所有部件的技术成熟度的综合结果决定的。

设第 i 个部件的技术成熟度为 TRL_i，则航天器的技术成熟度 TRL_S 可由下列公式表示

$$TRL_S = \sum_{i=1}^{n} w_i \cdot TRL_i$$

式中　w_i——第 i 个部件的技术成熟度的权重；

n——构成航天器的部件总数。

国外对许多军用和民用项目实施技术成熟度评估。例如，美国航空航天局对航天工程项目实施技术成熟度评估。1975 年，通用动力公司首次将技术成熟度评估应用于美国航空航天局的航天飞机研究，1976 年应用于木星探测项目，1977 年又应用于评估美国航空航天局的太阳能电池帆板项目。在美国航空航天局的系统工程手册以及一系列的程序要求文件中都明确要求开展技术成熟度评估，规定了各阶段应达到的技术成熟度等级，要求通过开展技术成熟度评估，评估关键技术的现有水平与预期水平之间的差距，并制定关键技术的预期成熟度等级，在初步设计与技术完成阶段，完成关键技术的开发以及验证活动，并提交技术成熟度评估报告。

美国联邦问责局对采办项目实施技术成熟度评估。1999 年，美国联邦问责局发表了报告，认为国防部在选用技术时其技术准备度较低，有关研制项目所承受的风险较大，建议国防部采用技术成熟度。2003 年开始，美国国防部对主要武器采办项目实施技术成熟度评估，当年评估了 26 个国防项目。此后实施技术成熟度评估的国防项目逐年增长，2008 年已增至 72 个。2005 年 3 月，联邦问责局向国会提交的报告中，运用技术成熟度评估方法等对 F/A－22 猛禽飞机、联合攻击战斗机 JSF 的研制及 B2 飞机雷达现代化改造（B2RMP）等 54 个重点武器系统项目的工程研制进展情况进行了评估。评估结果是多数项目关键节点的技术成熟度、产品设计稳定性以及产品工艺成熟程度比较低，将影响项目的进度。采用成熟技术作为开端的项目，成本增加 9%，进度延迟平均为 7 个月，而在项目开始时采用不成熟技术造成的成本增加和进度延迟平均为 41%和 13 个月，由此可见技术的不成熟将会给项目研制带来极大的风险。

欧洲空间局对在研项目管理积极开展技术成熟度评估。2001 年 7 月，英国国防部出版了采办项目的技术成熟度等级指南。随后，许多项目小组开始在项目中应用并采用技术成熟度评估。由于技术成熟度对改进项目管理和减少项目延迟起到了重要作用，英国国防部也已在其项目采办过程中广泛开展技术成熟度评估，在 2007 年的相关资料中，将项目按照性质划分类别。

2.1.2　制造成熟度发展概况

制造成熟度是技术成熟度概念的拓展，主要针对降低产品制造风险和制造成本，强调产品生产规范化程度及批量生产能力两个方面。其中生产规范化程度是指产品关键生产环节的识别以及控制的规范化程度，批量生产能力是指产品生产规模、连续稳定生产能力及其经济性。

2001 年，美国三军联合制造技术委员会基于技术成熟度提出制造成熟度评价模型。2007 年，美军正式在项目采办管理中引入并应用制造成熟度。作为一个新工具，制造成熟度用于确定武器装备研制过程中制造技术是否成熟，以及技术转化过程中是否存在风险，从而管理并控制武器系统生产，使其在质量和数量上实现最佳化，即最大限度提高武器系统质量、降低成本和缩短生产周期，满足作战任务需求。

制造成熟度是对技术成熟度概念的拓展，主要用于弥补技术成熟度难以评估装备生产系统的经济有效性这一不足。和技术成熟度等级划分一样，制造成熟度等级划分提供了系统的标准和衡量方法，用于评定特定阶段制造技术的成熟度，及不同类型技术之间进行归一化的成熟度比较。

2009 年 5 月，美国国防部颁布了《制造成熟度评估手册》，该手册将制造成熟度划分为 10 级，通过设定制造成熟程度等级，用于控制和跟踪关键技术在转入制造过程前的技术成熟度。美国国防部制造成熟度等级定义如表 1—2 所示，其模型如图 2—2 所示。

目前，美国国防部技术成熟度和制造成熟度的评估工作都是按照系统采办的框架流程实施，如图 2—3 所示。

2.1.3　技术成熟度与制造成熟度的分析

技术成熟度和制造成熟度评价技术具有重要的应用价值。

1）在工程系统研制中，按成熟度等级定义将产品的设计、制造分别作为独立要素进行系统化的分析和评价，有助于对设计、制造两要素的持续改进进行细化和量化的控制，有助于成熟度的快速提升。

2）为航天工程系统的采办和项目管理提供了技术风险度量和管理工具，并为用户和项目管理人员提供决策支持，有助于重大项目在技术管理方面的外部监督和约束机制的形成。

3）技术成熟度中对于关键技术元素的确定以及注重人的能力因素的考虑具有普适价值，值得借鉴。

国际航天领域采用的技术成熟度和制造成熟度评价技术在解决航天工程系统管理问题，特别是促进航天产品在小子样研制情况下快速成熟方面，存在以下缺陷和不足。

1）技术成熟度主要针对新技术元素应用于产品设计的原理及技术完

制造成熟度	1、2 研究	3 实验室环境下制造	4 相关环境下制造元器件	5 相关环境下制造系统	6 典型环境下制造	7 适合初始小批量生产	8 小批量生产/准备大批量生产	9、10 大批量生产/精益生产
考虑因素	确定生产概念 基础研究 高级研究 高级技术研发	确定生产可行性 研究生产环节 研究关键环节 启动生产能力评估	生产环节形成 持续进行生产能力评估 研究生产中的费用因素	生产环节在相关环境下论证 费用因素分析 确定长期项目 设备在相关环境下检验	生产环节改进 进行生产能力提升 贸易研究 适合的供应链管理	环节成熟度论证 各要素为小批量生产作准备 生产环节证明 供应链为小批量生产作准备	制造环节的目标是质量成本和经营业绩 供应链建立并面对长期项目	适合的精益/6σ生产 实现或超过成本和性能目标

图 2－2 美国国防部制造成熟度模型

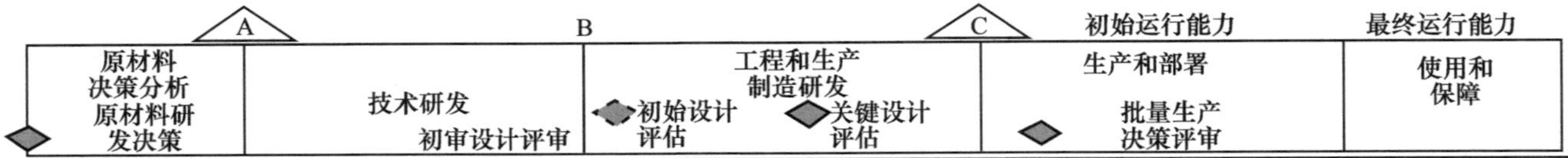

技术成熟度 1~3 关键功能的试验与验证或方案特征的验证	技术成熟度 4 实验室环境条件下的部件和模型的验证	技术成熟度 5 在相关环境条件下的部件和模型的验证	技术成熟度 6 在相关环境条件下的系统和分系统模型的验证	技术成熟度7 在使用环境条件下的系统验证		技术成熟度8 真实系统已完成，并通过测试与验证	技术成熟度9 通过多次成功任务执行，证实真实系统飞行可靠	数据来源：《技术成熟度等级手册》，2005年3月
制造成熟度1~3 生产可行性已评估，方案已确定	制造成熟度 4 生产技术能力和生产风险在实验室环境条件下已确认	制造成熟度 5 在相关生产条件下部件模型的生产能力验证	制造成熟度6 在相关生产条件下系统、分系统的生产能力验证	制造成熟度7 在有代表性的生产环境条件下系统、分系统、部件的生产能力验证	制造成熟度8 具备小批量的生产能力	制造成熟度9 小批量的生产已验证，具备大批量的生产能力	制造成熟度10 大批量的生产能力验证	数据来源：《制造成熟度等级手册》，2009年5月

图 2－3 美国国防部系统采办流程对于技术成熟度和制造成熟度的划分

备性，主要应用对象为新技术的研发及其向产品转化的评价。但技术成熟度对一般性产品的内部特性和产品成熟的本质要求考虑不够深入，对如何提高航天产品成熟度缺乏有效的理论和方法支撑。

2）制造成熟度强调产品批量生产情况下的生产能力的构建和持续完善，对小子样产品成熟度提升的指导作用不显著。

3）将设计和制造进行独立评价和度量，在一定程度上缺乏关联性，不能有效解决航天工程产品设计、工艺、过程控制等环节交叉耦合情况下的整体成熟问题。

4）侧重从用户和项目管理者角度给出度量、评价方法，没有从根本上提出小子样研制航天产品实现快速成熟的流程和方法。

2.2　航天产品成熟度概念及主要内容

2003 年，中国航天企业开始实施产品工程工作，在产品工程开展初期，提出了产品成熟度概念，并在 2007 年发布了产品成熟度院级标准，将产品成熟度等级划分为 5 级。2009 年，在院级标准应用深化的基础上，中国航天企业从航天工程特点和工程研制需求出发，以航天系统工程方法论为指导，综合国内外相关成果和中国航天工程实践，总结提炼了产品成熟度的相关概念和内涵。航天企业发布了集团级的产品成熟度标准，对航天单机产品成熟度等级进行了定义，将航天单机产品成熟度划分为 8 个等级。

2.2.1　基本概念与主要内容

2.2.1.1　产品成熟的概念

所谓产品成熟是指产品研制、生产、应用等环节的所有要素的完备性、稳定性和精细化程度均已达到满意的水平，能够优质、快速、高效地满足用户的使用要求。

2.2.1.2　产品成熟度的概念

产品成熟度是对产品在研制、生产及使用环节等全生命周期所有技术要素的合理性、完备性以及在一定功能、性能水平下质量稳定性的一种度量。

产品成熟度等级的标定表征了产品的完备程度，是指导产品的研发、生产、应用等活动的基本路线图，为产品选用提供权衡比较的参考依据。

产品成熟度针对技术状态明确的特定规格产品，是独立于型号研制的产品完备程度和可应用程度的度量。产品成熟度本身并不是针对具体产品的功能、性能进行评价，而是对产品的可实现和可应用程度的评价。产品成熟度的研究，必须运用系统工程的原理和方法，综合考虑产品的设计过程、生产制造过程及使用过程，将影响产品成熟的核心要素识别出来，并在产品实现和使用的全过程加以控制。

2.2.1.3 产品成熟度研究的重点

产品成熟度研究的重点是产品成熟的本质特征和内在规律，其目的是针对小子样研制、高可靠、高质量等特点，为航天产品快速成熟提供有效途径和方法。

产品是设计出来、制造出来的，也是管理出来。产品成熟度的研究，必须运用系统工程的原理和方法，综合考虑产品的设计过程、生产制造过程及使用过程，将影响产品成熟的核心要素识别出来，并在产品实现和使用的全过程加以控制。

从产品开发过程分析，首先，产品技术状态是衡量产品成熟度的一条主线，即产品成熟度提升本质上就是产品技术状态细化、量化及受控水平的提升，经过产品原理样机和工程样机设计、生产和验证后，在满足使用要求的前提下确定的产品技术状态成为产品基线。因此，产品基线是决定产品成熟度的重要要素之一。

第二，如何科学地确定产品基线，也就是找出对产品的功能、性能和质量有决定性作用的各种参数（即关键特性），从航天产品一般由专业人员使用这一特殊性出发，可以在一定程度上缩小关键特性的范围，即将产品误操作等情况忽略，而只考虑产品的内部关键特性，即设计、制造和产品实现全过程质量控制 3 类关键特性。因此，产品成熟度提升的本质是对设计关键特性、制造关键特性和过程控制关键特性细化、量化和提升受控水平。

第三，针对航天产品小子样研制这一特殊性，加速产品由不成熟到成熟这一过程的重要手段是将产品状态及其关键特性等重要数据完整记录并充分挖掘，从中找出产品成熟的内在规律，因而产品数据包是产品成熟度提升的重要工具。

第四，为有效地引导产品成熟度提升，需要制定一个合理可行的技术流程，明确产品成熟度快速提升的途径和方法，即建立产品成熟度快速提升模型。

第五，应紧密结合航天型号的研制程序，制定产品成熟度模型及成熟度提升管理程序。

因此，产品成熟度应重点从产品关键特性、产品基线、产品数据包、产品成熟度快速提升模型和产品成熟度模型 5 个方面开展研究。

(1) 产品关键特性

从产品的全生命周期分析，决定产品成熟度的内部特性主要包括 3 个方面，即设计、制造工艺及产品实现全过程质量控制（简称过程控制）。从系统工程理论和方法分析，产品开发过程中这三方面是密切相关的。

1) 设计关键特性：指特定的设计方案中存在因产品使用环境变化对产品功能性能变化敏感的设计参数、因方案中选用的制造工艺偏差对功能性能敏感的设计参数、产品在最终状态下存在不可测试的关键功能性能等，决定该方案的关键设计参数的总和称为设计关键特性。

2) 制造工艺关键特性：指特定的工艺方案中存在影响产品的功能性能的不稳定的制造工艺、制造过程控制的不确定性及生产过程不可检验项目，决定该工艺方案的关键工艺参数的总和称为工艺关键特性。

3) 过程控制关键特性：包括对产品设计关键特性的偏差控制项目、产品不可测试功能性能以及需要在制造过程中控制的项目等一系列产品生产过程数据项目的总和。

(2) 产品基线

技术状态控制是产品开发过程管理的核心内容，而技术状态基线的确定是关键。产品的成熟意味着产品技术状态控制水平的提升，即产品基线的提升。然而，产品基线的确定至今尚缺乏通用的理论和方法指导。

产品基线的确定是以产品的设计、工艺和过程控制 3 类关键特性为基础，建立系统完整的产品技术状态基线。从产品保证的角度看，产品基线是产品保证的关键要求。

(3) 产品数据包

产品数据包是产品设计、制造、检验、交付全过程技术活动量化控制结果的总和。数据包中的各项数据为生产过程的实际测量记录，包括数据和影像，其主要内容包括以下几个方面。

1) 产品功能性数据：主要包括反映产品最终状态在使用环境下（试验状态）的功能性能的完整数据。

2) 产品基础数据：主要包括构成产品的元器件、原材料、成品件等基础数据。

3) 产品关键特性数据：主要包括产品设计、制造过程产生的设计、工艺和过程控制 3 类关键特性。

其中，产品关键特性数据是证实和评价产品质量的关键信息，也是产品随成熟程度不断完善、细化的核心内容。产品关键特性数据主要由设计关键特性、工艺关键特性、过程控制关键特性表征。

产品数据包是产品成熟度提升的核心管理工具，设计产品数据包本身也是产品开发活动的一项核心任务，需要系统策划，逐步优化完善。

（4）产品成熟度快速提升模型

以系统工程管理方法为基础，中国航天领域经过不断创新、实践和完善，形成传统航天型号产品开发“V”字模型，对指导航天型号研制起到了至关重要的作用。

但工程实践表明，由于航天工程系统在任务要求、运行模式和运行环境等方面的特殊性，以及航天工程研制的探索性、先进性、复杂性、高风险性等4个突出特点，经历完整的“V”字模型开发过程所形成的航天产品不能达到令人满意的成熟程度。航天产品必须经历两次或更多次的“V”字模型过程，通过反复迭代和深化完善才能实现成熟度提升。

基于传统的“V”字模型开发过程，航天产品的多次迭代开发模型可以概括为如图2—4所示的过程，称为“W”模型开发过程。

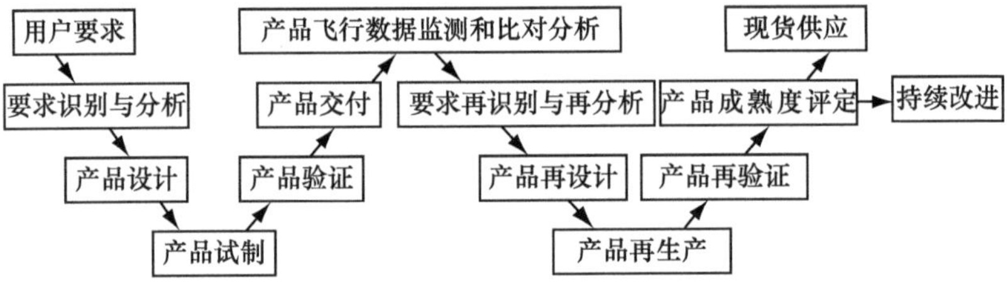

图2—4　航天产品的多次迭代开发模型——“W”模型

在上述“W”模型的两个“V”字模型开发过程中，后一次“V”过程是在产品飞行数据监测和比对分析基础上，对前一次“V”过程结果的确认和完善。根据产品应用验证和改进完善程度，后一次“V”过程可重复多次，每一次都将使产品成熟程度在前一过程基础上得到提升，直至满足航天产品的高性能、高质量、高可靠要求。

应用这一模型，可以有效解决航天产品特殊性和小子样研制导致的主要问题，从而实现航天产品小子样情况下的成熟度提升。目前，中国航天领域提出的“再设计、再分析、再验证”活动正是这一模型的典型应用范例。

应当说明的是，为单一型号定制的专用航天产品，基本上只应用上述模型中的第 1 个“V”过程。通过产品型谱化工作，实现航天关键通用产品的现货供应和多型号选用，是应用本模型全部过程的重要前提和基础。

以产品型谱化发展模式为基础，航天产品多次迭代开发的“W”模型，构建了航天成熟度的重要理论基础。

(5) 产品成熟度模型

基于上述航天产品成熟度的概念、产品成熟度提升的重要工具和产品成熟度快速提升模型，针对航天用单机产品，建立了产品成熟度 8 级框架模型。

产品成熟度框架模型充分考虑了现阶段中国航天产品的研制流程和工作特点，同时兼顾当前航天产品工程工作的总体思路和工程可操作性，按照 8 个成熟度等级开展产品研发、成熟度培育和定型、组批生产、应用改进、更新换代等工作，为型号选用产品提供了权衡比较的基本依据，从而为航天产品工程成果的有效应用发挥重要作用。

2.2.2　产品成熟阶段的划分

按照航天产品多次迭代的“W”模型开发过程，第 1 个“V”过程是产品初始形成和验证过程，第 2 个“V”过程是依据产品实际应用情况对产品实施设计迭代和完善的过程，该过程可重复进行，不断提高产品成熟度。

按照上述模型思路，可将产品实现快速成熟的过程划分为产品初次研制、产品重复生产和使用、产品定型和升级改进等 3 个阶段。

2.2.2.1　*产品初次研制*

产品初次研制阶段是从使用或采购要求提出到研制形成基本满足要求的实物产品的过程，是产品成熟过程的起步阶段，其工作内容涵盖了当前型号研制程序中的方案、初样和正（试）样阶段工作。该阶段对应于产品开发“W”模型的第 1 个“V”过程。

该阶段的工作重点是产品的功能基线、研制（分配）基线和生产（产品）基线等 3 个重要基线的形成和确定，以及设计、工艺、过程控制 3 类关键特性的识别、控制与鉴定。

2.2.2.2　*产品重复生产和使用*

产品重复生产和使用阶段是产品完成初次研制后的重复生产、使用和验证过程，是型谱化产品实现成熟度提升必需的重复应用和 3 类关键特性的“再识别、再设计、再验证”阶段，对应于产品开发“W”模型的第 2 个“V”过程。依据应用验证情况，此过程可能反复多次。

该阶段的工作重点是保证产品功能性能和生产质量稳定性，以及基于应用验证结果的基线、关键特性的完善和细化。在该阶段，所有新状态均需经过充分验证。

2.2.2.3 *产品定型和升级改进*

产品定型和升级改进阶段是产品完成小批量生产和应用验证后的状态固化和持续改进过程，是产品进入现货供应模式并进一步提升其成熟度的阶段。进入该阶段时，产品已经达到了相当高的成熟度水平，可供型号直接选用。在该阶段产品成熟度提升的过程仍然基于重复生产和应用验证数据，通过重复“W”模型的第 2 个“V”过程实现。

该阶段的工作重点是提升现货产品的成熟度。应通过成功数据包络分析不断完善、优化 3 类关键特性数据和产品基线，提升产品数据包的精细化程度，减小产品各项指标的离散程度，提高产品的一致性水平。与产品重复生产和使用阶段相同，本阶段的所有新状态也需要经过充分验证。

在产品成熟度提升过程中，核心任务是关键特性的识别、确定及其验证，需要特别关注的是上述核心任务的实施过程中关键人员的职责定位、能力水平和作用发挥。关键人员一般指产品负责人、部门技术负责人、独立评审委员会及上一级系统负责人。有效地组织能够胜任任务的技术团队，在明确岗位职责的前提下，充分发挥团队的整体优势是产品成熟度快速提升的重要因素。

2.2.3 产品成熟度的度量依据

基于产品成熟度理论，航天产品成熟度度量按照“定性到定量、宏观到微观、创新到规范、人工到自动、不确定到确定”的原则，针对“设计、工艺、过程控制”3 大核心要素分级展开。产品成熟度度量的基本载体是产品数据包，其核心是设计、工艺、过程控制 3 类关键特性数据的完备程度和详细程度。

从高质量、高可靠的要求出发，航天产品成熟度是对产品固有质量、可靠性和可应用程度的综合度量。应用相对成熟的产品，意味着较低的风险。按照决定产品成熟程度的设计、工艺和过程控制 3 大关键特性，产品成熟度的基本度量要素应包括产品设计成熟程度、产品制造工艺成熟程度和产品过程控制成熟程度等 3 个方面。

1）产品设计成熟程度。产品设计成熟程度主要表现在产品设计与研制技术要求的符合程度与完善程度，其核心在于设计关键特性识别、确定及其验证的充分性。在此过程中，特别要关注关键设计人员的能力水平及作用发挥。

2）产品制造工艺成熟程度。产品制造工艺成熟程度主要表现在产品工艺对设计要求的实现程度及其自身的完善程度，特别是产品制造工艺所达到的“可操作、可量化、可检测、可重复”程度，以及由“不同时间、不同地点、不同人员”生产出的产品的一致性程度，其核心在于工艺关键特性的识别、确定及其验证的充分性。在此过程中，特别要关注关键工艺人员的能力水平及作用发挥。

3）产品过程控制成熟程度。产品过程控制成熟程度主要表现在产品研制、生产和应用阶段的保证工作要求及其配套措施的细化完善程度，特别是产品质量控制点设置的合理性及其控制要求的有效性和精细化程度，其核心在于过程控制关键特性的识别、确定的合理性、充分性。在此过程中，特别要关注关键过程控制人员的能力水平和作用发挥。

在产品研发、培育、定型和应用改进的不同阶段，产品成熟度中的设计、工艺和过程控制 3 要素成熟程度的占比权重各不相同，但是最终将达到相同的成熟水平。产品成熟度各要素与产品全生命周期的关系如图 2－5 所示。

成熟度累积和度量的基本对象和载体是产品数据包。以产品数据包为对象，针对设计、工艺和过程控制 3 个要素，产品成熟度等级的评定可按以下模型进行

$$\mathrm{PML} = A_D \sum D \cdot A_M \sum M \cdot A_P \sum P \qquad (2-1)$$

式中　PML（Product Maturity Level）——产品成熟度；

D（Design）——产品设计成熟程度；

M（Manufacture Technics）——产品工艺成熟程度；

P（Process Control）——产品过程控制成熟程度。

产品的设计、工艺和过程控制的成熟度程度越低，所需投入攻关或研制的费用越高，研制时间越长，其成本在成熟度提升总成本中的比重越大，所以产品的设计、工艺和过程控制的成熟程度的权重与其成熟度提升总成本成正比，即

$$A_D = \frac{D_C}{W_C},\quad A_M = \frac{M_C}{W_C},\quad A_P = \frac{P_C}{W_C} \qquad (2-2)$$

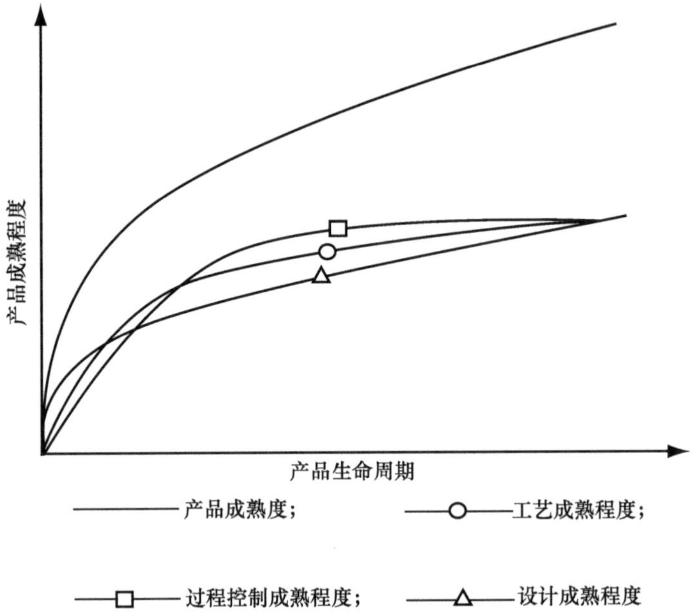

图 2—5 产品成熟度各要素与产品全生命周期的关系

式中 D_C——产品在全生命周期的某个阶段达到某等级设计成熟程度所需的成本；

A_D——产品成熟度等级评定中产品设计成熟程度所占的权重；

M_C——产品在全生命周期的某个阶段达到某等级工艺成熟程度所需的成本；

A_M——产品成熟度等级评定中产品工艺成熟程度所占的权重；

P_C——产品在全生命周期的某个阶段达到某等级过程控制成熟程度所需的成本；

A_P——产品成熟度等级评定中产品过程控制成熟程度所占的权重；

W_C——某级产品成熟度提升的总成本。

2.2.4 产品成熟度的表征形式

产品成熟度的表征形式是标识产品成熟程度的基本方式。在航天工程中，清晰的产品成熟度标识有利于指导和推动产品成熟度的持续提升，也有利于航天型号选用产品时的权衡和比较。因此，科学合理的产品成熟度标识方法对于产品成熟路径理论的深化和应用具有重要作用。

按照产品成熟度理论的总体思路，产品成熟度是在产品开发过程的不同阶段，依据产品设计、工艺和过程控制 3 要素的完备程度，以产品数据包为度量载体进行综合度量的。这种度量方式既包含技术内容，也涵盖管理要素。单纯使用数学模型难以实现综合度量的要求，而使用定性方法又不能达到量化度量的要求。参考国外技术成熟度和制造成熟度评价方法的成功经验，中国航天产品成熟度采用基于统一等级标准的分级评定方法进行度量，即根据产品成熟度理论和产品发展规律，事先给出产品全生命周期的成熟度等级和划分评价准则，并在工程中依据产品实际情况判断其与产品成熟度等级和评价准则的符合程度，最终确定航天产品所达到的成熟度等级。这种方式既解决了技术和管理要素综合度量的问题，也满足了量化度量的应用需求，是目前最为有效、可行的工程实施方法。

2.2.5　产品成熟度框架模型

针对航天单机产品，中国航天领域通过研究产品成熟度的要素、工具和成熟度快速提升的模型，建立了产品成熟度 8 级框架模型。有关各成熟度等级产品的定级条件确定考虑的主要因素包括以下方面。

1）3 类关键特性的识别和细化；

2）产品基线的确定与控制；

3）数据包的建立与完善；

4）发生问题归零的闭环管理；

5）设计、生产、过程控制及关键人员能力的提高；

6）相关管理制度的完善。

航天单机产品按照产品全生命周期内成熟度进阶，将产品成熟度等级划分为原理样机产品、工程样机产品、飞行产品、一次飞行考核产品、多次飞行考核产品、三级定型产品、二级定型产品、一级定型产品等 8 个级别，如表 2－1 所示。

其中，产品成熟度 1 级、2 级、3 级对应产品成熟度快速提升“W”模型的第 1 个“V”过程；产品成熟度 4 级、5 级对应产品成熟度快速提升“W”模型的第 2 个“V”过程；产品成熟度 6 级、7 级、8 级是重复产品成熟度快速提升“W”模型的第 2 个“V”过程。经过研究，面向产品快速成熟过程的成熟度进阶的专业化发展活动的基本模型如图2－6所示。

在如图 2－6 所示的模型下，产品依据型谱规划的规格序列，研发人员按照原理样机研制、工程样机研制、飞行产品研制 3 个子阶段组织实施关键通用产品的研发活动。这 3 个子阶段的主要工作内容类似于目前型号产品研制中的方案、初样和正（试）样阶段。此阶段将清晰地表征产品研发工作的进展和产品的完备程度，产品成熟度等级分别规定了原理样机产品（成熟度 1 级）、工程样机产品（成熟度 2 级）、飞行产品（成熟度 3 级）等 3 个等级。产品成熟度达到 3 级，标志着产品已基本完成了地面的研制和验证活动，可以参与飞行任务，实施飞行验证。

表 2—1　航天单机产品成熟度等级划分的定义

研制阶段	产品成熟度等级	产品成熟度等级名称	定　　义
产品初次研制	1 级	原理样机产品	已完成预先研究或技术攻关阶段的相关研制工作，但尚未按飞行条件进行地面考核，达到 1 级成熟度等级定级条件的产品
	2 级	工程样机产品	在原理样机产品基础上，按飞行条件进行地面考核，功能性能满足要求，达到 2 级成熟度等级定级条件，但不可用于飞行的产品
	3 级	飞行产品	在工程样机产品的基础上，经过系统测试和地面验证，达到 3 级成熟度等级定级条件，可以用于飞行的产品
重复生产和使用	4 级	一次飞行考核产品	在飞行产品的基础上，经过 1 次实际飞行考核，证明满足飞行应用要求，达到 4 级成熟度等级定级条件的产品
	5 级	多次飞行考核产品	在一次飞行考核产品的基础上，又经过 2 次以上实际飞行考核，并完成全寿命考核，证明满足飞行应用要求，达到 5 级成熟度等级定级条件的产品
定型和 4 级改进	6 级	三级定型产品	在多次飞行考核产品的基础上，完成相关工作，达到 6 级成熟度等级定级条件的产品
	7 级	二级定型产品	在三级定型产品基础上，经小批量生产验证，可以重复稳定生产，达到 7 级成熟度等级定级条件的产品
	8 级	一级定型产品	在二级定型产品基础上，经过可靠性增长，证明其具有较高可靠性水平，达到 8 级成熟度等级定级条件的产品

产品完成地面研制和验证，投入实际型号任务，开展飞行考核验证，并根据飞行验证结果实施产品改进与数据包完善，不断提升产品质量、可靠性和可应用程度，为形成“性能优良、可靠性高、适应性强、质量稳定、经济性好”的现货产品创造条件。在此阶段，产品成熟度依据飞行考核的程度，划分为 2 个等级，即一次飞行考核产品（成熟度 4 级）和多次飞行考核产品（成熟度 5 级）。产品成熟度达到 5 级，标志着产品已经过至

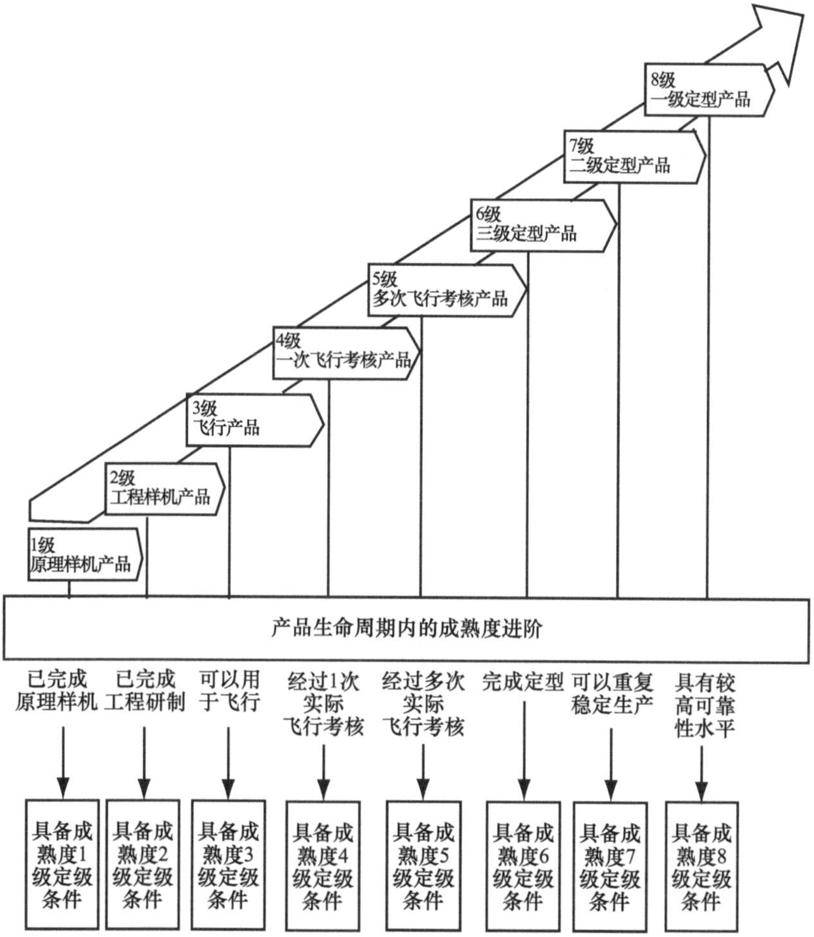

图 2—6 产品快速成熟过程的成熟度进阶模型图

少 3 次成功飞行试验考核。

产品完成多次飞行考核后，依据产品定型准则和相关规范，对产品实施全方位考核、验证，并最终由定型主管机构实施产品定型的审查和批准活动。产品完成定型标志着产品已经过全面的考核和验证，证明其符合规定要求，具备了作为“现货产品”提供型号选用和采购的条件。产品定型并不意味着产品改进完善活动的终止。在定型产品的应用过程中，各种薄弱环节和缺陷仍然有可能暴露出来。为支持定型产品的改进完善，在此阶段设置了 3 个产品成熟度等级，以标识定型产品的持续改进过程。这 3 个产品成熟度等级分别是三级定型产品（成熟度 6 级）、二级定型产品（成熟度 7 级）、一级定型产品（成熟度 8 级）。

2.3 航天产品成熟度定级条件及要点

航天单机产品按照产品全生命周期内成熟度进阶，将产品成熟度等级划分为原理样机产品、工程样机产品、飞行产品、一次飞行考核产品、多次飞行考核产品、三级定型产品、二级定型产品、一级定型产品等8个级别，每一成熟度等级的产品，在设计、工艺、产品保证和过程控制、试验验证、数据包完善、完成的产品标志和工作标志等6个方面对应着不同的成熟度等级条件。

2.3.1 原理样机产品（产品成熟度1级）

产品成熟度达到1级，产品应具备以下条件。

1）完成原理样机研制。

2）经测试，产品功能和主要性能满足预定要求。

3）产品数据包中包含了功能和性能参数指标要求；初步识别了产品关键特性参数（含设计、工艺、过程控制关键特性），形成了清单；功能参数经过了原理性验证，形成了验证数据表。

4）通过相应级别的技术评审。

其中，满足产品成熟度1级的定级条件，按照设计、工艺、产品保证和过程控制、试验验证、数据包完善、完成的产品标志和工作标志等6个方面，应完成如下工作。

2.3.1.1 设计方面

（1）应完成的产品设计工作

应完成的产品设计工作（含可靠性设计分析工作）包括以下几点。

1）编制了产品研制技术要求，明确了产品的功能、性能参数和指标要求；

2）突破了关键技术，完成了产品原理样机的设计和验证工作，形成相关设计成果；

3）针对产品原理样机完成了可靠性建模、预计和完善产品的故障模式与影响分析等相关可靠性设计分析工作。

（2）产品设计与研制技术要求的符合程度

产品设计与研制技术要求的符合程度包括以下几点。

1）原理样机经试验考核验证，表明设计原理正确；

2）试验检测参数与所确定的产品功能和主要性能参数一致，实测指标与设计要求值吻合，符合研制技术要求。

（3）应形成的设计文件

应形成的设计文件包括：设计任务书、技术要求、接口文件、技术说明书、原理图、安装图、明细表、可靠性预计分析报告、完善产品的故障模式与影响分析的分析报告等。

2.3.1.2　工艺方面

（1）应完成的工艺设计工作

应完成的工艺设计工作包括以下几点。

1）针对原理样机生产，编制了相关生产工艺，以支持后续产品的工艺设计工作；

2）对专用工装进行了初步策划和设计。

（2）工艺与设计要求的符合程度

产品工艺经初步试验验证，具有可实现性。

（3）应形成的工艺文件

应形成的工艺文件包括：产品工艺流程以及配套工艺规程（例如机械加工、钣金/冲压、热处理、铸造、锻造、焊接、装配、镀覆/转化处理及涂装、塑料/橡胶成型及胶接灌装、电气装配、绕线与浸渍、电物理加工、电解加工、化学铣切、纤维缠绕复合材料成型、布带缠绕复合材料成型、模压复合材料成型、光学零件加工、复合固体推进剂/发动机总装等），专用工装清单，初步设计方案等。

2.3.1.3　产品保证和过程控制方面

（1）应完成的产品保证工作

应完成的产品保证工作（含技术评审、质量问题归零）包括以下几点。

1）根据产品研制技术要求，初步明确产品保证工作要求，对产品研制、生产和应用阶段的保证工作进行初步策划；

2）原理样机研制中发生的所有技术问题均已解决或落实了解决方案；

3）通过了研制单位厂、所级的技术评审，评审过程中提出的问题均落实了有效的解决方案。

（2）应形成的产品保证文件

应形成的产品保证文件包括：产品保证大纲和工作计划（含产品保证要求）。

2.3.1.4 试验验证方面

(1) 应完成的产品地面试验验证工作

应完成的产品地面试验验证工作（含试验项目）包括以下几点。

1）根据研制需要，完成关键技术演示验证试验；

2）完成原理样机地面试验，包括功能和主要性能试验。

(2) 应形成的试验验证文件

应形成的试验验证文件包括以下几点。

1）（根据研制需要）关键技术攻关和演示验证试验大纲、试验方案、试验规程、试验监测记录、试验报告等；

2）原理样机试验大纲、试验方案、试验规程、试验监测记录、试验报告等。

2.3.1.5 数据包完善方面

(1) 应开展的数据包完善工作

应开展的数据包完善工作（如确定数据包清单、模板、数据比对表等）包括以下几点。

1）结合产品设计、生产和应用活动，对产品数据包进行了初步策划；

2）初步识别了产品的关键特性参数（含设计、工艺、过程控制关键特性）。

(2) 应形成的数据包数据项、清单和模板

应形成的数据包数据项、清单和模板包括以下几点。

1）初步形成了各阶段产品数据包清单和模板；

2）产品数据包包含了确定的功能、性能参数指标要求，以及原理样机的指标验证数据记录；

3）初步编制完成了产品关键特性参数（含设计、工艺、过程控制关键特性）清单，并给出了设计关键特性参数指标要求。

(3) 数据项的应用验证情况（含数据包补充、完善情况和完备程度）

数据包中的功能参数和主要性能参数经过了原理性验证，并与研制技术要求进行了比对分析，形成了验证数据表。

2.3.1.6 完成的产品标志和工作标志方面

(1) 应完成的实物产品标志

经试验验证符合研制技术要求的原理样机产品。

(2) 应完成的产品化工作标志

应完成的产品化工作标志（如形成产品规范、形成技术状态基线，完

成设计定型等）包括以下几点。

1）编制了产品研制技术要求，明确了产品的功能、性能参数和指标要求；

2）确定了原理样机产品的技术状态。

2.3.2　工程样机产品（产品成熟度 2 级）

产品成熟度达到 2 级，产品应具备以下条件。

1）满足产品成熟度 1 级定级条件。

2）形成了产品规范。

3）完成工程样机研制，功能和性能满足产品规范要求。

4）通过规定的鉴定试验。

5）发生的质量问题已经完成归零。

6）产品数据包工作策划形成了飞行产品研制过程数据（含产品基础数据、产品关键特性数据、产品功能和性能数据等）记录项，比对要求及表格格式；经地面验证的产品关键特性参数及检验方法形成了正式要求；形成了功能和性能参数的地面模拟飞行环境鉴定级实测数据。

7）通过相应级别的技术评审。

其中，满足产品成熟度 2 级的定级条件，按照设计、工艺、产品保证和过程控制、试验验证、数据包完善、完成的产品标志和工作标志等 6 个方面，应完成如下工作。

2.3.2.1　设计方面

（1）应完成的产品设计工作

应完成的产品设计工作（含可靠性设计分析工作）包括以下几点。

1）按飞行条件完善了产品研制技术要求，细化了产品的功能、性能参数和指标要求，明确了产品使用限制条件、工作环境约束条件、接口要求等；

2）完成了产品工程样机的设计和验证工作，形成相关设计成果；

3）针对产品工程样机完成了可靠性建模、预计、产品的故障模式与影响分析、飞行环境适应性分析等相关可靠性设计分析工作。

（2）产品设计与研制技术要求的符合程度

产品设计与研制技术要求的符合程度包括以下几点。

1）工程样机经试验考核验证，表明各项功能性能指标能够满足飞行要求；

2）通过了鉴定级飞行条件试验，检测参数与所确定的产品功能、性能参数一致，实测指标与考核要求吻合，证明符合研制技术要求。

（3）应形成的设计文件

应形成的设计文件包括：设计任务书、技术要求、接口文件、技术说明书、原理图、安装图、明细表、产品规范（技术条件）、地面设备配套表、可靠性预计报告、产品的故障模式与影响分析报告、飞行环境适应性分析报告等。

2.3.2.2　工艺方面

（1）应完成的工艺设计工作

应完成的工艺设计工作包括以下几点。

1）按照飞行要求，完成了产品工程样机的工艺设计和验证工作；

2）完成了产品设计的工艺性审查，完成了后续产品生产的工艺设计工作；

3）完成了专用工装的设计、制造和验证工作。

（2）工艺与设计要求的符合程度

产品工艺经鉴定试验验证，能够实现设计要求。

（3）应形成的工艺文件

应形成的工艺文件包括：产品工艺流程以及配套工艺规程、关键工序明细表、专用工艺装备明细表、专用工艺装备设计文件等。

2.3.2.3　产品保证和过程控制方面

（1）应完成的产品保证工作

应完成的产品保证工作（含技术评审、质量问题归零）包括以下几点。

1）根据产品研制技术要求，细化了产品保证工作要求，对产品研制、生产和应用阶段的保证工作进行了详细策划；

2）按照策划的内容，针对工程样机开展了相应产品保证活动；

3）工程样机研制、试验中发生的所有质量问题均已按照有关规定完成归零；

4）通过了研制单位厂、所级的技术评审，评审提出的问题均落实了有效的解决方案。

（2）应形成的产品保证文件

应形成的产品保证文件包括以下几点。

1）细化完善的产品保证大纲和工作计划（含产品保证要求）；

2）针对产品后续设计过程、生产过程的质量保证要求及支撑文件；

3）针对产品使用的元器件、原材料、工艺、机械零件和软件的保证要求和支撑文件；

4）工程产品研制中已开展的产品保证工作的相关记录（如试验、检验、检查、评审、验证记录等）。

2.3.2.4　试验验证方面

（1）应完成的产品地面试验验证工作

应完成的产品地面试验验证工作（含试验项目）包括以下几点。

1）性能试验，例如电性能试验、物理性能试验等；

2）鉴定试验，例如温/湿度环境试验、加速度试验、振动/冲击试验、声试验、真空放电试验、微放电试验、热真空/热平衡试验、温度循环试验、压力试验、检漏试验、电磁兼容性试验、磁试验、空间辐照试验等；

3）可靠性试验，例如环境应力筛选试验、可靠性研制/增长试验等；

4）寿命试验，例如 1∶1 寿命试验、加速寿命试验等；

5）根据需要的其他研制试验。

（2）应形成的试验验证文件

应形成的试验验证文件包括以下几点。

1）工程样机各类地面试验大纲、试验方案、试验规程、试验监测记录、试验报告等；

2）确定了产品验收要求、验收试验方案和验收试验技术条件；

3）初步策划的产品飞行试验考核方案。

2.3.2.5　数据包完善方面

（1）应开展的数据包完善工作

应开展的数据包完善工作（如确定数据包清单、模板、数据比对表等）包括以下几点。

1）结合产品设计、生产和应用活动，细化、完善了各阶段产品数据包策划；

2）对产品功能性能数据、产品关键特性数据、产品基础数据的项目、内容和要求进行详细策划，并提供相关数据记录；

3）结合已开展的研制工作，在产品数据包中补充了相关数据记录项目。

（2）应形成的数据包数据项、清单和模板

应形成的数据包数据项、清单和模板包括以下几点。

1）产品研制、生产、交付、使用等各阶段产品数据包清单和模板；

2）按照策划内容，提供已完成的数据项记录。

其中产品数据包应记录以下 3 方面重点内容。

1）产品功能、性能数据，包括产品功能、性能参数指标要求，以及对应的设计验证和试验方法、数据记录和比对分析表格，相关实测数据和信息记录等；

2）产品关键特性参数（含设计、工艺、过程控制等关键特性）清单，关键特性参数指标要求，检测和验证方法，数据记录和比对分析表格，相关实测数据和信息记录等；

3）产品基础数据，主要包括构成产品的原材料、元器件、成品件等基础材料的相关信息数据清单、采购技术要求和验证方法、数据记录和比对分析表格，相关实际数据和信息记录等。

（3）数据项的应用验证情况

数据项的应用验证情况（含数据包补充、完善情况和完备程度）包括以下几点。

1）数据包中的相关指标要求类数据（功能性能指标、关键特性指标、采购产品指标等），经工程样机产品实际应用和鉴定试验验证、比对分析后，得到细化完善；

2）数据包中包含了功能性能参数、关键特性参数和基础数据实测数据表和比对分析表。

2.3.2.6　完成的产品标志和工作标志方面

（1）应完成的实物产品标志

通过鉴定试验验证，证明设计产品符合飞行要求的工程样机产品。

（2）应完成的产品化工作标志

应完成的产品化工作标志（如形成产品规范、形成技术状态基线，完成设计定型等）包括以下几点。

1）确定了产品研制技术要求；

2）编制完成产品规范；

3）确定了工程样机产品的技术状态。

2.3.3　飞行产品（产品成熟度 3 级）

产品成熟度达到 3 级，产品应具备以下条件。

1）满足产品成熟度 2 级定级条件。

2）确定了技术状态基线。

3）完善了产品规范。

4）经系统测试验证，功能和性能满足飞行要求。

5）发生的质量问题已经完成归零。

6）产品的设计、工艺、测试、试验等技术文件齐全。

7）产品数据包形成了飞行产品基础数据；形成了产品关键特性实测数据；形成了功能和性能参数的地面模拟飞行环境验收级实测数据以及所有其他地面测试数据。

8）产品数据包形成了飞行数据记录项要求及表格格式。

9）通过相应级别的技术评审。

其中，满足产品成熟度 3 级的定级条件，按照设计、工艺、产品保证和过程控制、试验验证、数据包完善、完成的产品标志和工作标志等 6 个方面，应完成如下工作。

2.3.3.1　设计方面

（1）应完成的产品设计工作

应完成的产品设计工作（含可靠性设计分析工作）包括以下几点。

1）按实际飞行的系统工作条件完善了产品研制技术要求，细化了产品的功能性能指标要求、系统应用限制条件、工作环境条件、接口要求等；

2）以工程样机产品技术状态为基础，完成了首次飞行产品的研制，并通过了飞行前的全部地面考核验证，形成了相关技术成果；

3）在工程样机可靠性工作基础上，针对技术状态变化，调整、补充、完善了产品可靠性建模、预计、产品的故障模式及影响分析、飞行环境适应性分析、可靠性评价验证等相关可靠性设计分析工作；

4）完成了产品全部设计文件的编制工作。

（2）产品设计与研制技术要求的符合程度

产品按飞行系统的实际工作状态通过地面考核，或者通过了飞行系统地面联试，证明满足实际飞行任务要求，并已落实为可参与型号飞行的产品。

产品按规定条件通过了验收级试验，检测参数与所确定的验收参数一致，实测指标与验收指标要求值吻合，证明符合飞行要求。

（3）应形成的设计文件

应形成的设计文件包括：设计任务书、技术要求、接口文件、技术说明书、原理图、安装图、明细表、产品规范（技术条件）、地面设备配套表、整件汇总表、标准件/外购件汇总表、关键件/重要件汇总表、可靠性预计报告、产品的故障模式及影响分析报告、飞行环境适应性分析报告、可靠性评价验证报告等。

2.3.3.2 *工艺方面*

（1）应完成的工艺设计工作

应完成的工艺设计工作包括以下几点。

1）按照实际飞行要求，完成了首飞前飞行产品的工艺应用验证和改进完善工作；

2）完成了专用工装的应用验证和改进完善工作；

3）根据实际应用和试验验证情况，完善产品工艺设计，并完成全部工艺文件的编制工作。

（2）工艺与设计要求的符合程度

工艺与设计要求的符合程度包括以下几点。

1）产品工艺经各项试验验证，满足设计要求；

2）产品工艺文件经审查确认，可支持重复生产。

（3）应形成的工艺文件

应形成的工艺文件包括：各类工艺规程、工艺文件目录、工艺总方案、工艺路线表、关键工序明细表、专用工艺装备明细表、专用工艺装备设计文件、非标准仪器和仪表及设备明细表、非标准设备设计文件、外协件明细表、材料消耗工艺定额文件等。

2.3.3.3 *产品保证和过程控制方面*

（1）应完成的产品保证工作

应完成的产品保证工作（含技术评审、质量问题归零）包括以下几点。

1）按照策划的内容，针对飞行产品开展了相应产品保证活动，同时根据研制需要补充开展其他产品保证活动，并对有关产品保证文件进行了完善；

2）对产品生产和应用阶段的保证工作策划和工作要求进行了细化和完善；

3）飞行产品研制、试验中发生的所有质量问题均已按照有关规定完成归零；

4）通过了研制单位所属院级的技术评审，评审提出的问题均落实了有效的解决方案。

(2) 应形成的产品保证文件

应形成的产品保证文件包括以下几点。

1) 细化、完善的研制阶段产品保证大纲和工作计划（含产品保证要求）；

2) 针对产品使用的元器件、原材料、工艺、机械零件和软件的保证要求和支撑文件；

3) 针对产品生产、贮存、交付、运输、应用、维护等过程的质量保证要求及支撑文件；

4) 飞行产品研制中已开展的产品保证工作的相关记录（如试验、检验、检查、评审、验证记录等）。

2.3.3.4 试验验证方面

(1) 应完成的产品地面试验验证工作

应完成的产品地面试验验证工作（含试验项目）包括以下几点。

1) 性能检测试验，例如电性能检测试验、物理性能检测试验等；

2) 飞行系统综合试验或系统联试等；

3) 验收试验要求实施的产品验收试验；

4) 可靠性试验，例如环境应力筛选试验等。

(2) 应形成的试验验证文件

应形成的试验验证文件包括以下几点。

1) 工程样机各类地面试验大纲、试验方案、试验规程、试验监测记录、试验报告等；

2) 初步确定的产品验收试验方案和试验技术条件；

3) 策划完成的产品飞行试验大纲、试验方案、试验规程、飞行数据监测记录要求等。

2.3.3.5 数据包完善方面

(1) 应开展的数据包完善工作

应开展的数据包完善工作（如确定数据包清单、模板、数据比对表等）包括以下几点。

1) 形成了完整的飞行产品研制阶段数据包，包括数据项清单、数据项模板、相关指标要求和实测数据记录等；

2) 针对飞行试验要求，策划并形成飞行数据记录项要求、记录格式及考核参考指标等；

3) 针对后续产品生产和应用等阶段活动，策划并提出各阶段产品数据包项目清单、模板、记录要求和相应的指标要求；

4）确定了产品基础数据、产品关键特性数据、产品功能性能数据等的数据项目、内容和记录要求，提供了对应的指标要求和相关实测数据记录；

5）产品设计、工艺、测试、试验等技术文件齐全，并纳入产品数据包。

（2）应形成的数据包数据项、清单和模板

应形成的数据包数据项、清单和模板包括以下几点。

1）产品研制、生产、交付、使用等各阶段产品数据包清单和模板；

2）按照策划内容，提供完整的研制阶段数据包。

其中产品数据包应记录以下3方面重点内容。

1）产品功能性能数据，包括产品功能性能参数指标要求，以及对应的设计验证和试验方法、数据记录和比对分析表格、相关实测数据和信息记录等；

2）产品关键特性参数（含设计、工艺、过程控制等关键特性）清单，关键特性参数指标要求，检测和验证方法，数据记录和比对分析表格，相关实测数据和信息记录等；

3）产品基础数据，主要包括构成产品的原材料、元器件、成品件等基础材料的相关信息数据清单、采购技术要求和验证方法、数据记录和比对分析表格、相关实际数据和信息记录等。

（3）数据项的应用验证情况

数据项的应用验证情况（含数据包补充、完善情况和完备程度）包括以下几点。

1）数据包中的相关指标要求类数据（功能性能指标、关键特性指标、采购产品指标等），经飞行产品实际应用和验收试验验证、比对分析后，得到细化完善；

2）数据包中包含了地面模拟飞行环境验收级实测数据和所有其他地面测试数据。

2.3.3.6 完成的产品标志和工作标志方面

（1）应完成的实物产品标志

通过飞行系统试验和验收试验验证，证明符合任务要求的飞行产品。

（2）应完成的产品化工作标志

应完成的产品化工作标志（如形成产品规范、形成技术状态基线，完成设计定型等）包括以下几点。

1）细化完善了产品规范；

2）确定了飞行产品生产的技术状态基线。

2.3.4　一次飞行考核产品（产品成熟度 4 级）

产品成熟度达到 4 级，产品应具备以下条件。

1）满足产品成熟度 3 级定级条件。

2）已经过 1 次成功飞行试验考核，其中卫星单机单次飞行考核时间应不低于 2 年（设计寿命低于 2 年的按照实际设计寿命考核），考核期间工作正常。

3）飞行试验表明其功能和性能满足飞行要求。

4）发生的质量问题已经完成归零，不影响后续的飞行试验。

5）产品数据包中的关键特性参数经过了飞行验证；记录了产品功能和性能的飞行实测数据并与地面实测数据进行了比对分析。

6）产品生产和飞行数据表格格式经过了实际应用和改进。

其中，满足产品成熟度 4 级的定级条件，按照设计、工艺、产品保证和过程控制、试验验证、数据包完善、完成的产品标志和工作标志等 6 个方面，应完成如下工作。

2.3.4.1　设计方面

（1）应完成的产品设计工作

应完成的产品设计工作（含可靠性设计分析工作）包括以下几点。

1）在 1 次成功飞行试验考核的基础上，完善了产品研制技术要求，细化了产品的功能性能指标要求、系统应用限制条件、工作环境条件、接口要求等；

2）利用 1 次成功飞行试验考核结果，对产品设计进行改进，补充完善了相关技术成果；

3）利用 1 次成功飞行试验考核结果，补充、完善了产品可靠性设计分析工作。

（2）产品设计与研制技术要求的符合程度

产品经 1 次成功飞行试验考核，飞行监测参数指标与规定的指标要求一致，证明产品满足实际飞行任务要求。

（3）应形成的设计文件

应形成的设计文件包括：设计任务书、技术要求、接口文件、技术说明书、原理图、安装图、明细表、产品规范（技术条件）、地面设备配套表、整件汇总表、标准件/外购件汇总表、关键件/重要件汇总表、可靠性预计报告、产品的故障模式及影响分析报告、飞行环境适应性分析报告、可靠性评价验证报告等。

在成熟度 3 级产品设计文件的基础上，补充了设计更改所需的相关文件。

2.3.4.2　工艺方面

（1）应完成的工艺设计工作

根据实际飞行考核和设计改进情况，完善产品工艺设计。

（2）工艺与设计要求的符合程度

工艺与设计要求的符合程度包括以下几点。

1）产品工艺经 1 次成功飞行试验考核，满足设计要求；

2）产品工艺文件在飞行考核的基础上进行了细化量化，具备保证重复、稳定生产的能力。

（3）应形成的工艺文件

应形成的工艺文件包括：各类工艺规程、工艺文件目录、工艺总方案、工艺路线表、关键工序明细表、专用工艺装备明细表、专用工艺装备设计文件、非标准仪器和仪表及设备明细表、非标准设备设计文件、外协件明细表、材料消耗工艺定额文件等。

在成熟度 3 级产品工艺文件的基础上，补充了工艺更改所需的相关文件。

2.3.4.3　产品保证和过程控制方面

（1）应完成的产品保证工作

应完成的产品保证工作（含技术评审、质量问题归零）包括以下几点。

1）结合飞行考核情况，对有关产品保证文件进行了完善；

2）飞行试验中发生的所有质量问题均已按照有关规定完成归零；

3）产品经飞行考核和改进完善后，全部技术成果通过了研制单位所属院级的技术评审，评审提出的问题均已有效解决。

（2）应形成的产品保证文件

应形成的产品保证文件包括以下几点。

1）根据飞行考核和改进情况，细化完善的产品保证文件；

2）补充开展产品保证工作的文件和记录（如飞行质量问题归零、技术评审记录等）。

2.3.4.4　试验验证方面

（1）应完成的产品地面试验验证工作（含试验项目）

结合设计、工艺改进需开展的地面试验。

（2）应完成的产品飞行试验验证工作

应完成的产品飞行试验验证工作（含考核时间、性能指标的符合性和飞行故障情况）包括以下几点。

1）已经过 1 次成功飞行试验考核，其中卫星单机单次飞行考核时间应不低于 2 年（设计寿命低于 2 年的按照实际设计寿命考核）；

2）按照策划的飞行试验大纲、方案和规程实施数据监测，并与规定的指标要求进行比对分析，数据比对结果应能够表明产品在飞行考核期间工作正常；

3）飞行考核期间发生的质量问题，不影响型号后续飞行试验任务的完成。

（3）应形成的试验验证文件

应形成的试验验证文件包括以下几点。

1）飞行试验监测记录、飞行试验报告等；

2）针对产品改进验证形成的试验大纲、试验方案、试验规程、数据监测记录、试验报告等补充试验文件。

2.3.4.5　数据包完善方面

（1）应开展的数据包完善工作

应开展的数据包完善工作（如确定数据包清单、模板、数据比对表等）包括以下几点。

1）产品数据包中增加了飞行试验考核，包括 1 次成功飞行试验考核的实测数据记录；

2）飞行数据记录项要求、记录格式及考核参考指标等经过了实际应用验证，并得到了完善；

3）根据飞行考核和产品改进活动，对后续产品生产和应用等阶段产品数据包项目清单、模板、记录要求和相应的指标要求进行了验证和完善；

4）完成了产品功能性能参数的飞行实测数据与地面实测数据的比对分析，并根据实际情况对有关数据项进行补充完善。

（2）应形成的数据包数据项、清单和模板

应形成的数据包数据项、清单和模板包括以下几点。

1）在飞行产品数据包基础上，完善产品飞行试验数据项清单和模板；

2）在飞行产品数据包基础上，完善后续产品生产、交付、使用等各阶段产品数据包清单、模板和要求。

（3）数据项的应用验证情况

数据项的应用验证情况（含数据包补充、完善情况和完备程度）包括以下几点。

1）飞行数据记录项要求、记录格式及考核参考指标等经过了实际应用验证，并得到了完善；

2）产品生产和应用等阶段产品数据包项目清单、模板、记录要求和相应的指标要求经过了1次成功飞行考核验证，并得到了完善；

3）产品基础数据、产品关键特性数据、产品功能性能数据等数据经过1次成功飞行试验考核。

2.3.4.6 完成的产品标志和工作标志

（1）应完成的实物产品标志

通过1次成功飞行考核验证，证明符合任务要求的产品。

（2）应完成的产品化工作标志

应完成的产品化工作标志（如形成产品规范、形成技术状态基线，完成设计定型等）包括以下几点。

1）在1次成功飞行考核的基础上，细化完善产品规范；

2）在飞行产品技术状态基线基础上，根据飞行考核和改进情况，实施技术状态更改后，形成新的产品技术状态基线。

2.3.5 多次飞行考核产品（产品成熟度5级）

产品成熟度达到5级，产品应具备以下条件。

1）满足产品成熟度4级定级条件。

2）已经过至少3次成功飞行试验考核，其中卫星单机单次飞行考核时间应不低于2年（设计寿命低于2年的按照实际设计寿命考核），考核期间工作正常。

3）飞行试验表明其功能和性能满足飞行要求。

4）产品经过寿命试验考核，证明满足寿命指标要求。

5）发生的质量问题已经完成归零，不影响后续的飞行试验。

6）产品数据包中补充了多次飞行产品基础数据、产品关键特性的多次实测数据；积累了功能和性能的多次地面测试以及飞行实测数据，并对多次实测数据进行了比对分析。

7）作为质量问题归零的措施，针对 4 级成熟度定级后出现的质量问题，补充、修改、完善了产品数据包中的相关数据。

其中，满足产品成熟度 5 级的定级条件，按照设计、工艺、产品保证和过程控制、试验验证、数据包完善、完成的产品标志和工作标志等 6 个方面，应完成如下工作。

2.3.5.1　设计方面

（1）应完成的产品设计工作

应完成的产品设计工作（含可靠性设计分析工作）包括以下几点。

1）利用 3 次以上成功飞行试验考核结果，完善了产品研制技术要求，细化了产品的功能性能指标要求、系统应用限制条件、工作环境条件、接口要求等；

2）利用 3 次以上成功飞行试验考核结果，对产品设计进行改进，补充完善了相关技术成果；

3）利用 3 次以上成功飞行试验考核结果，补充、完善了产品可靠性设计分析工作。

（2）产品设计与研制技术要求的符合程度

产品经 3 次以上成功飞行试验考核，飞行监测参数指标包络线满足规定的指标要求，证明产品满足实际飞行任务要求。

产品设计满足飞行任务要求，并按照至少 3 次成功飞行数据完成了可靠性评估，产品可靠性评估值在 0.6 置信度条件下可达到 0.74。

（3）应形成的设计文件

应形成的设计文件包括：设计任务书、技术要求、接口文件、技术说明书、原理图、安装图、明细表、产品规范（技术条件）、地面设备配套表、整件汇总表、标准件/外购件汇总表、关键件/重要件汇总表、可靠性预计报告、产品的故障模式及影响分析报告、飞行环境适应性分析报告、可靠性评价验证报告等。

在 4 级产品设计文件的基础上，补充了设计更改所需的相关文件。

2.3.5.2　工艺方面

（1）应完成的工艺设计工作

根据多次实际飞行考核、设计改进和重复生产情况，完善产品工艺设计。

（2）工艺与设计要求的符合程度

产品工艺经至少3次以上成功飞行考核验证和寿命考核验证，满足设计要求，并可保证重复、稳定生产。

（3）应形成的工艺文件

应形成的工艺文件包括：各类工艺规程、工艺文件目录、工艺总方案、工艺路线表、关键工序明细表、专用工艺装备明细表、专用工艺装备设计文件、非标准仪器和仪表及设备明细表、非标准设备设计文件、外协件明细表、材料消耗工艺定额文件等。

在成熟度4级产品工艺文件的基础上，补充了工艺更改所需的相关文件。

2.3.5.3 产品保证和过程控制方面

（1）应完成的产品保证工作

应完成的产品保证工作（含技术评审、质量问题归零）包括以下几点。

1）结合飞行考核情况，对有关产品保证文件进行了完善；

2）飞行试验中发生的所有质量问题均已按照有关规定完成归零；

3）产品经飞行考核和改进完善后，全部技术成果通过了研制单位所属院级的技术评审，评审提出的问题均已有效解决。

（2）应形成的产品保证文件

应形成的产品保证文件包括以下几点。

1）根据飞行考核和改进情况，细化完善的产品保证文件；

2）补充开展产品保证工作的文件和记录（如飞行质量问题归零、技术评审记录等）。

2.3.5.4 试验验证方面

（1）应完成的产品地面试验验证工作（含试验项目）

结合设计、工艺改进需开展的地面试验。

（2）应完成的产品飞行试验验证工作

应完成的产品飞行试验验证工作（含考核时间、性能指标的符合性和飞行故障情况）包括以下几点。

1）已经过3次以上成功飞行试验考核，其中卫星单机单次飞行考核时间应不低于2年（设计寿命低于2年的按照实际设计寿命考核）；

2）按照策划的飞行试验大纲、方案和规程实施数据监测，并与规定的指标要求进行比对分析，数据比对结果应能够表明产品在飞行考核期间工作正常；

3）飞行考核期间发生的质量问题，不影响型号后续飞行试验任务的完成。

（3）应形成的试验验证文件

应形成的试验验证文件包括以下几点。

1）飞行试验监测记录、飞行试验报告等；

2）针对产品改进验证形成的试验大纲、试验方案、试验规程、数据监测记录、试验报告等补充试验文件。

2.3.5.5　数据包完善方面

（1）应开展的数据包完善工作

应开展的数据包完善工作（如确定数据包清单、模板、数据比对表等）包括以下几点。

1）产品数据包中增加了飞行试验考核，包括 3 次以上成功飞行试验考核的实测数据记录；

2）飞行数据记录项要求、记录格式及考核参考指标等经过了多次实际应用验证，并得到了完善；

3）根据重复生产、多次飞行考核和产品改进活动，对产品生产和应用等阶段产品数据包项目清单、模板、记录要求和相应的指标要求进行了验证和完善；

4）完成了产品功能性能参数的飞行实测数据与地面实测数据的比对分析，对成功数据包络分析进行了策划，并根据实际情况对有关数据项进行补充完善。

（2）应形成的数据包数据项、清单和模板

在 4 级产品数据包基础上，完善产品飞行试验数据项清单和模板。

在 4 级产品数据包基础上，完善后续产品生产、交付、使用等各阶段产品数据包清单、模板和要求。

（3）数据项的应用验证情况

数据项的应用验证情况（含数据包补充、完善情况和完备程度）包括以下几点。

1）飞行数据记录项要求、记录格式及考核参考指标等经过了多次实际应用验证，并得到了完善；

2）产品生产和应用等阶段产品数据包项目清单、模板、记录要求和相应的指标要求经过了3次以上成功飞行考核验证，并得到了完善；

3）产品基础数据、产品关键特性数据、产品功能性能数据等数据经过3次以上成功飞行试验考核。

2.3.5.6 完成的产品标志和工作标志方面

（1）应完成的实物产品标志

通过3次以上成功飞行考核验证，证明符合任务要求的产品。

（2）应完成的产品化工作标志

应完成的产品化工作标志（如形成产品规范、形成技术状态基线，完成设计定型等）包括以下几点。

1）在3次以上成功飞行考核的基础上，细化完善产品规范；

2）在飞行产品技术状态基线基础上，根据重复生产、多次飞行考核和改进情况，实施技术状态更改后，形成新的产品技术状态基线。

2.3.6 三级定型产品（产品成熟度6级）

产品成熟度达到6级，产品应具备以下条件。

1）满足产品成熟度5级定级条件。

2）产品技术文件完善齐全，工艺和过程控制文件能保证产品重复生产，满足定型要求。

3）产品经过质量分析，对所有在研、飞行相关质量问题的归零工作进行了复查。

4）产品已通过环境适应性、极限能力、性能拉偏、寿命与可靠性等试验考核。

5）产品数据包中对多次飞行的产品基础数据进行了分析和要求值的固化；对产品关键特性参数的多次实测数据进行了分析，对要求值和检验验证方法进行了固化；固化了功能和性能指标。

6）产品数据包中补充了定型过程中进一步开展的试验验证形成的数据，形成最大环境适应性数据和极限能力数据。

7）产品数据包中补充了产品研制、成熟度提升过程中所有更改、增加及验证结果数据。

8）产品数据包中固化了产品生产及飞行数据记录项、比对要求及表格格式。

9）确定了要建立的成功数据包络线的参数；形成信息化的数据库，开始积累各项数据。

10）利用已开展的地面和飞行考核数据，进行了产品可靠性评估。

11）按规定履行了相关定型程序，并由主管部门批准为三级定型产品。

其中，满足产品成熟度 6 级的定级条件，按照设计、工艺、产品保证和过程控制、试验验证、数据包完善、完成的产品标志和工作标志等 6 个方面，应完成如下工作。

2.3.6.1　设计方面

（1）应完成的产品设计工作

应完成的产品设计工作（含可靠性设计分析工作）包括以下几点。

1）利用所有地面和飞行考核结果，进一步完善并固化了可靠性设计分析文件；

2）利用已开展的环境适应性、极限能力、性能拉偏、寿命与可靠性等试验考核，形成了产品能力包络，完成了产品的设计定型工作。

（2）产品设计与研制技术要求的符合程度

产品经所有地面和飞行试验考核，证明满足产品规范中规定的要求。

产品技术文件完善齐全，产品设计满足设计定型要求。

（3）应形成的设计文件

应形成的设计文件包括：设计任务书、技术要求、接口文件、技术说明书、原理图、安装图、明细表、产品规范（技术条件）、地面设备配套表、整件汇总表、标准件/外购件汇总表、关键件/重要件汇总表、可靠性预计报告、产品的故障模式及影响分析报告、飞行环境适应性分析报告、可靠性评价验证报告等。

在 5 级产品设计文件的基础上，补充了定型所需的相关设计文件。

2.3.6.2　工艺方面

（1）应完成的工艺设计工作

结合质量分析和所有在研、飞行相关质量问题归零工作，进一步完善并固化产品工艺设计文件。

（2）工艺与设计要求的符合程度

产品工艺经定型考核确认，能够支持小批量生产。

产品工艺文件完善齐全，产品工艺设计满足设计定型要求。

（3）应形成的工艺文件

应形成的工艺文件包括：各类工艺规程、工艺文件目录、工艺总方案、工艺路线表、关键工序明细表、专用工艺装备明细表、专用工艺装备设计文件、非标准仪器和仪表及设备明细表、非标准设备设计文件、外协件明细表、材料消耗工艺定额文件等。

在成熟度5级产品工艺文件的基础上，补充了定型所需的相关工艺文件。

2.3.6.3 产品保证和过程控制方面

(1) 应完成的产品保证工作

应完成的产品保证工作（含技术评审、质量问题归零）包括以下几点。

1) 环境适应性、极限能力、性能拉偏、寿命与可靠性试验中发生的所有质量问题均已按照有关规定完成归零；

2) 对有关产品保证文件进行了固化。

(2) 应形成的产品保证文件

应形成的产品保证文件包括以下几点。

1) 补充开展的产品质量问题归零记录；

2) 已固化的产品保证文件。

2.3.6.4 试验验证方面

(1) 应完成的产品地面试验验证工作

应完成的产品地面试验验证工作（含试验项目）包括以下几点。

1) 针对产品能力包络需开展的环境适应性、极限能力、性能拉偏试验；

2) 结合定型要求进一步开展的寿命与可靠性试验①。

(2) 应形成的试验验证文件

应形成的试验验证文件包括以下几点。

1) 针对产品能力包络验证形成的试验大纲、试验方案、试验规程、数据监测记录、试验报告等补充试验文件；

2) 补充开展的寿命与可靠性试验结果、报告等。

2.3.6.5 数据包完善方面

(1) 应开展的数据包完善工作

---

① 对于经梳理确认的现有产品，由于其在前期研制、应用中未开展相关试验，应在定型时对产品补充进行环境适应性、极限能力、性能拉偏、寿命与可靠性试验等工作。对于按照型谱规划和专业产品研发模式研制的新产品，则需要在研制全过程按照型谱规划的适用范围和经确认的产品规范，逐级开展环境适应性、极限能力、性能拉偏、寿命与可靠性试验。在评定本级产品成熟度时，可根据产品已开展相关工作的情况，确定需补充的试验项目和要求。

应开展的数据包完善工作（如确定数据包清单、模板、数据比对表等）包括以下几点。

1）在补充分析验证的基础上，对产品数据包清单、模板、数据比对表等进行了固化；

2）对产品数据包中的基础数据、关键特性数据、功能性能数据的要求值和检验方法进行了固化；

3）补充了产品改进、成熟度提升、定型过程中增加的试验验证数据，形成最大环境适应性和极限能力数据；

4）结合定型过程补充开展的分析改进，确定成功数据包络线的参数。

（2）应形成的数据包数据项、清单和模板

在 5 级产品数据包基础上，固化的产品数据包清单和模板。

（3）数据项的应用验证情况（含数据包补充、完善情况和完备程度）

产品最大环境适应性和极限能力数据经地面验证。

2.3.6.6　完成的产品标志和工作标志

（1）应完成的实物产品标志

在 3 次以上成功飞行考核验证的基础上，进一步完成经过定型过程应开展的地面考核，满足设计定型要求的产品。

（2）应完成的产品化工作标志

应完成的产品化工作标志（如形成产品规范、形成技术状态基线，完成设计定型等）包括以下几点。

1）完成设计定型；

2）建立成功数据包络线的参数数据库。

2.3.7　二级定型产品（产品成熟度 7 级）

产品成熟度达到 7 级，产品应具备以下条件。

1）满足产品成熟度 6 级定级条件。

2）定型文件经小批量生产验证，能够保证产品一致、质量稳定。

3）在三级定型产品基础上，又经过 3 次成功飞行试验考核，其中卫星单机单次飞行考核时间应不低于 2 年（设计寿命低于 2 年的按照实际设计寿命考核），考核期间工作正常。

4）至少经过 1 次实际飞行全寿命考核。

5）地面考核和飞行工作期间，产品未发生重大质量问题或严重质量问题，出现的质量问题已经完成归零。

6）产品数据包中进一步补充了3次飞行产品的基础数据、关键特性实测数据、功能和性能地面及飞行实测数据。

7）作为质量问题归零的措施，针对6级成熟度定级后出现的质量问题，补充、修改、完善了产品数据包中的相关数据。

8）根据重复生产和多次飞行考核数据记录、比对的实际情况，对固化的产品生产及飞行数据记录项、比对要求及表格格式进行了持续改进。

9）统计历次飞行成功产品的关键特性参数实测值，并结合成功地面试验结果形成成功数据包络线，对于与飞行环境密切相关的产品，还要形成环境条件参数成功数据包络线。

10）根据增加的地面和飞行考核数据，更新了产品可靠性评估结果。

11）按规定履行了相关定型程序，并由主管部门批准为二级定型产品。

其中，满足产品成熟度7级的定级条件，按照设计、工艺、产品保证和过程控制、试验验证、数据包完善、完成的产品标志和工作标志等6个方面，应完成如下工作。

2.3.7.1　设计方面

（1）应完成的产品设计工作（含可靠性设计分析工作）

根据在三级定型产品的基础上进一步开展的飞行考核验证，更新产品可靠性评估结果。

（2）产品设计与研制技术要求的符合程度

产品按照至少6次成功飞行数据完成了可靠性评估，产品可靠性评估值在0.6置信度条件下可达到0.86。

（3）应形成的设计文件

应形成的设计文件包括：设计任务书、技术要求、接口文件、技术说明书、原理图、安装图、明细表、产品规范（技术条件）、地面设备配套表、整件汇总表、标准件/外购件汇总表、关键件/重要件汇总表、可靠性预计报告、产品的故障模式及影响分析报告、飞行环境适应性分析报告、可靠性评价验证报告等。

在成熟度6级产品的基础上，补充了3次飞行考核结果的可靠性评估报告。

2.3.7.2　工艺方面

（1）应完成的工艺设计工作

结合至少6次成功飞行试验考核验证、1次实际飞行全寿命考核验证和质量问题归零工作，完成了产品工艺（生产）定型工作。

（2）工艺与设计要求的符合程度

产品工艺经小批量生产和至少 6 次以上成功飞行考核验证，能够满足设计要求，可实现重复稳定生产，并具有较高的质量水平。

（3）应形成的工艺文件

应形成的工艺文件包括：各类工艺规程、工艺文件目录、工艺总方案、工艺路线表、关键工序明细表、专用工艺装备明细表、专用工艺装备设计文件、非标准仪器和仪表及设备明细表、非标准设备设计文件、外协件明细表、材料消耗工艺定额文件等。

在成熟度 6 级产品工艺文件的基础上，固化的工艺（生产）文件。

2.3.7.3　产品保证和过程控制方面

（1）应完成的产品保证工作

应完成的产品保证工作（含技术评审、质量问题归零）包括以下几点。

1）结合三级定型后进一步开展的飞行考核情况，对有关产品保证文件进行了完善。

2）飞行试验中发生的所有质量问题均已按照有关规定完成归零。

（2）应形成的产品保证文件

补充三级定型后的产品质量问题归零记录。

2.3.7.4　试验验证方面

（1）应完成的产品飞行试验验证工作

应完成的产品飞行试验验证工作（含考核时间、性能指标的符合性和飞行故障情况等）包括以下几点。

1）已经过 6 次以上成功飞行试验考核，其中卫星单机单次飞行考核时间应不低于 2 年（设计寿命低于 2 年的按照实际设计寿命考核）；

2）经过 1 次以上全寿命考核；

3）按照策划的飞行试验大纲、方案和规程实施数据监测，并与规定的指标要求进行比对分析，数据比对结果应能够表明产品在飞行考核期间工作正常；

4）飞行考核期间发生的质量问题，不影响型号后续飞行试验任务的完成。

（2）应形成的试验验证文件

应形成的试验验证文件包括以下几点。

1）飞行试验监测记录、飞行试验报告等；

2）针对产品改进验证形成的试验大纲、试验方案、试验规程、数据监测记录、试验报告等补充试验文件。

2.3.7.5 数据包完善方面

（1）应开展的数据包完善工作

应开展的数据包完善工作（如确定数据包清单、模板、数据比对表等，应给出实例）包括以下几点。

1）在三级定型的基础上，产品数据包中又增加了3次成功飞行试验考核的实测数据记录（含至少1次全寿命考核）；

2）产品数据包中补充了三级定型后的质量问题归零记录；

3）根据三级定型后的飞行考核结果，进一步完善了产品功能性能参数的飞行实测数据与地面实测数据的比对分析，形成了成功数据包络线。

（2）应形成的数据包数据项、清单和模板

经6次以上成功飞行数据比对分析形成的成功数据包络线。

（3）数据项的应用验证情况（含数据包补充、完善情况和完备程度）

在成熟度6级产品数据包基础上，数据包中各数据项通过小批量生产验证。

2.3.7.6 完成的产品标志和工作标志方面

（1）应完成的实物产品标志

在三级定型产品的基础上，经过进一步3次成功飞行考核（含1次全寿命考核），满足工艺（生产）定型要求的产品。

（2）应完成的产品化工作标志

应完成的产品化工作标志（如形成产品规范、形成技术状态基线，完成设计定型等）包括以下几点。

1）完成工艺（生产）定型；

2）建立成功数据包络线。

2.3.8 一级定型产品（产品成熟度8级）

产品成熟度达到8级，产品应具备以下条件。

1）满足产品成熟度7级定级条件。

2）在二级定型产品基础上，又经过2次以上成功飞行试验考核，其中卫星单机单次飞行考核时间应不低于2年（设计寿命低于2年的按照实际设计寿命考核），考核期间工作正常。

3）产品数据包中进一步补充了2次飞行产品的基础数据、关键特性实测数据、功能和性能地面及飞行实测数据。

4）作为质量问题归零的措施，针对7级成熟度定级后出现的质量问题，补充、修改、完善了产品数据包中的相关数据。

5）根据积累的地面和飞行实测数据，进一步修订了成功数据包络线。

6）细化完善产品数据包中的关键特性参数，偏差控制在六西格玛以内，达到精细化要求。

7）根据应用情况，进一步对产品数据包中生产及飞行数据记录项、比对要求及表格格式进行改进。

8）根据增加的地面和飞行考核数据，修订了产品可靠性评估结果，产品可靠度评估值在0.7置信度条件下不小于0.99。

9）按规定履行了相关定型程序，并由主管部门批准为一级定型产品。

其中，满足产品成熟度8级的定级条件，按照设计、工艺、产品保证和过程控制、试验验证、数据包完善、完成的产品标志和工作标志等6个方面，应完成如下工作。

2.3.8.1　设计方面

（1）应完成的产品设计工作（含可靠性设计分析工作）

结合至少8次成功飞行试验考核验证和质量问题归零工作，完善了产品可靠性分析评估工作。

（2）产品设计与研制技术要求的符合程度

产品按照至少8次成功飞行数据完成了可靠性评估，产品可靠性评估值在0.7置信度条件下可达到0.99。

（3）应形成的设计文件

应形成的设计文件包括：设计任务书、技术要求、接口文件、技术说明书、原理图、安装图、明细表、产品规范（技术条件）、地面设备配套表、整件汇总表、标准件/外购件汇总表、关键件/重要件汇总表、可靠性预计报告、产品的故障模式及影响分析报告、飞行环境适应性分析报告、可靠性评价验证报告等。

在成熟度7级产品的基础上，补充了2次飞行考核结果的可靠性评估报告。

2.3.8.2　工艺方面

（1）应完成的工艺设计工作

结合至少8次成功飞行试验考核验证和质量问题归零工作，完善了产品工艺验证和改进完善工作。

（2）工艺与设计要求的符合程度

产品工艺经改进和至少 8 次以上成功飞行验证后，能够达到精细化管理要求，偏差控制在六西格玛以内，不合格品率低于3.4×10^{-6}。

（3）应形成的工艺文件

应形成的工艺文件包括：各类工艺规程、工艺文件目录、工艺总方案、工艺路线表、关键工序明细表、专用工艺装备明细表、专用工艺装备设计文件、非标准仪器和仪表及设备明细表、非标准设备设计文件、外协件明细表、材料消耗工艺定额文件等。

在成熟度 7 级产品工艺文件的基础上，改进完善形成的批产工艺文件。

2.3.8.3 产品保证和过程控制方面

（1）应完成的产品保证工作（含技术评审、质量问题归零）

按批产要求完善了产品保证文件。

（2）应形成的产品保证文件

产品批产的产品保证文件。

2.3.8.4 试验验证方面

（1）应完成的产品飞行试验验证工作

应完成的产品飞行试验验证工作（含考核时间、性能指标的符合性和飞行故障情况等）包括以下几点。

1）在成熟度 7 级产品的基础上，经过 2 次以上成功飞行试验考核，其中卫星单机单次飞行考核时间应不低于 2 年（设计寿命低于 2 年的按照实际设计寿命考核）；

2）按照策划的飞行试验大纲、方案和规程实施数据监测，并与规定的指标要求进行比对分析，数据比对结果应能够表明产品在飞行考核期间工作正常；

3）飞行考核期间发生的质量问题，不影响型号后续飞行试验任务的完成。

（2）应形成的试验验证文件

应形成的试验验证文件包括以下几点。

1）飞行试验监测记录、飞行试验报告等；

2）针对产品改进验证形成的试验大纲、试验方案、试验规程、数据监测记录、试验报告等补充试验文件。

2.3.8.5　数据包完善方面

（1）应开展的数据包完善工作

应开展的数据包完善工作（如确定数据包清单、模板、数据比对表等）包括以下几点。

1）在二级定型产品的基础上，产品数据包中又增加了 2 次以上成功飞行试验考核的实测数据记录；

2）产品数据包中补充了产品二级定型后的质量问题归零记录；

3）根据产品二级定型后的飞行考核结果，进一步完善了产品功能性能参数的飞行实测数据与地面实测数据的比对分析，修订了成功数据包络线。

（2）应形成的数据包数据项、清单和模板

经 8 次以上成功飞行数据比对分析修订的成功数据包络线。

（3）数据项的应用验证情况（含数据包补充、完善情况和完备程度）

在成熟度 7 级产品数据包基础上，成功数据包络线经 2 次以上生产和飞行验证。

2.3.8.6　完成的产品标志和工作标志方面

（1）应完成的实物产品标志

在二级定型产品的基础上，进一步经过 2 次以上成功飞行考核，满足产品定型要求的产品。

（2）应完成的产品化工作标志（如形成产品规范、形成技术状态基线，完成设计定型等）

完成产品定型。

2.4　航天产品成熟度定级管理

2.4.1　产品成熟度定级的意义

产品成熟度的评定是中国航天企业实施航天产品工程工作的实践经验的科学总结，实施产品成熟度的评定和推动产品成熟度等级评定工作在工程研制过程中发挥了重要的作用。概括起来，产品成熟度定级主要有以下几个方面的意义。

1）有利于统一产品成熟度的评定，并促进专业产品质量与可靠性的提升。

从航天产品研制方面，产品成熟度的提出为规范产品成熟度定级评定工作提供了依据。同时，在关键通用产品专业化研发模式下，产品成熟度评定以系统化、规范化的方式，引导产品按照型谱开展研发、成熟度培育、定型、生产、应用、改进、更新换代等工作，使产品的质量与可靠性水平逐步提升并日益稳定，实现产品的有序发展。

2）有利于提高产品的可应用程度，为航天型号选用提供依据。

从航天型号研制方面，航天单机产品成熟度是航天型号研制中进行单机选型的重要参考。开展航天单机产品成熟度定级，将为航天型号选型提供依据，支持并大力推动型号研制采用定型产品，引导航天型号研制逐步走向采购制，实现航天型号快速的集成创新。

3）有利于细化专业产品研发和培育过程的各项工程活动，促进航天产品精细化质量管理要求的落实。

从产品质量管理方面，通过开展产品成熟度等级评定工作，有助于规范产品设计、工艺、试验验证和过程控制等各个方面的工作，有利于实现航天产品精细化质量管理要求，不断提升产品的整体质量和稳定性。

4）有利于推动航天产品工程工作，为相关配套标准的编制奠定了基础。

从航天产品体系建设方面，产品成熟度作为航天产品技术攻关、工程研制、成熟度培育、状态固化、更新换代等工作的基本依据之一，为其他相关标准的制定和实施奠定了基础。

2.4.2 产品成熟度定级的组织与基本职责

航天产品成熟度定级工作遵循统一管理、分级负责的原则。航天产品成熟度定级工作管理应当按照统一的标准和规范的程序有序开展，并在产品型谱、优选目录等文件中统一发布。具体产品不同级别的定级工作分别由相应的主管部门完成，其基本职责划分如下。

1）产品研制厂所负责 1 级～3 级的产品成熟度认定；

2）研究院负责 4 级～5 级产品成熟度认定；

3）企业集团总部负责 6 级～8 级产品成熟度认定。

2.4.3 产品成熟度定级的程序

航天单机产品成熟度定级的程序包括以下步骤。

1）产品研制单位明确需定级的产品对象，确认其技术状态。

2）产品研制单位全面梳理需定级产品的研制和应用情况。

3）产品研制单位按照有关要求，初步确定产品当前的成熟度等级，填写航天单机产品成熟度等级申请/审批表（图 2—7），并向相应的定级主管部门提出定级申请。

航天产品成熟度等级申请/审批表

<table>
<tr><td>产品名称</td><td colspan="3"></td></tr>
<tr><td>产品代号</td><td colspan="3"></td></tr>
<tr><td>产品主要
技术指标</td><td colspan="3"></td></tr>
<tr><td>产品技术状态</td><td colspan="3"></td></tr>
<tr><td>产品研制和应
用情况说明</td><td colspan="3">（需要时，可附相应的证明材料）</td></tr>
<tr><td>申请等级</td><td colspan="3"></td></tr>
<tr><td>原有等级</td><td colspan="3">（注：等级变更时适用）</td></tr>
<tr><td>申请单位</td><td></td><td>填表人</td><td></td></tr>
<tr><td colspan="4">申请方签章
年　月　日</td></tr>
<tr><td>定级主管部
门审查意见</td><td colspan="3">签章
年　月　日</td></tr>
</table>

图 2—7　航天单机产品成熟度等级申请/审批表格式

4）定级主管部门组织有关专家或委托技术机构对定级申请进行审查和确认，并最终作出定级决定。

已完成成熟度定级的航天单机产品，由于研制和应用情况发生变化，需变更其成熟度等级时，产品研制单位应向定级主管部门提出成熟度等级变更申请，并履行变更审查手续。航天产品成熟度等级变更的步骤按照有关要求执行。

航天产品成熟度申请/审批表填写说明如下：

1）产品名称、产品代号和产品主要技术指标准确描述拟定级产品的名称、代号和主要技术指标；对于型谱产品，产品名称、等级、产品代号应与型谱简表保持一致。

2）产品技术状态准确描述需定级产品的技术状态，包括技术状态基线、标识和相关依据文件的说明。

3）产品研制和应用情况说明描述产品的研制和应用情况，其内容应与所申请成熟度等级的定型条件相对应。

4）申请等级按有关要求填写拟申请的产品成熟度等级。

5）原有等级填写该产品原有的成熟度等级，此栏仅在申请成熟度等级变更时填写。

参 考 文 献

[1] 王卫东，周海京，周凯，等. 优化系统工程模型 转变型号研制管理模式（上）[J]. 航天工业管理，2009（7）.

[2] 王卫东，周海京，周凯，等. 优化系统工程模型 转变型号研制管理模式（下）[J]. 航天工业管理，2009（8）.

[3] 袁家军. 航天产品成熟度研究 [J]. 航天器工程，2011，20（1）.

[4] 朱毅麟. 技术成熟度对航天器研制进度的影响 [J]. 航天工业管理，2009（6）.

[5] Department of Defense. Manufacturing Readiness Assessment Deskbook [R]，2009.

[6] Department of Defense. Technology Readiness Assessment Deskbook [R]，2005.

[7] Office of the chief engineer. NASA Program and Project Management Processes and Requirements [M]，2007.

第 3 章 航天产品数据包

3.1 概述

3.1.1 航天产品数据包的定义

航天产品数据包是指航天产品设计、制造、检验、交付全过程技术活动量化控制结果的总和。数据包中的各项数据为生产过程的实际测量记录，包括数据和影像。航天产品数据包既是航天产品实现过程和实现结果的客观记录，也是航天产品成熟度认定最重要的依据。

3.1.2 国内外产品数据包情况介绍

3.1.2.1 国外产品数据包概况

数据包（Data Package）的含义起源于计算机领域。随着航天工程的不断发展，数据包的概念逐步扩展到航天工程领域，国际航天公司在技术和管理中对产品相关数据、规范、表格集合的通行叫法为产品数据包。产品数据包管理是国外航天公司产品保证工作的重要内容之一。

（1）欧洲空间标准化合作组织

欧洲空间局 1991 年在质量保证要求标准中对交付的每个产品规定了都由经过批准正式发布的产品数据包来支持的要求，规定了接收数据包（Acceptable Data Package，ADP）的详细内容。

1996 年，欧洲空间标准化合作组织（European Cooperation for Space Standardization，ECSS）成立，编写了航天工程、航天项目管理、航天产品保证等一系列标准，其中航天产品保证 ECSS－Q－20A，在欧洲空间局标准的基础上增加了将交付产品的接收数据包作为产品正式接收评审的基础，并要为以后更高一级组件的集成、试验和操作提供一组文件和记录的要求。

2002 年欧洲空间标准化合作组织更新了标准，在 ECSS－P－001 中收集了最终项目数据包（End Item Data Package，EIDP）的缩略语，在 ECSS－Q－20B 中对最终项目数据包的内容提出了详细的文件编写规定，包括文件的标题、目录、产品技术状态、不合格和偏离超差、生产制造日志以及相关的合格证明等内容，这些内容能够反映产品最终功能、性能以及质量方面的状态，并将相关材料提交验收评审委员会进行审查。

2008 年 11 月欧洲空间标准化合作组织再次进行版本更新，形成了 ECSS－Q－ST－20C版，其中最终项目数据包内容没有更多的变化，还是要求供方为每一个可交付的产品最终项目提供一个最终项目数据包，数据包包括与产品制造、装配、总装、试验有关的数据，以提供必要的事件记录，并作为产品验收评审的基础。欧洲空间标准化合作组织标准规定的最终项目数据包内容示例见表3－1。

表 3－1　欧洲空间标准化合作组织标准规定的最终项目数据包内容示例

序　号	内　　容
第一部分	客户跟踪表，交付验收评审委员会（DRB）备忘录，客户验收证明
第二部分	最终项目数据包封皮和目录
第三部分	最终项目数据包更改记录
第四部分	一致性证明
第五部分	设计技术状态、生产技术状态
第六部分	超差申请和不合格报告（Non Conformance Report，NCR）清单总结
第七部分	操作文件：接口图样、用户或操作手册、操作的 S/W 列表（Product List of Software，S/W）
第八部分	履历文件
第九部分	包装、处理、贮存、运输、安全性和污染等程序
第十部分	试验报告
第十一部分	地面保障设备（Ground Support Equipment，GSE）和软件产品清单
第十二部分	最终项目数据包或履历文件清单
第十三部分	未安装项目或备用件
第十四部分	其他数据和备注

（2）美国军用标准

美国军用标准（简称美军标）中的产品数据包指的是型号研制单位提交给军方或用户的阶段性工作成果，提出型号验证的单位要以数据包形式提交军方或用户阶段性工作成果，包括相应的数据、规范、表格等，作为工作过程和工作结果的证实。美国军用标准更关注结果，而不是过程和方法。

美军标 MIL－Q－9858A 和 MIL－I－45208A 规定了承包商需制定质

量大纲并形成书面文件，其中数据项目一般包括：初始质量计划、工作规程、记录、纠正措施、图样文件及其更改、测量和试验设备、承包商检验设备的使用、采购控制、器材和器材控制、生产加工和制造、成品的检验和试验、搬运贮存和交付、不合格品、统计质量控制和分析等部分。

美军标 MIL－STD－1546B 中给出了航天器和运载器的零件、材料和工艺过程（PMP）的数据项目清单，如表 3－2 所示。

表 3－2 航天器和运载器的零件、材料和工艺过程的数据项目清单

序号	适用的资料项目说明	数据要求
1	DI－MISC－81277	工艺过程选择清单
2	DI－MISC－81276	设计工艺过程清单
3	DI－MISC－80526	零件控制项目计划
4	DI－A－7089	会议备忘录
5	DI－MISC－80071	零件批准请求
6	DI－RELI－80255	故障总结和分析报告
7	DI－RELI－80253	失效项目分析报告

（3）国际标准化组织

国际标准化组织（ISO）ISO/DIS 27025《空间系统—项目管理—质量保证要求》标准的制定考虑了现行的 ISO 9000 系列质量管理标准，以及 ISO 14300－1《空间系统—项目管理—第一部分：项目构建》的内容。主要内容和架构基本参考了欧洲空间标准化合作组织编写的 ECSS－Q－20B《空间产品保证—质量保证》。

《空间系统—项目管理—第一部分：项目构建》包含了项目接收和交付的质量保证要求，规定在任何合同等级下，供方都应制定一份关于所有可交付项目的正式接收程序，以确保要交付项目的合格性是经过充分评定的并已形成文件；供方同样应保证做好交付项目的准备工作以及实际交货时采取防止质量下降的措施。供方应为每一可交付的最终项目提供一个最终项目数据包。该数据包应成为正式接收评审的基础，应为今后在更高一级组件中的总装、试验和操作提供相应的文件和记录。供方应在设备、单独装配的分系统、试验或搬运设备向上一级交付之前，召集交付评审委员会进行评审。

(4) 国外产品数据包的特点

通过对国外产品数据包相关文献资料的调研，可以总结出国外航天产品数据包具有以下基本特点。

1) 数据包的主要用途是通过记录，证实相关要求或准则的符合情况，并保持可追溯性；

2) 数据包通常由若干数据项目集合而成，这些数据项目通常进行分类，并按一定的规则或顺序排列。最终项目数据包通常对应合同要求，其内容一般包括：数据项目清单、各项要求的证实性记录、与项目交付后活动相关的文件和记录等 3 部分；

3) 最终产品或项目数据包，与产品并存并同步流转，在交付时需要和最终硬件产品一同提供。

3.1.2.2　国内航天产品数据包发展及特点

中国航天产品数据包管理工作起步较晚，早期的数据包雏形是在产品验收大纲中对交付的文件作了一些规定。

2004 年，中国航天领域将数据包定义为产品质量与可靠性数据包，将航天产品整机及零部件从设计到交付过程中形成的，以与产品质量与可靠性相关的文件及过程记录为主的信息作为产品质量与可靠性数据包的主要内容，形成了一系列航天产品数据包的管理规范，明确了数据包的管理职责、程序和归档要求，提出了产品数据包文档明细表的参考表格，反映了航天产品过程控制、关键特性识别与控制的要求，为数据包的研究和发展打下了很好的基础。

近年来，中国航天领域在总结产品数据包工作的基础上，针对数据包工作的认识还不够统一，数据包工作中的系统策划、工作责任、工作重点等方面存在的问题，提出了以 3 类关键特性（设计关键特性、工艺关键特性、过程控制关键特性）为核心的航天产品数据包的概念，将产品设计、制造、检验、交付应用全过程的管理和控制活动，通过产品数据包的策划、记录、应用、完善和再利用等工作予以规范和落实，并通过反复迭代深化，逐步实现对航天产品全过程精细化管理的目标。

与国外的产品数据包相比，中国航天产品数据包具有以下特征：

1) 功用扩展。国外的产品数据包通常是作为证实产品满足要求的依据，所以多用于产品验收和评审。中国航天产品数据包的功用有较大拓展，主要包括：产品过程控制的依据、单位和产品质量改进的依据、上级用户单位接收产品的依据、产品成熟度认定的依据以及用户后续使用维护的依据，突出了产品的关键特性及实现关键特性的方法。

2）内容增加。由于功用的扩展，其内容也有所增加。国外产品数据包通常是产品实现过程一个或多个阶段的有关数据的集合。中国航天产品数据包则包含了从设计、交付、使用、定型、升级等全过程的所有数据，数据的类型和数量都更加丰富。

3）要求提高。功用决定了国外的产品数据包主要以满足用户的要求为最终目标，其要求主要取决于用户。中国航天产品数据包强调系统性、完整性、关键性、可追溯性和可对比性，强调同类产品要求的统一性，存放、标识、检索、查询等的便捷性，标准更高，要求更严。

同时，中国航天产品数据包作为记录和证实工程活动过程及其结果的基本工具，与国内外现有的成套技术资料、工程研试文件集合或最终项目数据包等具有部分相似的特征和内涵，但从构建航天系统工程基础工具的角度出发，中国航天产品数据包与其他定义的文件集合或数据包相比，更加突出了以下 5 个特点。

（1）完整性

航天产品数据包的完整性，就是要求在产品数据包建立过程中，要对产品实现全过程的各项要求按产品全生命周期各阶段进行系统梳理，确保数据项目齐全、项目间相互协调，并且要求将工程不同阶段形成的数据和信息作为一个整体进行策划和应用，而不是孤立地对待各类数据。

航天产品数据包的完整性，包含 3 个方面内容：一是要求产品数据包的数据项目要完整覆盖产品全生命周期的所有工作项目，即项目完整性；二是要求产品数据包中各数据项目的内容要完整覆盖工作项目的各项要求，即要求完整性；三是产品数据包中每项数据形式和表述方式要完整地满足数据模板（清单）规定的要求，即形式完整性。

（2）正确性

航天产品数据包的正确性，就是强调对产品设计、生产、试验和交付等过程的记录符合要求，强调对产品设计、工艺、过程控制 3 类关键特性等数据的识别和控制要求正确，量化指标和控制过程记录真实、可信。

（3）关键性

航天产品数据包的关键性，就是强调对产品设计、工艺、过程控制 3 类关键特性数据的识别和控制，其本质就是贯彻航天产品工程实施技术风险管理的核心思想，即在全面管理的基础上，强化关键项目控制。在应用产品数据包工具时，应按照航天产品工程实施风险辨识、风险控制、风险评估的基本方法，开展产品数据包中3类关键特性数据的识别、控制、证实和完善活动。

（4）可追溯性

航天产品数据包的可追溯性，一方面是指每一个工作项目、每一个表格记录在产品数据包中要有唯一标识，能够方便检索和查找，同时，数据包中要求量化的项目，实施量化记录后，能真实追溯到产品过程质量状态；另一方面是指产品上每一个零部组件能够追溯到与其采购、制造、检验、试验、装配、总装和操作活动有关的资料、人员和设备，向前能够进一步追溯到元器件、原材料的厂家相关信息，向后能够追溯到其在产品上的安装位置。航天产品数据包的可追溯性有利于航天产品进行质量分析和控制。

（5）可对比性

航天产品数据包的可对比性，就是强调产品数据包在后续同类产品或同类过程的重复对比利用，以及在重复对比利用数据积累条件下的持续完善。与重复批生产的产品生产文件不同，产品数据包的重复对比应用范围，不仅未局限于生产过程，而是扩大到产品设计、生产、试验和交付等各个环节。通过应用中获得的累积数据的比对分析，产品数据包将不断细化完善，进而通过提高精细化管理的程度，不断提升产品过程的成熟度水平。

3.1.3　建立航天产品数据包的目的和意义

航天产品实现过程中开展了设计、制造、试验和交付等很多工作，形成了大量数据，这些信息真实反映了航天产品的关键特性指标满足要求的程度及航天产品过程质量控制的真实过程和实施结果。在航天产品数据包未建立时，对数据的记录、传递、处理和利用缺乏系统规范的管理。航天产品数据包的建立有利于产品工程的开展，有利于产品数据的分析、评价和改进，有利于航天产品质量数据的追溯和应用。

从航天产品工程的角度分析，航天产品数据包具有规范、证实、追溯和成熟度提升等4个方面的作用，并且是贯穿航天产品工程管理全过程的管理工具，其应用的核心是将航天产品全过程的管理和控制活动，通过航天产品数据包的策划、记录、应用、完善和再利用等工作予以落实，并逐步实现精细化管理的目标。

3.1.3.1 规范

用户或总体单位提出对航天产品功能性能等要求后，承制单位对产品要求进行识别和分析，确定产品实现过程所需的资源，同时将产品实现所需的过程控制要求转换成支持产品实现的产品数据包配置。

通过策划和建立产品数据包中的相关要求，产品数据包能够为各个过程提供规范、量化的指导和依据。

3.1.3.2 证实

航天产品在设计、制造、验证，直至交付、使用等各阶段形成的产品数据包，是各项客观记录及由其组成的有机整体，能够为航天产品过程的执行情况及其与预期要求的符合程度提供准确、可信的证据。同时，将产品历次试验、飞行数据检测结果与产品功能、性能指标进行比对分析，对其是否满足用户或总体预期要求进行验证评价，是证实产品成熟度的依据和标志。

3.1.3.3 追溯

航天产品数据包中的数据和信息可以构成完整的证据链，从而保证产品全生命周期过程的可追溯性。

3.1.3.4 成熟度提升

应用产品数据包有助于航天产品工程管理实现由粗放的定性管理逐步向精细化的定量管理转变。通过产品数据包的反复应用和持续完善，逐步实现技术、产品、管理等方面成熟度的不断提升。例如，通过产品测试、飞行数据和指标要求比对分析结果，对产品进行设计特性分析，找出产品需改进的设计薄弱环节，重点开展关键特性的再设计、再验证工作，进而改进设计和完善设计，提升产品设计质量和生产质量。图 3－1 所示为航天产品数据包工作同航天产品成熟过程的关系。

3.2 航天产品数据包的内容

3.2.1 航天产品数据的分类

产品数据包的内容一般包括产品的设计文件、工艺文件、测试和检验文件、试验和验证文件、产品保证文件、质量改进和综合管理文件、关键特性相关文档等，同时包括产品研制生产试验全过程实施上述各类文件的结果记录、影像记录及总结类评价记录等，以及产品交付后提供使用、装配的相关文件和资料。

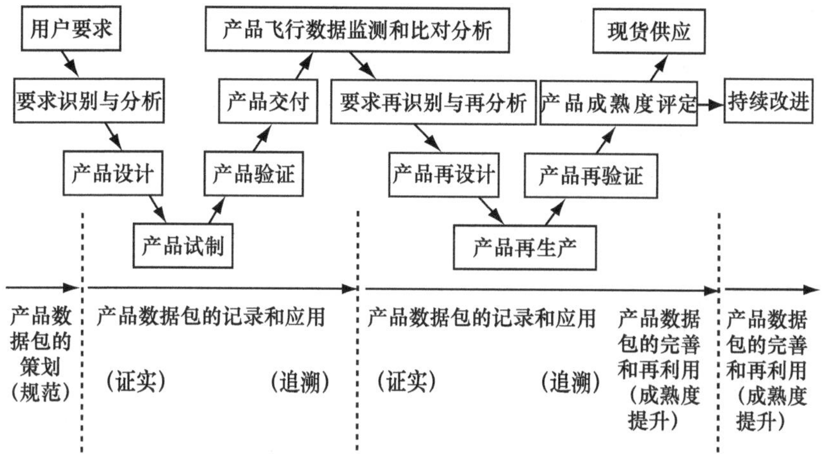

图 3－1　航天产品数据包的工作及与航天产品成熟过程的关系

就特定的航天产品而言，产品数据包的完备程度是产品成熟度的重要标志。产品可重复生产性，包含设计文件和图样的完整性、工艺生产文件和图样的细化量化程度、配套物资的稳定程度；生产过程受控程度；质量与可靠性量化和可控程度（可靠性设计与验证完整性、试验次数）等产品成熟度的主要特征，都是产品数据包的重要内容。

就具体的航天产品而言，产品数据包的内容就是随航天产品过程的实施而逐步形成、并以各种载体形式存在的各类工程信息的集合。在工程的不同阶段，产品数据包的内容和完善程度不同，应用的目的和关注的重点也不相同。例如，用于产品转阶段评审的转阶段评审数据包，用于产品批生产的生产数据包，用于产品交付验收的交付验收数据包等。

航天产品数据包内容主要包括产品基础数据、产品功能性能数据、产品关键特性数据。

3.2.1.1　产品基础数据

产品基础数据主要包括构成产品的原材料、元器件、成品件等基础数据。

3.2.1.2　产品功能数据

产品功能数据主要包括反映产品最终状态在使用环境下（试验状态）的功能性能的完整数据。

3.2.1.3　产品关键特性数据

产品关键特性数据主要包括产品设计及制造过程中产生的设计、工艺和过程控制 3 类关键特性，是证实和评价产品质量的关键信息，也是产品随成熟程度不断完善、细化的核心内容。产品关键特性数据主要由设计关键特性、工艺关键特性、过程控制关键特性表征，产品 3 类关键特性的提取要围绕产品设计、工艺设计、过程控制 3 个环节进行，重点关注可能存在的风险和不确定性，不断加以深化和完善。

3.2.2 航天产品数据包的形成过程

产品研制生产单位是建立产品数据包的主体，负责产品数据包工作的策划和实施。产品数据包的形成过程应遵照总体策划、系统分析、确定清单、形成记录、确认验证、持续改进等 6 个过程实施。

3.2.2.1 总体策划

产品研制生产单位在对产品全过程质量控制要求进行充分理解和把握的基础上对产品数据包建立进行总体策划。产品研制单位结合产品的特点，通过对产品技术要求、用户要求、产品保证大纲要求、本单位相关管理制度的规定进行系统梳理，将产品各阶段应开展的工作项目和要求，以及实现过程和实现结果的客观记录进行系统策划，作为产品数据包建立的输入条件。

一般在产品成熟度等级为 1 级或 2 级时，对产品全生命周期的数据包内容进行总体策划。总体策划时应重点考虑围绕设计、工艺、过程控制 3 类关键特性，完成相关数据在飞行、定型阶段的持续积累和比对利用。

3.2.2.2 系统分析

产品研制生产单位可以针对不同层次的产品开展系统分析，深入开展产品的故障模式及影响分析等可靠性设计分析工作，特别是针对新技术、新材料、新工艺、新状态、新环境、新单位、新岗位、新人员、新设备（简称“九新”）等进行深入系统的分析，识别对产品最终质量与可靠性有决定性影响的关键项目和关键环节，合理设置强制检验点，制定规避和控制风险的措施。通过开展质量案例分析，查找产品的共性问题和薄弱环节，制定针对性的措施加以改进。改进措施经过评审确认后转换为产品数据包的要求。

特别是产品成熟度为 2 级和 3 级时，分析过程中进行的特性分析、风险分析、产品的故障模式及影响分析等工作可以帮助设计人员识别关键特性、重要特性，而这些特性往往决定了产品的主要性能和功能。一般将关键特性和重要特性的设计结果、与特性实现过程相关的控制参数及特性实现的程度（实际测试结果）纳入产品数据包。确定产品数据包数据项时，可以基于系统性分析结果，侧重产品设计过程，综合考虑产品实现过程，并覆盖已经得到识别的数据需求，同时，可以具体采用“以产品正向特性分析为核心，以面向产品生产的特性分析为抓手”的工作方法，识别产品设计、工艺、过程的关键特性，为赋予产品数据包准确内容提供依据。

3.2.2.3　确定清单

在产品全生命周期各阶段要求系统梳理的基础上，将要求转化为应开展的工作项目，并将工作项目系统化、规范化、表格化。在此基础上对每一个工作项目提出明确、具体的内容要求，并明确其记录要求及其载体形式，如文件、表格、照片等，使每一个工作步骤都有细化、量化的要求，明确责任人，形成数据包清单。在产品成熟度为2级和3级时，一般形成产品各阶段数据包清单，为产品各阶段数据包形成打下基础。

3.2.2.4　形成记录数据包

将确定的清单通过管理文件、设计文件、工艺文件、调试测试细则等分解到不同的岗位，各责任人在产品研制生产过程中分别采集相关的信息和数据，并对获取的信息和数据进行分析处理，按照清单的要求形成相应的纸质文档、电子文档或影像资料等。在产品全生命周期各阶段均应按照清单内容要求形成记录。

3.2.2.5　确认验证

产品研制生产单位在产品各阶段应按照清单对产品数据包的项目及其内容逐一进行确认或评审，按照管理规定提取相应的文档，进行统一编码，打包集中存放。完成存档的产品数据包，可支持对后续产品或系统的评价验证。

在产品实现的不同阶段，对产品数据包的确认验证重点应有所不同。如成熟度为3级的产品，可重点审查应用需求下的鉴定试验所证实的产品能力数据、产品关键特性实测数据；功能性能参数的地面模拟飞行环境验收级实测数据和所有其他地面测试数据；产品数据包中是否完善了飞行数据记录项要求及表格格式等。对成熟度为4级的产品，重点审查表征产品关键特性的实测数据及其与地面实测数据的比对分析情况，同时对产品生产和飞行数据表格格式经过实际应用后的改进情况进行审查。对成熟度4级以上的产品，重点审查产品的关键特性的多次实测数据积累情况和多次地面测试与飞行实测数据比对分析情况；针对4级成熟度定级后出现的质量问题，审查是否采取质量问题归零的措施，是否补充、修改、完善了产品数据包中的相关数据；同时关注生产、飞行数据等记录表格的逐步固化情况，积累各项数据并建立成功数据包络线的参数情况等。

3.2.2.6 持续改进

产品数据包作为贯穿产品工程管理全过程的基础工具，其优势之一是能够通过产品数据包的后续重复应用和验证，持续改进产品数据包的相关内容，实现技术继承和产品的精细化管理，并最终支持技术和产品成熟度的持续提升。对成熟度 6 级及以上的产品，重点关注根据重复生产和多次飞行考核数据记录、比对的实际情况，同时对产品生产及飞行数据记录项、比对要求及表格格式进行持续改进，统计历次飞行成功产品的关键特性参数实测值，并结合成功地面试验结果形成成功数据包络线。对于与飞行环境密切相关的产品，还要形成环境条件参数成功数据包络线，并根据增加的地面和飞行考核数据，更新产品可靠性评估结果。

3.2.3 航天产品各阶段典型数据包内容

产品实现快速成熟的过程分为产品初次研制、产品重复生产和使用、产品定型和升级改进 3 个阶段。进一步细化等级，产品成熟度可分为 8 级。产品初次研制阶段包括 1 级、2 级、3 级成熟度，分别为原理样机产品、工程样机产品、飞行产品；产品重复生产和使用阶段包括 4 级、5 级，分别为一次飞行考核产品、多次飞行考核产品；产品定型和升级改进阶段包括 6 级、7 级、8 级成熟度，分别为三级定型产品、二级定型产品、一级定型产品。

各等级成熟度的产品都是以产品数据包为核心工具，对设计、工艺、产品保证和过程控制等过程实施控制，开展质量改进和产品成熟度提升。航天产品数据包建立和完善的过程就是产品不断成熟的过程。

3.2.3.1 产品初次研制阶段

产品初次研制阶段是产品成熟路径中的起步阶段，其工作内容涵盖了当前型号研制程序中的方案、初样和正（试）样阶段工作。本阶段的工作重点是产品的功能基线、研制（分配）基线和生产（产品）基线等 3 个重要基线的形成和确定，以及设计、工艺、过程控制 3 类关键特性的识别、控制与鉴定。根据产品初次研制阶段的主要工作内容，本阶段产品数据包主要内容清单如表 3－3 所示。

表 3—3　产品初次研制阶段数据包主要内容清单

研制阶段	成熟度	数据类型	内　容
初次研制阶段	1 级（原理样机产品）	基础数据	产品的原材料、元器件、成品件等基础材料的相关信息数据清单等
		功能性能数据	1）设计：原理样机任务书、技术要求、接口文件、技术说明书、设计图表、可靠性预计分析报告、产品的故障模式及影响分析报告等 2）工艺：工艺流程、配套工艺规程、专用工装清单、初步工艺设计方案等 3）产品保证和过程控制：产品保证大纲、产品保证工作计划、产品保证要求、原理样机技术基线评审文件等 4）试验验证：原理样机试验大纲、试验方案、试验规程、试验检测记录、试验报告等 5）数据记录：原理样机指标验证数据记录、原理验证与指标要求比对分析表等
		关键特性数据	1）初步建立的设计关键特性表 2）初步建立的工艺关键特性表 3）初步建立的过程控制关键特性表 4）设计关键特性参数指标要求
	2 级（工程样机产品）	基础数据	产品的原材料、元器件、成品件等基础材料的相关信息数据清单、采购技术要求和验证方法、数据记录和比对分析表格、相关实际数据和信息记录等
		功能性能数据	1）设计：完善的产品研制技术要求、细化的产品功能性能指标要求、环境适应性分析报告、工程样机可靠性预计报告、工程样机研制与质量总结报告等 2）工艺：工程样机工艺设计报告、2 级工艺设计审查报告、专用工装设计报告、鉴定产品工艺总结报告等 3）产品保证：细化的产品保证大纲、后续阶段产品保证策划及要求、产品规范、元器件/原材料/工艺/机械零件等产品保证要求、产品保证工作记录等 4）试验验证：产品鉴定级地面试验大纲、试验报告（性能试验、可靠性试验、寿命试验等）、产品验收要求、验收试验方案、验收试验技术条件、产品飞行试验考核初步策划等 5）数据记录：飞行产品数据记录项策划、比对要求等
		关键特性数据	1）产品关键特性参数清单（设计、工艺、过程控制关键特性） 2）产品关键特性参数指标要求 3）产品关键特性检测和验证方法 4）产品关键特性数据记录和比对分析表格 5）工程样机关键特性实测数据等

续表

研制阶段	成熟度	数据类型	内　　容
初次研制阶段	3 级（飞行产品）	基础数据	飞行产品的原材料、元器件、成品件等基础材料的相关信息数据清单、采购技术要求和验证方法、数据记录和比对分析表格、相关实际数据和信息记录等
		功能性能数据	1）设计（按实际飞行研制工作，完善产品成熟度 2 级设计文件）：飞行产品整件汇总表、标准件/外购件汇总表、关键件/重要件汇总表、可靠性评价研制报告、飞行产品研制与质量总结报告等 2）工艺（完善产品成熟度 2 级工艺文件）：首飞前飞行产品工艺应用验证报告、成熟度 3 级产品工艺文件审查报告、工艺文件目录、工艺总方案、工艺路线表、非标准仪器/仪表/设备明细表、非标准设备设计文件、外协件明细表、材料消耗工艺定额文件等 3）产品保证（根据研制需要补充完善 2 级产品产品保证文件）2 级成熟度定级评审记录、3 级技术状态基线评审文件、飞行产品质量归零报告、飞行产品研制保证记录等 4）试验：地面模拟飞行环境验收级试验大纲、实测数据、试验分析报告、飞行系统综合试验报告、系统联试试验报告等 5）数据记录：飞行数据记录项要求、表格格式、地面模拟飞行环境验收级实测数据、飞行产品其他地面试验数据等
		关键特性数据	1）飞行产品设计关键特性实测数据 2）飞行产品工艺关键特性实测数据 3）飞行产品过程控制关键特性实测数据 4）产品关键特性数据记录和比对分析表格等

3.2.3.2　产品重复生产和使用阶段

产品重复生产和使用阶段是产品完成初次研制后的重复生产、使用和验证过程，是型谱化产品实现成熟度提升必需的重复应用和“再设计、再分析、再验证”阶段。依据应用验证的具体情况，此过程可能反复多次。

本阶段的工作重点是产品功能性能和生产质量稳定性的保证，以及基于应用验证结果的基线、关键特性的完善和细化。在本阶段，所有新状态均需经过充分验证。根据产品重复生产和使用阶段的主要工作内容，本阶段产品数据包主要内容清单如表 3－4 所示。

表 3—4　产品重复生产和使用阶段数据包主要内容清单

研制阶段	成熟度	数据类型	内　　容
产品重复生产和使用阶段	4 级 （一次飞行考核产品）	基础数据	补充完善的经 1 次飞行验证的基础数据
		功能性能数据	1）设计（在 1 次成功飞行基础上，完善成熟度 3 级设计文件）：飞行环境适应性分析报告、1 次飞行产品可靠性评价验证报告、补充设计更改所需文件等 2）工艺：根据飞行考核和设计改进，完善产品工艺文件、补充工艺更改所需的相关文件等 3）产品保证（结合 1 次飞行考核情况，完善产品保证文件）：成熟度 3 级产品定级审查记录、成熟度 4 级产品技术状态基线评审记录、1 次飞行产品技术成果院级评审文件、技术状态更改记录、质量问题归零记录等 4）试验验证：飞行试验监测记录、飞行试验报告、产品改进验证试验大纲、试验方案、产品飞行考核结果分析报告等 5）数据记录（经 1 次实际飞行应用，完善成熟度 3 级产品数据记录）：1 次成功飞行试验实测数据记录、飞行数据记录项要求、记录格式及考核参考指标等
		关键特性数据	1）经 1 次成功飞行验证的设计关键特性实测数据 2）经 1 次成功飞行验证的工艺关键特性实测数据 3）经 1 次成功飞行验证的过程控制关键特性实测数据 4）产品关键特性数据记录和比对分析表格等
	5 级 （多次飞行考核产品）	基础数据	在成熟度 4 级产品基础上，补充至少 3 次成功飞行考核的产品的基础数据
		功能性能数据	1）设计（利用至少 3 次成功飞行考核结果，完善产品设计、可靠性文件）：飞行检测参数指标包络线、多次（至少 3 次）成功飞行数据可靠性评估报告（可靠性评估值在 0.6 置信度下，可达 0.74）、补充设计更改所需文件等 2）工艺（利用多次飞行考核，完善产品工艺设计文件）：多次飞行考核工艺总结、补充工艺更改所需文件等 3）产品保证：成熟度 4 级产品定级审查记录、多次飞行试验质量问题归零报告（明确是否影响后续飞行试验任务）、多次飞行产品技术成果院级评审记录等 4）试验验证：多次飞行考核试验大纲、试验检测记录、多次实测数据比对分析报告、实测数据与地面试验测试数据比对分析报告等 5）数据记录（经多次实际应用，完善数据记录仪器、格式、指标等）：补充 3 次以上成功飞行产品试验考核实测数据、成功数据包络线策划等
		关键特性数据	1）在成熟度 4 级产品基础上，补充至少 3 次成功飞行考核的设计关键特性实测数据 2）补充至少 3 次成功飞行考核的工艺关键特性实测数据 3）补充至少 3 次成功飞行考核的过程控制关键特性实测数据 4）产品关键特性数据记录和比对分析表格等

3.2.3.3 产品定型和升级改进阶段

产品定型和升级改进阶段是产品完成小批量生产和应用验证后的状态固化和持续改进过程，是产品进入现货供应模式并进一步提升其成熟度的阶段。进入本阶段，产品已经达到了相当高的成熟度水平，可供型号直接选用。

本阶段的工作重点是现货产品的成熟度提升。应通过成功数据包络分析不断完善、优化关键特性数据，提升产品数据包的精细化程度，减小产品各项指标的离散程度，提高产品的一致性水平。与第 2 阶段相同，本阶段的所有新状态也需要经过充分验证。根据产品定型和升级改进阶段的主要工作内容，本阶段产品数据包主要内容清单如表 3—5 所示。

表 3—5 产品定型和升级改进阶段数据包主要内容清单

研制阶段	成熟度	数据类型	内　　容
产品定型和升级改进阶段	6 级 （三级定型产品）	基础数据	补充完善产品基础数据、多次飞行产品基础数据分析报告、数据要求值固化要求等
		功能性能数据	1）设计：补充产品定型所需的设计文件，建立产品能力包络等 2）工艺（进一步完善并固化产品工艺文件）：补充产品工艺定型考核相关文件等 3）产品保证：5 级成熟度产品定级评审记录、在研/飞行相关质量问题归零情况复查报告、三级定型产品评审记录、新开展试验的质量问题归零记录、固化的产品保证文件等 4）试验验证：环境适应性试验报告、极限能力试验报告、性能拉偏试验报告、寿命与可靠性试验报告、进一步开展的寿命与可靠性试验报告等 5）数据记录：补充定型过程中开展的试验验证数据、最大环境适应性数据、产品基线能力数据、补充产品研制、成熟度提升过程中所有更改和增加及验证的结果数据、固化产品生产及飞行数据记录项、比对要求及表格格式、确定成功数据包络线参数、建立各项数据信息化数据库等
		关键特性数据	1）进一步补充的设计关键特性实测数据 2）进一步补充的工艺关键特性实测数据 3）进一步补充的过程控制关键特性实测数据 4）固化了的关键特性参数要求值 5）固化了的关键特性检验方法 6）设计、工艺、过程控制关键特性成功数据包络线 7）关键特性参数多次实测数据比对分析报告等

续表

研制阶段	成熟度	数据类型	内　　容
产品定型和升级改进阶段	7 级（二级定型产品）	基础数据	在三级定型产品基础上，又经过 3 次成功飞行及至少 1 次实际飞行全寿命考核，进一步补充产品的基础数据
		功能性能数据	1）设计（又经过 3 次成功飞行试验及至少 1 次实际飞行全寿命考核，进一步完善相关设计文件）：补充完善产品可靠性评估报告（在 0.6 置信度下可达到 0.86）等 2）工艺（在成熟度 6 级产品基础上，补充固化的工艺（生产）文件）：产品工艺（生产）定型文件、工艺与设计要求符合程度分析报告等 3）产品保证：产品成熟度 6 级定级评审记录、小批量生产研制报告、二级定型产品审批文件、补充三级定型后的产品质量问题归零记录等 4）试验验证：在成熟度 6 级产品基础上补充新的飞行试验大纲、1 次实际飞行全寿命试验报告、环境条件参数成功数据包络线 5）数据记录：增加 3 次成功飞行试验实测数据（含至少 1 次全寿命考核数据）、完善飞行实测数据与地面测试数据飞行报告、形成成功数据包络线等
		关键特性数据	1）在成熟度 6 级产品基础上，又经过 3 次成功飞行考核及至少 1 次实际飞行全寿命考核的产品设计关键特性实测数据 2）新的 3 次成功飞行考核及至少 1 次实际飞行全寿命考核的产品工艺关键特性实测数据 3）新的 3 次成功飞行考核及至少 1 次实际飞行全寿命考核的产品过程控制关键特性实测数据 4）设计、工艺、过程控制关键特性参数成功数据包络线等

续表

研制阶段	成熟度	数据类型	内　容
产品定型和升级改进阶段	8级 （一级定型产品）	基础数据	在成熟度7级产品基础上，又经过2次成功飞行考核，进一步补充产品基础数据
		功能性能数据	1）设计：补充2次飞行考核结果的可靠性评估报告（在0.7置信度条件下可达到0.99）等 2）工艺：补充工艺精细化管理要求（偏差控制在6σ以内，不合格品率低于3.4×10^{-6}）、在成熟度7级产品基础上改进完善的批产工艺文件等 3）产品保证：一级定型产品评审记录、产品批产的产品保证文件、补充二级定型后的质量问题归零记录等 4）试验验证：增加2次以上成功飞行试验大纲、试验报告等 5）数据记录：增加2次以上成功飞行试验考核实测数据、进一步修订的成功数据包络线、2次以上生产和飞行成功数据包络线验证报告等
		关键特性数据	1）在成熟度7级产品基础上，又经过2次成功飞行考核的设计关键特性实测数据 2）补充新的2次成功飞行考核的工艺关键特性实测数据 3）补充新的2次成功飞行考核的过程控制关键特性实测数据 4）设计、工艺、过程控制关键特性参数成功数据包络线等

3.2.3.4　航天产品数据包形成过程及内容清单示例

以成熟度为3级的某产品为例，给出数据包的形成过程。

在产品设计阶段，按照产品数据包形成准则，梳理产品设计阶段需开展的工作项目的要求，在产品设计工作开展之前策划完成产品数据包清单，并按照产品数据包清单的要求，进行记录和信息采集，形成完整文档，将全部文档汇总即形成产品数据包。

在产品生产阶段，通过对产品生产过程中产生的质量记录的梳理，包括元器件和原材料订货和复验阶段、零件投产阶段、印刷电路板（PCB）投产与入库阶段、电路板装联阶段、调试阶段、机箱装配阶段、机械产品装配阶段、测试和试验阶段、验收阶段产生的各类质量记录，形成产品生产过程各阶段数据包清单。产品生产阶段数据包的建立程序如下所述。

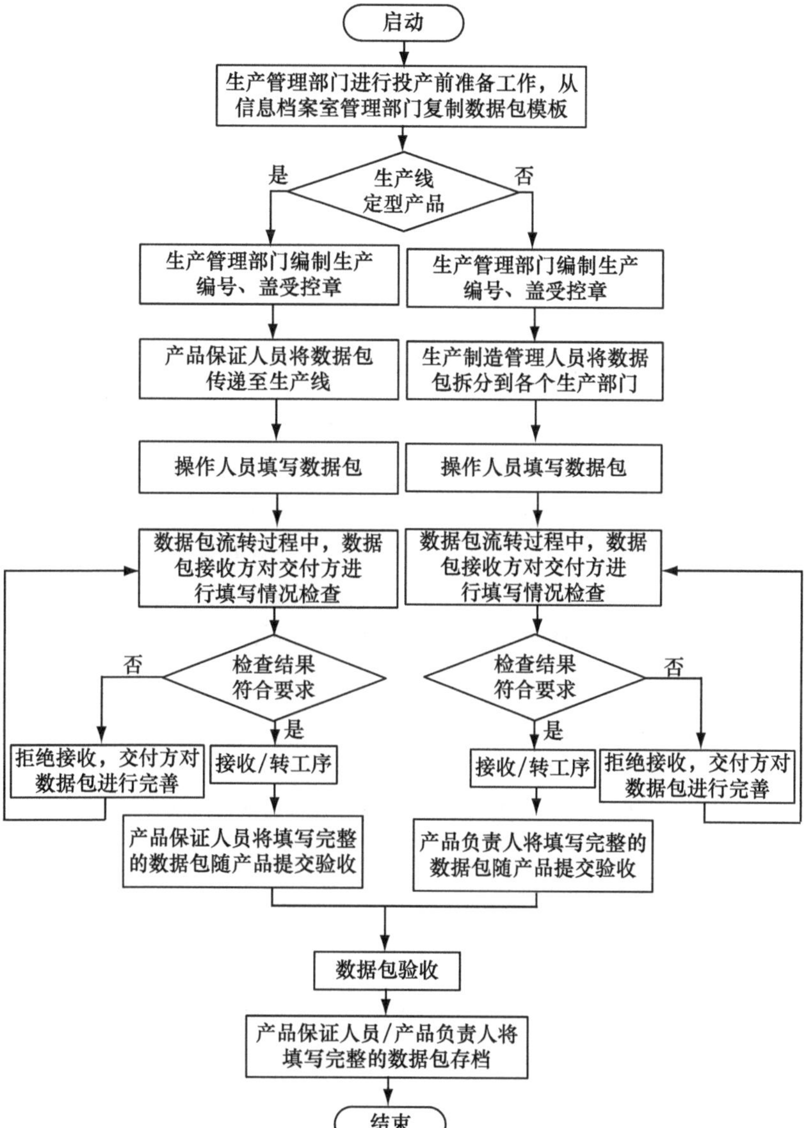

图 3－2　产品生产阶段数据包的建立程序

根据产品生产流程，技术负责人首先策划数据包的构成，并将各个分册的数据包编制工作分别分配给设计人员、工艺人员、测试人员等。最后，由产品保证人员汇总形成数据包。

对于复杂的产品，数据包建立后，可以组织进行模拟流转，快速考验数据包的完整性、正确性、可追溯性、关键性、可对比性，考验生产流程的实际运行效果，流转过程中发现的问题可以及时解决。

数据包通过评审后，经产品技术负责人批准并存档。

生产制造管理人员根据生产、装配计划，向档案管理部门提交复制申请，写明需要复制的数据包文件名称、复制份数。编制生产编号、投产批次等，从而使受控文件变成生产用文件。

档案管理人员负责数据包的复制工作，数据包文件要求单页复制，封页盖有受控章。

产品保证人员负责将受控的数据包传递至生产线。生产线各环节人员应认真记录生产过程实测数据。数据包在流转过程中，接收方对上一工序数据包填写情况进行检查，检查结果符合要求的产品才能进入下一生产环节，否则接收方有权拒收，交付方需继续对数据包记录内容进行完善。

产品保证人员将填写完整的产品生产阶段数据包随产品提交质量管理部门组织验收。验收后，将产品生产过程数据包送档案管理部门存档。

定型产品生产过程数据包需存入产品档案中，型号选用产品时在相关文件中予以明确。型号产品生产过程数据包存入型号档案中。

产品生产阶段数据包的建立程序，如图 3－2 所示。

数据包内容清单示例如表 3－6 所示。

表 3－6　3 级成熟度产品数据包内容清单示例

研制阶段	数据类型	序号	内　　容	备　注
3 级成熟度（飞行产品）	基础数据	1	元器件选用分析报告	设计阶段文件和数据
		2	元器件代料汇总	设计阶段文件和数据
		3	装机电子元器件登记信息卡	设计阶段文件和数据
		4	元器件超期复验证明	设计阶段文件和数据
		5	目录外元器件申请表	设计阶段文件和数据
		6	元器件更换记录	设计阶段文件和数据
		7	原材料清单	设计阶段文件和数据
		8	原材料/元器件/成品件采购技术要求	设计阶段文件和数据
		9	标准件代料汇总	设计阶段文件和数据

续表

研制阶段	数据类型		序号	内　　容	备　注
3 级成熟度（飞行产品）	功能性能数据	设计文件	1	设计任务书	设计阶段文件和数据
			2	技术要求	设计阶段文件和数据
			3	接口文件	设计阶段文件和数据
			4	技术说明书	设计阶段文件和数据
			5	原理图	设计阶段文件和数据
			6	安装图	设计阶段文件和数据
			7	明细表	设计阶段文件和数据
			8	可靠性预计分析报告	设计阶段文件和数据
			9	产品的故障模式及影响分析报告	设计阶段文件和数据
			10	环境适应性分析报告	设计阶段文件和数据
			11	关键件/重要件汇总表	设计阶段文件和数据
			12	飞行产品整件汇总表	设计阶段文件和数据
			13	标准件/外购件汇总表	设计阶段文件和数据
			14	可靠性评价研制报告	设计阶段文件和数据
			15	产品研制与质量总结报告	设计阶段文件和数据
		工艺文件	1	工艺总方案	设计阶段文件和数据
			2	配套工艺规程	设计阶段文件和数据
			3	专用工装清单	设计阶段文件和数据
			4	初步工艺设计流程	设计阶段文件和数据
			5	关键工序明细表	设计阶段文件和数据
			6	专用工装设计报告	设计阶段文件和数据
		产品保证及过程控制	1	产品工艺总结报告	设计阶段文件和数据
			2	产品工艺应用验证报告	设计阶段文件和数据
			3	工艺路线表	设计阶段文件和数据
			4	非标准仪器/仪表/设备明细表	设计阶段文件和数据
			5	非标准设备设计文件	设计阶段文件和数据
			6	外协件明细表	设计阶段文件和数据
			7	材料消耗工艺定额文件	设计阶段文件和数据
			8	产品保证大纲	设计阶段文件和数据
			9	产品保证工作计划	设计阶段文件和数据
			10	产品保证要求	设计阶段文件和数据

续表

<table>
<tr><th>研制阶段</th><th colspan="2">数据类型</th><th>序号</th><th>内　　容</th><th>备　注</th></tr>
<tr><td rowspan="29">3 级成熟度（飞行产品）</td><td rowspan="18">功能性能数据</td><td rowspan="5">产品保证及过程控制</td><td>11</td><td>产品规范</td><td>设计阶段文件和数据</td></tr>
<tr><td>12</td><td>技术基线确认报告</td><td>设计阶段文件和数据</td></tr>
<tr><td>13</td><td>产品成熟度定级评审报告</td><td>设计阶段文件和数据</td></tr>
<tr><td>14</td><td>产品研制保证工作记录（如试验、检验、检查、评审、验证记录等）</td><td>设计阶段文件和数据</td></tr>
<tr><td>15</td><td>产品质量归零报告</td><td>设计阶段/生产阶段文件和数据</td></tr>
<tr><td rowspan="8">试验验证</td><td>1</td><td>试验大纲</td><td>生产阶段文件和数据</td></tr>
<tr><td>2</td><td>试验方案</td><td>生产阶段文件和数据</td></tr>
<tr><td>3</td><td>试验规程</td><td>生产阶段文件和数据</td></tr>
<tr><td>4</td><td>试验检测记录</td><td>生产阶段文件和数据</td></tr>
<tr><td>5</td><td>试验报告（性能试验、可靠性试验、寿命试验等）</td><td>生产阶段文件和数据</td></tr>
<tr><td>6</td><td>产品验收试验方案</td><td>生产阶段文件和数据</td></tr>
<tr><td>7</td><td>产品飞行试验考核初步策划</td><td>生产阶段文件和数据</td></tr>
<tr><td>8</td><td>试验分析报告</td><td>生产阶段文件和数据</td></tr>
<tr><td rowspan="5">数据记录</td><td>1</td><td>产品数据记录项策划</td><td>生产阶段文件和数据</td></tr>
<tr><td>2</td><td>产品数据记录比对要求</td><td>生产阶段文件和数据</td></tr>
<tr><td>3</td><td>产品数据记录汇总表</td><td>生产阶段文件和数据</td></tr>
<tr><td>4</td><td>地面模拟飞行环境验收级实测数据</td><td>生产阶段文件和数据</td></tr>
<tr><td>5</td><td>产品其他地面试验实测数据</td><td>生产阶段文件和数据</td></tr>
<tr><td colspan="2" rowspan="11">关键特性数据</td><td>1</td><td>设计关键特性参数指标要求</td><td>设计阶段文件和数据</td></tr>
<tr><td>2</td><td>设计关键特性表</td><td>设计阶段文件和数据</td></tr>
<tr><td>3</td><td>设计关键特性测试分析报告</td><td>设计阶段文件和数据</td></tr>
<tr><td>4</td><td>工艺关键特性参数指标要求</td><td>设计阶段文件和数据</td></tr>
<tr><td>5</td><td>工艺关键特性表</td><td>设计阶段文件和数据</td></tr>
<tr><td>6</td><td>工艺关键特性测试分析报告</td><td>设计阶段文件和数据</td></tr>
<tr><td>7</td><td>过程控制关键特性参数指标要求</td><td>生产阶段文件和数据</td></tr>
<tr><td>8</td><td>过程控制关键特性表</td><td>生产阶段文件和数据</td></tr>
<tr><td>9</td><td>过程控制关键特性实测值</td><td>生产阶段文件和数据</td></tr>
<tr><td>10</td><td>过程控制关键特性测试分析报告</td><td>生产阶段文件和数据</td></tr>
<tr><td>11</td><td>产品关键特性及检验方法正式要求</td><td>生产阶段文件和数据</td></tr>
</table>

3.3　产品关键特性数据

3.3.1　产品关键特性的分类

产品关键特性数据是产品数据包的核心内容。产品数据包中提出的产品关键特性包括设计关键特性、工艺关键特性和过程控制关键特性 3 部分。

3.3.1.1　设计关键特性

产品设计关键特性指特定的设计方案中存在因产品使用环境变化对产品功能性能变化敏感的设计参数、因方案中选用的制造工艺偏差对功能性能敏感的设计参数、产品在最终状态下存在不可测试的关键功能性能等，决定该方案的关键设计的总和称为设计关键特性。

3.3.1.2　工艺关键特性

产品工艺关键特性指特定的工艺方案中存在影响产品功能性能不稳定的制造工艺、制造过程控制的不确定性及生产过程不可检验项目，决定该工艺方案的关键工艺参数的总和称为工艺关键特性。

3.3.1.3　过程控制关键特性

产品过程控制关键特性包括对产品设计关键特性的偏差控制项目，产品不可测试功能性能需要在制造过程中控制的项目等一系列产品生产过程数据项目的总和。

产品 3 类关键特性要围绕产品设计、工艺、过程控制 3 个环节，通过辨识、分析可能存在的风险因素，并在比较各风险因素的危害程度和不确定性的基础上，分别予以确定。工艺、过程控制需作为独立要素考虑；过程控制要将产品保证的要求统筹考虑，这对于外包产品至关重要。

从产品成熟度 1 级～2 级开始，分别确定设计、工艺、过程控制 3 类关键特性，并将此作为产品基线初步确定的主要内容。从成熟度 3 级开始，通过对产品的试验验证和实施质量问题归零，将“九新”风险分析与识别等作为 3 类关键特性完善的依据，并在飞行试验前完成参加飞行试验产品基线的确定，应针对有变化的特性重点开展验证与鉴定活动。

3.3.2　关键特性的识别

航天产品 3 类关键特性的识别分别围绕产品设计、工艺、过程控制 3 个环节进行，关注可能存在的风险和不确定性，随着产品成熟度的提升不断加以深化和完善。

3.3.2.1 航天产品设计关键特性

航天产品设计关键特性主要反映基于现有技术积累和认识水平，围绕产品任务书各项要求转化为产品各类设计指标这一产品设计过程，通过对设计流程的梳理，利用相关的分析手段，按照指标要求逐级分解的思路，主要从产品和主要部（组）件两个层面，识别出的需在产品设计过程中重点加以关注和验证的关键技术指标。

在产品设计关键特性识别过程中，要依据产品任务书、产品技术要求、产品保证要求及产品设计、建造、试验规范等要求，通过以下几方面的分析，确定设计关键特性。

1）设计特性分析报告；

2）识别上级用户技术要求；

3）设计产品的故障模式及影响分析；

4）可靠性、安全性、维修性、保障性分析；

5）测试覆盖性分析；

6）产品环境适应性分析；

7）试验验证充分性分析；

8）技术风险分析；

9）产品质量问题归零和举一反三情况分析。

3.3.2.2 航天产品工艺关键特性

航天产品工艺关键特性主要反映基于现有工艺技术方法和手段，围绕产品设计指标转化为工艺控制要求这一工艺设计过程，通过对产品实现全过程的工艺方法、条件及手段的系统梳理，利用相关的分析手段，按照产品逐级系统集成的思路，主要从主要部（组）件和产品两个层面，识别出的需在产品工艺设计过程中重点加以确定和验证的关键的工艺控制环节。

在产品工艺关键特性识别过程中，要围绕产品设计关键特性的工艺实现，通过以下几方面的分析，确定工艺关键特性。

1）设计文件规定的某些关键特性、重要特性所形成的工序；

2）在产品生产中加工难度大或质量不稳定的工序；

3）生产周期长、原材料稀缺昂贵、出废品后经济损失较大的工序；

4）关键、重要的外购器材及外协件的入厂验收工序；

5）工艺控制结果只能靠最终产品试验验证的工序。

3.3.2.3 航天产品过程控制关键特性

航天产品过程控制关键特性主要反映基于现有质量控制要求和控制手

段，围绕产品生产实现全过程，利用相关的分析手段，按照产品逐级系统集成的思路，主要从主要部（组）件和产品两个层面，识别出的需在产品生产实现过程中重点加以控制的关键指标。

在产品过程控制关键特性识别过程中，要围绕产品设计关键特性和工艺关键特性的生产实现，通过以下几方面的分析，确定产品过程控制关键特性。

1）设计规定的过程控制关键特性；

2）工艺规定的过程控制关键特性；

3）关键、强制检验环节；

4）过程中无法检测环节；

5）需多媒体记录环节；

6）关键、重要器材及外购件验收环节。

3.3.3　产品关键特性表的建立

航天产品 3 类关键特性表是产品 3 类关键特性识别与控制结果的综合反映。

3.3.3.1　设计关键特性表

设计关键特性表是产品设计人员对产品设计过程把握关键能力的系统、综合反映。设计关键特性表由以下 3 个主要方面的内容组成。

1）通过对产品技术指标进行深入系统分析，从功能协调性、裕度充分性、环境适应性、设计可测试性、设计工艺性、设计可靠性等方面识别出的设计关键特性及其设计验证情况；

2）通过对产品设计实现过程进行深入、系统分析，识别出的设计关键特性及其对产品生产实现的要求；

3）通过对组成产品的主要部（组）件设计实现过程进行深入、系统分析，识别出的设计关键特性及其对产品生产实现的要求。

设计关键特性表示例见表 3－7。

3.3.3.2　工艺关键特性表

工艺关键特性表是工艺设计人员对产品工艺设计过程把握关键能力的综合反映。工艺关键特性表由以下 2 个主要方面组成。

1）通过对组成产品的主要部（组）件工艺设计过程进行系统分析，识别出的设计关键特性及其主要工艺措施和工艺设计验证情况；

2）通过对产品总成过程中工艺设计过程进行系统分析，识别出的设

表 3—7　产品设计关键特性示例表

<table>
<tr><td colspan="2">单机产品名称</td><td colspan="2"></td><td>产品代号</td><td></td><td>产品研制阶段</td><td></td></tr>
<tr><td colspan="8">通过对单机产品技术指标分析，识别出的设计关键特性</td></tr>
<tr><td>序号</td><td>产品设计关键特性名称</td><td>指标数值（范围）</td><td colspan="2">设计验证方法、条件及结果情况</td><td colspan="3">备注</td></tr>
<tr><td>1</td><td>××××</td><td>××</td><td colspan="2">设计验证方法（一般包括复核复算、仿真、试验验证等方式），条件（复核复算的方法、仿真条件、试验条件等）及结果（验证的结果值或范围，应由明确的数值来表示）</td><td colspan="3"></td></tr>
<tr><td>示例</td><td>力矩裕度</td><td>>×</td><td colspan="2">经设计核算，以及鉴定件试验验证，产品实测指标满足力矩裕度大于×的要求</td><td colspan="3"></td></tr>
<tr><td>...</td><td></td><td></td><td colspan="2"></td><td colspan="3"></td></tr>
<tr><td colspan="8">通过对单机层面设计实现过程分析，识别出的设计关键特性</td></tr>
<tr><td>序号</td><td>产品设计关键特性名称</td><td>设计关键特性数值（范围）</td><td>确定为设计关键特性的依据（开展的工作项目）</td><td>确定为设计关键特性的理由</td><td colspan="2">对产品生产实现的要求</td><td>备注</td></tr>
<tr><td>1</td><td>××××</td><td>××</td><td>依据识别设计关键特性需开展的分析工作内容填写</td><td>简要描述识别出的该设计关键特性对产品规定功能、性能的影响</td><td colspan="2">从产品设计人员角度认识到的需在产品生产实现过程中确定的特殊工艺方法、条件；必要的检测点、检测时机和方法；特殊控制要求或需明确规定的控制要求等</td><td></td></tr>
<tr><td>2</td><td>……</td><td>……</td><td></td><td></td><td colspan="2"></td><td></td></tr>
</table>

续表

单机产品名称					产品代号	产品研制阶段	
示例	驱动力矩	>× N·m	设计特性分析		直接影响产品的驱动性能	在产品组装后、力学试验后、热真空试验后均需实测驱动力矩	
通过对组成单机产品的主要部（组）件设计实现过程分析，识别出的产品设计关键特性							
序号	主要部（组）件名称	产品设计关键特性名称	设计关键特性数值（范围）	确定为设计关键特性的依据（开展的工作项目）	确定为设计关键特性的理由	对产品生产实现的要求	备注
1	部（组）件1	××××	××	依据识别设计关键特性需开展的分析工作内容填写	简要描述识别出的该设计关键特性对产品规定功能、性能的影响	从产品设计人员角度认识到的需在产品生产实现过程中确定的特殊工艺方法、条件；必要的检测点、检测时机和方法；特殊控制要求或需明确规定的控制要求等	
2		××××	××				
3	部（组）件2	……	……				
示例	××组件	××组件间距	× mm	设计特性分析	影响产品的电传输安全性	使用专用工装调整，使用专用工具实测功率刷片间距	

计关键特性及其主要工艺措施、工艺设计验证情况及对检验的要求。

工艺关键特性表示例见表3—8。

3.3.3.3 过程控制关键特性表

过程控制关键特性表是关键的过程控制环节和要求在产品实现全过程落实情况的综合反映。过程控制关键特性表由以下2个主要方面组成。

1）通过对产品主要部（组）件生产实现过程进行系统分析，识别出的过程控制关键特性及其主要控制措施、检验、测试方法及产品最终实测值。

2）通过对产品实现过程进行深入、系统分析，识别出的过程控制关键特性及其主要控制措施、检验、测试方法及产品最终实测值。

过程控制关键特性表表样、填表说明及示例见表3—9。

产品设计关键特性表、工艺关键特性表注重对要求的识别及要求正确性的验证，过程控制关键特性表注重过程控制措施的落实及实际控制结果的符合性。

在3类关键特性表的编制过程中，要充分体现设计、工艺、生产、管理的结合，因此，产品设计关键特性表中要提出对产品生产实现的要求，工艺关键特性表要提出对于检验方法、手段等方面的要求。

3.3.4 产品关键特性表的技术管理

单机产品设计单位应在产品成熟度为1级～2级时形成产品设计关键特性表。设计关键特性表作为一份独立的产品设计输出文件，应经产品承制单位和上级技术抓总单位会签，并在产品设计评审时进行评审确认。

单机产品承制单位应依据确认后的设计关键特性表，在产品正式投产前形成工艺关键特性表和过程控制关键特性表。工艺关键特性表和过程控制关键特性表作为工艺设计输出文件，应经产品设计方会签。

过程控制关键特性表中提出的相关控制措施及要求必须纳入相关工艺规程。过程控制关键特性表应填写实测结果。过程控制关键特性表作为数据包检查的重要内容，是产品验收的检查项目之一。

单机产品设计关键特性表、工艺关键特性表、过程控制关键特性表要按产品研试文件进行管理，严格其更改控制。

在产品承制单位与产品验收单位协商一致的情况下，可以将过程关键特性表的全部或部分内容作为交付数据包项目。

表3－8 产品工艺关键特性示例表

单机产品名称			产品代号				产品研制阶段	
通过对单机产品主要部（组）件工艺设计分析，识别出的工艺关键特性								
序号	主要部（组）件名称	工艺关键特性名称	工艺关键特性数值（范围）	确定为工艺关键特性的依据（开展的工作项目）	主要工艺措施	工艺设计验证情况	对检验的要求	备注
1	部（组）件1	××××	××	依据识别工艺关键特性需开展的分析工作内容填写	从人、机、料、法、环等各方面，简要说明保证此工艺关键特性的关键要素及基本要求	工艺设计验证方法（工艺设计鉴定试验、工艺攻关、首件鉴定等方式），条件（试验的条件等）及结果（验证的结果值或范围，应由明确的数值来表示）。若无法通过相关地面试验手段验证的，需明确飞行试验验证结果的范围值	对该工艺关键特性的检验时机、方法、项目等需提出明确要求；对无法在过程中实施检验的，需提出主要过程控制点及基本要求	
示例	××组件	组件装配工艺	保证相邻组件间距3 mm	1）设计特性分析 2）面向产品生产的特性分析	1）使用专用工装进行装配 2）使用专用工具测量	经过多批次产品装配验证，所装配××组件满足精度要求	使用专用工具实测相邻××组件间距	

续表

单机产品名称			产品代号			产品研制阶段	
通过对单机产品总成过程工艺设计分析，识别出的工艺关键特性							
序号	工艺关键特性名称	工艺关键特性数值（范围）	确定为工艺关键特性的依据（开展的工作项目）	主要工艺措施	工艺设计验证情况	对检验的要求	备注
1	××××	××	依据识别工艺关键特性需开展的分析工作内容填写	从人、机、料、法、环等各方面，简要说明保证此工艺关键特性的关键要素及基本要求	工艺设计验证方法（工艺设计鉴定试验、工艺攻关、首件鉴定等方式），条件（试验的条件等）及结果（验证的结果值或范围，应由明确的数值来表示）。若无法通过相关地面试验手段验证的，需明确飞行试验验证结果的范围值	对该工艺关键特性的检验时机、方法、项目等需提出明确要求；对无法在过程中实施检验的，需提出主要过程控制点及基本要求	
示例	绝缘胶涂覆工艺	导热绝缘胶应覆盖××组件尾部焊点及裸露线芯，对其流动范围进行控制	根据质量问题归零确定	1）配胶过程抽真空去除气泡 2）涂胶过程对涂胶范围进行控制	经过多批次产品装配验证	胶固化后，检验胶体外观及涂胶范围	

注：过程控制关键特性表一般应包含全部设计、工艺关键特性对过程控制的要求。

表 3—9 产品过程控制关键特性示例表

单机产品名称				产品代号			产品研制阶段	
通过对单机产品主要部（组）件生产实现过程分析，识别出的过程控制关键特性								
序号	部（组）件设计关键特性、工艺关键特性名称	过程控制关键特性	过程控制关键特性数值（范围）	确定为过程控制关键特性的依据（开展的工作项目）	主要控制措施	检验（测试）方法	产品实测值	备注
1	××××	过程控制关键特性可以是一个或一组	若提出了一组过程控制关键特性，则其数值（范围）对应一一填写	依据识别过程控制关键特性需开展的分析工作内容填写	针对此过程控制关键特性，确定的具体控制要求	针对此过程控制关键特性，采取的具体检验（测试）方法、条件	××	
示例	××组合件电装工艺	引线焊点控制	焊点光滑，无尖峰	强制检验点环节	1）对上、下组合件进行预热 2）控制电装温度和时间	使用 10 倍放大镜检查焊点	检验合格，符合工艺要求	
通过对单机产品总成实现过程分析，识别出的过程控制关键特性								
序号	部（组）件设计关键特性、工艺关键特性名称	过程控制关键特性	过程控制关键特性数值（范围）	确定为过程控制关键特性的依据（开展的工作项目）	主要控制措施	检验（测试）方法	产品实测值	备注

续表

单机产品名称				产品代号			产品研制阶段	
1	××××	过程控制关键特性可以是一个或一组	若提出了一组过程控制关键特性，则其数值（范围）对应一一填写	依据识别过程控制关键特性需开展的分析工作内容填写	针对此过程控制关键特性，确定的具体控制要求	针对此过程控制关键特性，采取的具体检验（测试）方法、条件	××	
示例	驱动力矩	驱动力矩控制	>× N·m	设计特性分析	1）标定电机牵入转矩 2）控制××装配精度	在产品组装后、力学试验后、热真空试验后均使用挂砝码实测驱动力矩	× N·m	

3.4　成功数据包络分析

成功数据包络是指已成功完成地面试验及飞行试验的航天产品（重点是指关键单机、零部组件及原材料等）各项参数的上、下边界范围，包括产品本身参数包络和产品对飞行任务剖面适应性包络。在产品的定型和升级改进阶段，通过成功数据包络分析不断完善、优化关键特性数据，提升产品数据包的精细化程度，减小产品各项指标的离散程度，提高产品的一致性水平是数据包持续改进的重要工作。

成功数据包络分析方法是在开展航天产品数据包工作的基础上，在多次飞行试验产品各项参数满足设计要求的前提下，确认飞行试验产品各项参数是否在产品成功数据包络内，并对超出数据包络的参数展开技术风险分析，进而评估产品参加本次飞行试验风险的一种方法。成功数据包络线分析是航天产品数据包管理成果的应用。

在成功数据包络分析过程中，对于可检验、测试的产品参数，一般应进行性能参数成功数据包络分析；对于不可检验、测试的产品参数，一般应进行原材料、工艺参数成功数据包络分析；对于与飞行环境密切相关的参数，一般应进行环境参数成功数据包络分析。

3.4.1　分析要求

一般在产品成熟度达到6级时，确定开展成功数据包络分析的产品和参数，对产品相关参数进行积累，在成功、可靠、有效的数据基础上逐步建立成功数据包络。在产品成熟度达到7级时，应统计历次飞行成功产品的关键特性参数实测值，并结合成功地面试验结果形成成功数据包络。对于与飞行环境密切相关的产品，还要形成环境条件参数成功数据包络。

型号研制应充分利用信息化手段，建立产品性能、原材料、工艺和环境参数成功包络线数据库。

3.4.2　分析程序和分析方法

成功数据包络的形成分析一般按照确定关键产品及关键参数、形成数据包络和开展确认分析3个步骤进行。

3.4.2.1　确定关键产品及关键参数

分析、确定影响型号成败的关键产品及关键参数，经评审后作为型号开展成功数据包络线分析的基础。

3.4.2.2　形成数据包络

统计历次成功飞行试验产品参数的实测值，并结合成功地面试验结果，找出上、下边界，形成成功数据包络。

3.4.2.3　开展数据包应用确认分析

将参加飞行试验产品的各项关键参数实测值与成功数据包络进行逐一比对，分析是否在成功数据包络内。

超出成功数据包络的参数，应逐一进行风险分析，判断该参数是否在设计裕度和地面试验验证等范围内，并给出有无残余风险、是否会给飞行试验带来风险的明确结论。

成功数据包络线分析工作应给出产品参加飞行试验的风险评估结论。

3.5　产品数据包与产品成熟度的关系

产品数据包是产品成熟度度量的基本载体，也是产品成熟度评价的依据，其核心是设计、工艺、过程控制 3 类关键特性数据的完备程度和详细程度。产品可重复生产性（设计文件和图样的完整性、工艺生产文件和图样的细化及量化程度、配套物资的稳定程度），生产过程受控程度（产品保证过程文件的完整性），质量与可靠性量化和可控程度（可靠性设计与验证完整性、试验次数）等产品成熟度的关键特征，都是数据包的重要内容。产品在不同阶段形成的产品数据包，反映了该产品不同的成熟度等级，产品数据包内容的不断丰富和完善体现了产品成熟度不断提升的过程。产品数据包与产品成熟度的对应关系如表 3—10 所示。

表 3—10　产品数据包与产品成熟度的对应关系

产品成熟度等级	产品名称	产品数据包与产品成熟度的对应关系
1 级	原理样机产品	产品数据包中包含了功能、性能参数指标要求；初步识别了产品关键特性参数（含设计、工艺、过程控制关键特性），形成了清单；功能参数经过了原理性验证，形成了验证数据表

续表

产品成熟度等级	产品名称	产品数据包与产品成熟度的对应关系
2级	工程样机产品	产品数据包工作策划形成了飞行产品研制过程数据（含产品基础数据、产品关键特性数据、产品功能性能数据等）记录项，比对要求及表格格式；经地面验证的产品关键特性参数及检验方法形成了正式要求；形成了功能性能参数的地面模拟飞行环境鉴定级实测数据
3级	飞行产品	产品数据包中形成了飞行产品基础数据；形成了产品关键特性实测数据；形成了功能性能参数的地面模拟飞行环境验收级实测数据和所有其他地面测试数据。产品数据包中形成了飞行数据记录项要求及表格格式
4级	一次飞行考核产品	产品数据包中的关键特性参数经飞行验证；记录了产品功能性能的飞行实测数据并与地面实测数据进行了比对分析。产品生产和飞行数据表格格式经过实际应用和改进
5级	多次飞行考核产品	产品数据包中补充了多次飞行产品基础数据、产品关键特性的多次实测数据；积累了功能性能的多次地面测试和飞行实测数据，并对多次实测数据进行了比对分析。作为质量问题归零的措施，针对4级成熟度定级后出现的质量问题，补充、修改、完善了产品数据包中的相关数据
6级	三级定型产品	产品数据包中对多次飞行的产品基础数据进行了分析和要求值的固化；对产品关键特性参数的多次实测数据进行了分析，对要求值和检验验证方法进行了固化；固化了功能性能指标。产品数据包中补充了定型过程中进一步开展的试验验证形成的数据，形成最大环境适应性数据和极限能力数据。产品数据包中补充了产品研制、成熟度提升过程中所有更改、增加及验证结果数据。产品数据包中固化了产品生产及飞行数据记录项、比对要求及表格格式。确定了要建立成功数据包络线的参数；形成信息化的数据库，开始积累各项数据。利用已开展的地面和飞行考核数据，进行了产品可靠性评估

续表

产品成熟度等级	产品名称	产品数据包与产品成熟度的对应关系
7 级	二级定型产品	产品数据包中进一步补充了 3 次飞行产品的基础数据、关键特性实测数据、功能性能地面及飞行实测数据。作为质量问题归零的措施，针对 6 级成熟度定级后出现的质量问题，补充、修改、完善了产品数据包中的相关数据。根据重复生产和多次飞行考核数据记录、比对的实际情况，对固化的产品生产及飞行数据记录项、比对要求及表格格式进行了持续改进。统计历次飞行成功产品的关键特性参数实测值，并结合成功地面试验结果形成成功数据包络线，对于与飞行环境密切相关的产品，还要形成环境条件参数成功数据包络线。根据增加的地面和飞行考核数据，更新了产品可靠性评估结果
8 级	一级定型产品	产品数据包中进一步补充了 2 次飞行产品的基础数据、关键特性实测数据、功能性能地面及飞行实测数据。作为质量问题归零的措施，针对 7 级成熟度定级后出现的质量问题，补充、修改、完善了产品数据包中的相关数据。根据积累的地面和飞行实测数据，进一步修订了成功数据包络线。细化完善产品数据包中的关键特性参数，偏差控制在 6σ 以内，达到精细化要求。根据应用情况，进一步对产品数据包中生产及飞行数据记录项、比对要求及表格格式进行改进。根据增加的地面和飞行考核数据，修订了产品可靠性评估结果，产品可靠度评估值在 0.7 置信度条件下不小于 0.99

注：偏差控制在 6σ 以内指的是产品的不合格率控制在 3.4×10^{-6}。

3.6 航天产品数据包的管理

3.6.1 航天产品数据包组织管理

航天产品研制生产单位是建立航天产品数据包工作的主体，负责产品数据包工作的总体策划，由其明确工作内容及相关要求，并负责形成内容完整的航天产品数据包，建立管理制度并纳入到本单位体系文件中。

资料档案部门负责数据包文档的归档管理。

有外协任务的单位负责对外协产品提出航天产品数据包管理要求，并将相关要求纳入到产品研制任务书、合同、技术要求、验收大纲和产品保证要求等技术和管理文件中，签署完整后发外协单位执行。外协产品交付验收时，应按任务书、合同和验收大纲、产品保证要求提交合格的外协产品的数据包项目内容。

3.6.2　航天产品数据包的验收管理

航天产品交付时采取逐级验收的管理模式，验收方在单机验收时对数据包的完整性、正确性、可追溯性进行检查，对产品数据包不符合要求的予以拒收。

在产品验收时，验收单位组织验收组，其中包括测试组和资料审查组。资料审查组按照验收大纲对航天产品数据包进行审查和确认，一般重点对与关键特性相关的测试和试验数据、操作等质量记录进行详细审查和确认。同时，根据不同成熟度的产品对不同阶段的数据比对分析情况进行审核。

一般航天单机产品交付数据包数据项目清单如表 3—11 所示。

表 3—11　航天单机产品交付数据包数据项目清单

研制阶段	成熟度	交付数据包数据项目
初次研制阶段	1 级（原理样机产品）	1 级产品基础数据文件
		原理样机试验报告
		原理样机指标验证数据记录
		原理样机验证与指标要求比对分析表
		设计、工艺、过程控制关键特性参数清单及指标要求
	2 级（工程样机产品）	工程样机产品基础数据文件
		产品鉴定级试验报告
		产品证明书
		产品履历书
		产品技术及使用说明书
		工程样机研制与质量总结报告
		工程样机产品设计、工艺、过程控制关键特性实测数据
	3 级（飞行产品）	飞行产品基础数据文件
		地面模拟飞行环境验收级试验报告
		飞行系统综合试验报告
		系统联试试验报告
		飞行产品研制与质量总结报告
		产品证明书
		产品履历书

续表

研制阶段	成熟度	交付数据包数据项目
初次研制阶段	3级（飞行产品）	产品技术及使用说明书
		飞行产品研制与质量总结报告
		飞行产品设计、工艺、过程控制关键特性实测数据
产品重复生产和使用阶段	4级（一次飞行考核产品）	1次成功飞行验证的产品基础数据文件
		1次成功飞行试验实测数据
		1次成功飞行试验报告
		产品证明书
		产品履历书
		产品技术及使用说明书
		4级产品研制与质量总结报告
		经1次成功飞行验证的产品设计、工艺、过程控制关键特性实测数据
	5级（多次飞行考核产品）	补充至少3次成功飞行考核的产品基础数据文件
		补充至少3次成功飞行试验实测记录
		产品证明书
		产品履历书
		产品技术及使用说明书
		5级产品研制与质量总结报告
		补充至少3次成功飞行试验的设计、工艺、过程控制关键特性实测数据
产品定型和升级改进阶段	6级（三级定型产品）	三级定型的产品基础数据文件
		环境适应性试验报告
		极限能力试验报告
		性能拉偏试验报告
		寿命与可靠性试验报告
		产品证明书
		产品履历书
		产品技术及使用说明书
		三级定型产品研制与质量总结报告
		补充新的成功飞行试验的设计、工艺、过程控制关键特性实测数据

续表

研制阶段	成熟度	交付数据包数据项目
产品定型和升级改进阶段	7 级（二级定型产品）	二级定型产品基础数据文件
		1 次实际飞行全寿命试验报告
		在 6 级产品基础上，补充新的 3 次成功飞行试验及至少 1 次实际飞行全寿命考核的实测数据
		产品证明书
		产品履历书
		产品技术及使用说明书
		二级定型产品研制与质量总结报告
		在 6 级产品基础上，经过新的 3 次成功飞行考核及至少 1 次实际飞行全寿命考核的产品设计、工艺、过程控制关键特性实测数据
	8 级（一级定型产品）	一级定型产品基础数据文件
		在 7 级产品基础上，补充新的 2 次以上的成功飞行试验报告
		产品证明书
		产品履历书
		产品技术及使用说明书
		一级定型产品研制与质量总结报告
		在 7 级产品基础上，补充新的 2 次成功飞行的产品设计、工艺、过程控制关键特性实测数据

参 考 文 献

[1] 袁家军. 航天产品质量与可靠性数据包及其应用 [J]. 中国质量，2009 (4).

[2] 袁家军. 航天产品成熟度研究 [J]. 航天器工程，2011，20 (1).

[3] GJB 906—1990. 成套技术资料质量管理要求 [S].

[4] ECSS—Q—20A. Quality Assurance [S]，1996.

[5] ECSS—Q—20B. Space Product Assurance：Quality Assurance [S]，2002.

[6] ECSS—Q—ST—20C. Quality Assurance [S]，2008.

[7] ESA—DEUI—NG—CH—SAR—MGY/1993 [S].

[8] ISO 27025. Space Systems—Program Management—Quality Assurance Requirements [S].

[9] MIL—I—45208A. Inspection System Requirements [S].

[10] MIL—Q—9858A. Quality Program Requirements [S].

[11] MIL—STD—785B. Reliability Program for Systems and Equipment Development and Production [S].

[12] MIL—STD—1546B. Parts Materials and Processes Control Program for Space and Launch Vehicles [S].

[13] NASA/SP—2007—6105. NASA Systems Engineering Handbook [S].

第 4 章　航天产品型谱

4.1　概述

4.1.1　产品型谱的定义及内涵

4.1.1.1　定义

产品型谱是产品工程的顶层规划和核心，产品型谱规划了产品的发展和应用方向，是产品工程的核心要素。要实施航天产品工程管理，必须首先开展航天产品型谱建设。

（1）型谱

谱是指按照对象的类别或系统，以比较整齐划一的形式编制而成的表格、图册或文书。按照对象的不同，谱可分为家谱、乐谱、菜谱、脸谱等。

根据谱的定义，型谱就是按照对象的不同规格，以某种整齐划一的方式编制而成的表格、图册或文书。产品型谱则是按照产品的型号、规格编制而成的表格、图册或文书。

中国航天界较早使用型谱一词的领域是运载火箭。最早出现型谱一词的正式文件是《中国的航天》白皮书。该书在“未来发展”一章的“发展目标”中提出：“建成新一代运载火箭型谱化系列”（初稿中原本是“建成新一代运载火箭型谱”，“化系列”是后加的）。2003 年起，在航天器领域正式开展了产品型谱建设工作。

（2）产品型谱

就一个产品而言，其通用性是有限的，只能满足一定范围、一定条件下的使用要求。为了扩大某一类产品的适用范围，就必须增加该类产品的规格，构成产品系列。但产品的规格在一定的时期内不能无限制扩展，需要经过分析、比较、选优，用最小数目的不同规格产品，来满足全部使用要求。将所有这些不同规格产品汇集整理，就形成了产品型谱，如图 4－1 所示。

产品型谱是用最少数目的不同规格产品，构成能满足可预见到的全部使用要求的产品系列。产品型谱是产品预研、工程研制、成熟度培育、产

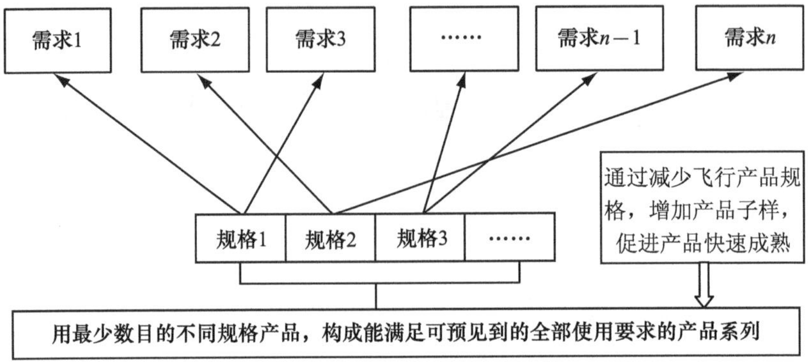

图 4－1　产品型谱规格系列模型

品定型、型号选用、更新换代与国产化等工作的基本依据。

例如，机械太阳翼产品型谱包括刚性、半刚性、柔性 3 种类型太阳翼产品，可以满足一定时期内（例如 2020 年以前）各类航天器对太阳翼产品的需求。其中，刚性太阳翼为目前在用的主流产品，按照基板面积分为大、中、小 3 种规格；半刚性和柔性太阳翼是为适应质量大小要求严格、收拢体积小、输出功率大的应用需求，以及产品技术发展趋势，规划的新产品研发方向。

4.1.1.2　内涵

一个特定规格的产品只能适用于某一特定型号或场合，不具有通用化的特点，即使有一定的通用性，其范围也很窄。特别是在型号研制中，分系统及设备级产品基本上是只按本型号的要求设计的。建立产品型谱就是要设计一系列的产品（或称产品系列）来满足中国当前和未来的航天器和运载火箭不同型号的要求，以及国内外市场的要求。

产品型谱的通用性表现在 3 个面向，即面向多型号，面向当前与未来，面向国内外市场。为了实现通用化这一目的，在建立型谱之前首先要进行需求分析，调查研究当前和今后若干年（例如 15～20 年）内，航天器或运载火箭对本类产品在功能特性、物理特性、性能指标、环境适应性、接口、使用时间等方面的需求，作为建立型谱的依据；同时应调研国内外同类产品的现状与发展趋势，作为参考，使编制的产品型谱最大限度地覆盖型号、用户、市场在各时间段的使用要求。

产品型谱是产品系列，但它绝不是将现有产品汇总而成的产品目录，而是具有一系列特定要求、经过优化的产品系列。

首先，型谱应符合科技发展并满足可预见到的较长期及一定范围内全部使用要求。为此，在着手编制产品型谱之前，应进行产品的需求分析，调查研究当前及未来较长时期（例如“十二五”期间以至更远）内，航天器和运载火箭等各类在研型号、立项型号、背景型号及市场对该产品的需求；同时应调研国内外同类产品发展现状与趋势，综合型号牵引和技术推动两方面的需求，提出当前及未来产品应达到的主要指标要求，如功能特性、物理特性、环境适应性、接口、需求数量及使用时间等。

其次，型谱是由不同规格为标志的产品系列。产品型谱是一棵经过优化的、由不同规格产品构成的产品树。一种产品可能有多个标志规格的主要特征参数。

第三，型谱必须是由最少数目的规范化产品组成，所以产品树形成的底产品数目必须是最少数目。为了控制底产品符合最少数目的原则，必须优选特征参数的取值和间隔，相邻两种规格的特征参数的跨度要适当。

综上所述，通过航天产品型谱建设，可达到以下目的。

1）清理已有规格化产品，形成产品资源，系统展示各级航天产品实力，争取任务，占领市场，促进卫星及卫星平台、运载火箭及航天单机产品的销量，提高市场竞争力。

2）优化合并现有产品规格，促进产品快速成熟，支持在型号立项配套时对航天产品的选用。

3）分析未来型号和技术发展需求，引领后续产品规格化研发，满足未来任务需求，促进航天产品的规范化发展，引领航天产品的产业化发展，提升产业化能力。

根据型谱的定义，建立型谱时需要在需求分析的基础上，列出产品可能的各种不同规格，进行分析筛选。首先要对本企业现有的该类产品进行优选，淘汰陈旧过时的，合并规格重复和相近可以互相取代的产品。其次，确定成熟的需要定型的和有待研究开发的产品规格，最终形成的产品型谱是按产品的一个或多个规格（特征参数，如功能特性、物理特性、主要组成部件或某个性能指标），从低到高排成序列。

产品型谱的划分可从顶产品往下分解，直至底产品，形成型谱中的规范化产品。以航天器用蓄电池为例，其顶产品为蓄电池，往下分解，第 1 层可按其功能划分为一次性和循环充放 2 类；第 2 层按其组成划分为银锌、镉镍、氢镍、锂离子等类；最后，底层对每一类不同组成的蓄电池取安时为特征参数，构成按容量大小排列的底产品，即规范化产品。前后两种规格之间的容量跨度，应根据对蓄电池的需求和蓄电池技术发展趋势而定，间隔不宜过大，也不宜过小：过大使用不方便，供选余地小；过小则规范化产品数量太多，不符合最小数目的原则。

4.1.2　产品型谱的作用

4.1.2.1　为产品快速成熟奠定基础

1）产品型谱中列出的产品具有相应的成熟度等级，通过同规格产品的不同应用，可以更多地获取产品的真实飞行子样，推进产品快速成熟，提升多型号任务完成能力。

2）产品型谱是对以往“一对一”的型号需求模式的优化，可以整合、优化产品规格配置，从而使同一规格产品的资源投入有所增加，产品可靠性得到充分验证，保证产品快速成熟。

4.1.2.2　指导专业产品规划、开发、生产和推广

1）产品型谱是专业产品研制规划的基础，引领专业产品发展方向，基本规定了产品研制的功能性能指标。

2）产品型谱是专业产品成熟度培育和定型的依据，确定了研发产品成熟度培育和定型的对象。

3）产品型谱是专业产品生产线建设的参考，为专业产品研制单位开展生产线建设的策划指明方向。

4）产品型谱是专业产品走向国内外市场的重要基础，为专业产品市场开拓提供了依据。

4.1.2.3　指导型号对专业产品的选用集成

1）产品型谱是型号进行立项论证的参考，立项时必须参考型谱确定型号的技术方案。

2）产品型谱是型号进行方案设计的依据，明确了现阶段可供选用的产品。

3）产品型谱是型号进行产品选用的基础，为选用产品的成熟度比较提供权衡。

4.1.3　国内外航天产品型谱发展简述

4.1.3.1　国外航天产品型谱发展研究简况

世界航天发达国家大力推行航天产品的系列化、通用化工作，并在此基础上实现了主要航天产品的产业化生产。

从美国的波音卫星系统公司（原休斯公司）、洛克希德·马丁商业空间系统公司和劳拉空间系统公司以及欧洲的阿斯特里姆公司和阿尔卡特空

间工业公司等为代表的知名航天企业按照型谱化思路，研发并固化形成了一系列高适应性、长寿命（15 年）、大功率（10～15 kW）、多频段（全面支持 C，Ku，Ka 等频段）的卫星公用平台，如波音/休斯公司的 HS601，HS701，HS702 卫星平台；洛克希德·马丁公司的 A2100 卫星平台；劳拉公司的 FS－1300，FS－1400 卫星平台；阿尔卡特公司的 SpaceBus－3000，SpaceBus－4000 卫星平台；阿斯特里姆公司的 Eurostar2000 等。

波音/休斯公司 20 世纪末开发的 HS376，HS601/HS601HP，HS702 主流卫星平台，其基本参数和首飞时间见表 4－1。截至 2000 年 12 月 12 日，波音卫星系统公司已售出上述型号的通信卫星 148 颗，包括 56 颗 HS376，81 颗 HS601/601HP，11 颗 HS702。

表 4－1 波音/休斯公司开发的卫星平台基本参数

平台名称	HS376	HS601/HS601HP	HS702
稳定方式	自旋稳定	三轴稳定	三轴稳定
发射质量/kg	约 1 500	约 4 600	约 5 000
最大功率/kW	0.8～2	4.8～10	15
设计寿命/a	12	15	15
转发器数量/个	24	48～60	90
交付周期/m	18	24	24
首飞时间和卫星名称	1980 年 11 月 15 日 SBS F3	1992 年 8 月 14 日 澳星 B1，1997 年 8 月 28 日 泛美卫星 5 号	1999 年 12 月 21 日 银河 11 号

公用平台的型谱化开发理念，还促使卫星平台所属单机和部件等的系列化、专业化开发，并逐步形成了以系列型谱为指导，技术相对成熟、质量稳定、可供卫星设计选用的商业现货产品（Commercial Off the Shelf，COTS）。单机产品系列型谱的建设和现货产品的研发，实现了卫星和运载火箭的产业化研制生产。21 世纪初，美国空军在与洛克希德·马丁公司签署的新一代卫星研制合同中，首次提出了全面采用现货产品的相关要求。同一时期，欧洲也有超过 120 个项目、近 200 颗卫星采用了现货产品平台及产品。

按照型谱化发展的思路，世界主要卫星制造公司早已实现年产9～10颗卫星的能力。1999 年，劳拉公司曾经在 30 天内从 3 个发射场发射了 11 颗卫星。在质量可靠性方面，由于大量现货产品的应用，世界发达航天公司发射的商业卫星在轨期间导致保险赔付的总事故率仅有1.5%～2%。

国际主要航天研发机构以公用平台和现货产品为基础，持之以恒地推进航天产品的型谱化发展，成为这些国家取得航天优势的重要保证和成功做法。

4.1.3.2 国内航天产品型谱工作的开展情况

20世纪90年代后半期，国内航天企业根据1996年9月颁布的《关于加强卫星和飞船工程通用化、系列化、组合化（模块化）的决定》（以下简称《决定》），开始了航天器产品“三化”的研究，制定了《卫星“三化”实施方案》；在此基础上，开展了一系列分系统和设备级的“三化”研究工作，也研制出个别符合“三化”要求的单机产品。

当时，《决定》关于开展“三化”的指导原则是：“卫星要在现有型号的基础上，根据中国应用卫星发展规划，逐步形成并完善地球静止轨道、太阳同步轨道、返回式及小卫星4个系列的公用平台；提高有效载荷的‘三化’水平。分系统、设备（部件）及其接口间的‘三化’，应按型号总体‘三化’方案开展研究，继承成熟技术，开展‘三化’设计，要结合型号研制工作，研究制定产品参数系列标准，形成‘三化’产品体系。”

根据上述“三化”指导原则，在航天企业以型号研制为唯一中心任务的方针指导下进行的产品“三化”，不能不受到型号研制的约束，不可能过多地跳出为特定型号服务的窠臼。产品“三化”的最终目标是实现通用化，就是要超越型号的界限，产品不仅要为现有的不同型号服务，而且要为未来的新型号服务，甚至可以为国际用户服务。因此，产品“三化”在按型号总体“三化”方案开展研究，并与型号研制相结合的原则下开展工作，或多或少限制了产品的通用化范围，不利于“三化”的全面贯彻落实。

2004年以来，航天企业提出“产品化”的新思路。航天企业不仅要完成型号研制，而且要把向用户、向市场提供一流的航天产品放在重要位置。专业产品研制单位正在从以型号研制为中心向以产品研制为中心的方针转变，建立独立于型号研制体系之外的产品体系，其中建立健全并推广应用产品型谱是产品体系建设的重要组成部分。

为适应当前航天事业发展的形势，加速提升航天产品科研生产能力建设和产业化发展，航天企业于2008年全面推广了产品型谱化建设工作，编制完成并发布了卫星公用平台和运载火箭型谱，以及航天器单机产品和运载火箭单机产品型谱，制定了产品型谱管理办法和编制指南等文件，初步规划了产品型谱的总体框架。

4.2　航天产品型谱编制的内容和方法

4.2.1　航天产品型谱编制对象分析

从航天产品型谱发展的需求来看，并不是所有航天产品都需要开展型谱制定工作。以往由于中国航天领域是按照“十年磨一剑”的模式组织实施航天型号的科研生产，型号任务少、周期长，同类基础产品的需求也仅限于有限数量，产品按照单一型号需求进行研制就能够满足任务要求。而型谱化的需求是在当前航天型号任务日益增多、产业化需求日益迫切的形势下提出的。

4.2.1.1　基础产品

航天产品型谱的对象主要是基础产品，包括以下内容。

1）基础产品是航天工程系统的基本组成元素，它是指可在多个型号中应用、具有相同功能要求和技术特征的共性产品单元。

通常，基础产品可涉及系统、分系统、单机、部（组）件、零件和元器件等各个产品层次。本章重点针对单机产品进行论述。

根据在航天型号中应用的范围和作用，目前型谱化发展需求最迫切、效益最明显的是单机产品中的关键通用产品。

2）关键通用产品是基础产品的核心，它是执行型号飞行任务的关键功能并具有较强通用性的基础产品。

关键通用产品是航天产品型谱编制的重点对象。

4.2.1.2　基础产品分类及型谱框架

根据基础产品涉及的产品层次和类别，产品型谱编制对象包括各级、各类航天器及运载火箭产品，重点是系统级和单机级产品。对于尚不构成系列的产品，如卫星整星、为特定任务所研制的航天器及其所属产品，也不必制定相应型谱。

一般而言，产品型谱编制框架如图 4－2 所示。

根据需求进行梳理，目前基础产品主要包括卫星公用平台、运载火箭基本型、航天器单机、运载火箭单机等 4 大类。

（1）系统级产品

1）卫星公用平台涉及高轨道、中低轨道和返回式等卫星类型，按照承载能力划分系列，如图 4－3 所示。

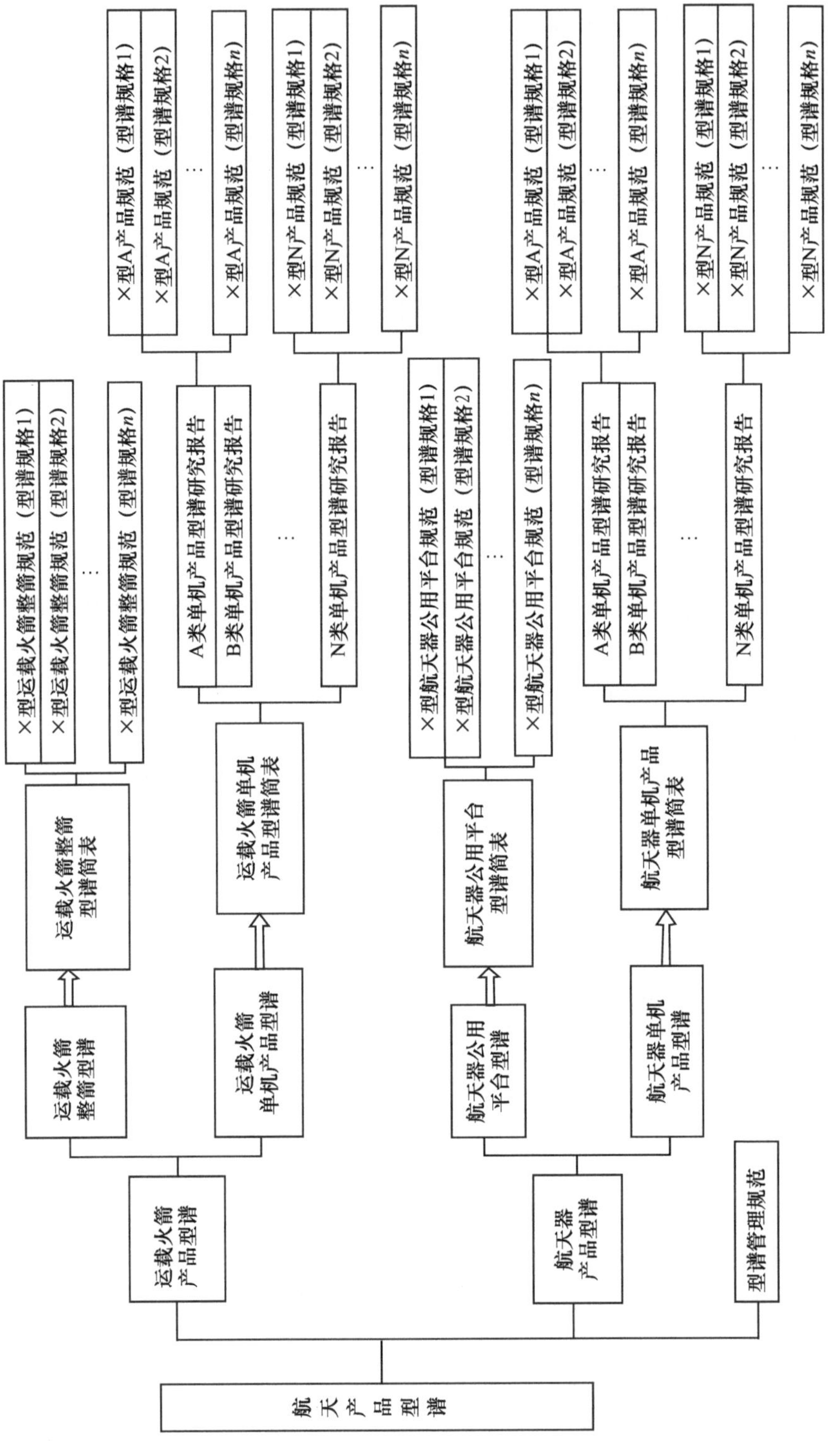

图 4－2　产品型谱编制框架

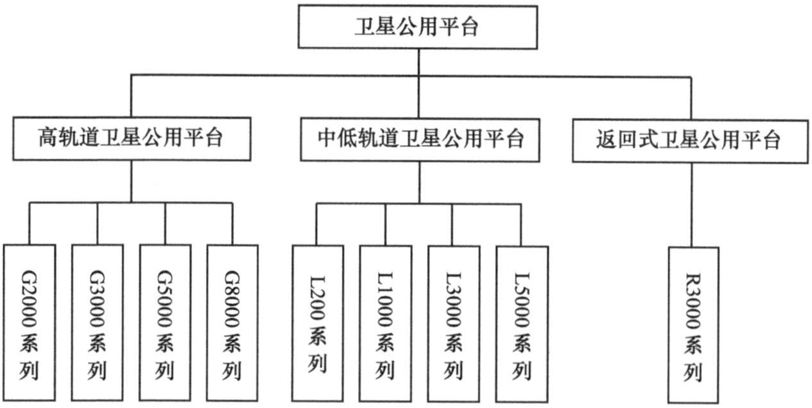

图 4—3　卫星公用平台型谱框架

卫星公用平台型谱是对不同规格平台的简要描述，通过型谱中的特征参数作为型号研制中平台选型的参考，对应型谱中每个规格的卫星公用平台，用一张表对该平台进行详细描述，包括对平台的详细介绍，细化的各种参数、指标等内容。其主要技术参数包括：平台名称、平台代号、平台描述、适应任务类型、适应轨道类型、平台质量（干重）、燃料量、承载能力（质量、功率）、姿控方式、姿控测量精度、姿控指向精度、定点位保精度、推进方式、设计寿命等的说明。

2）运载火箭基本型涉及液体运载火箭和固体运载火箭，液体运载火箭按照起飞质量分为小型、中型、大型、重型等 4 个系列，如图 4—4 所示。

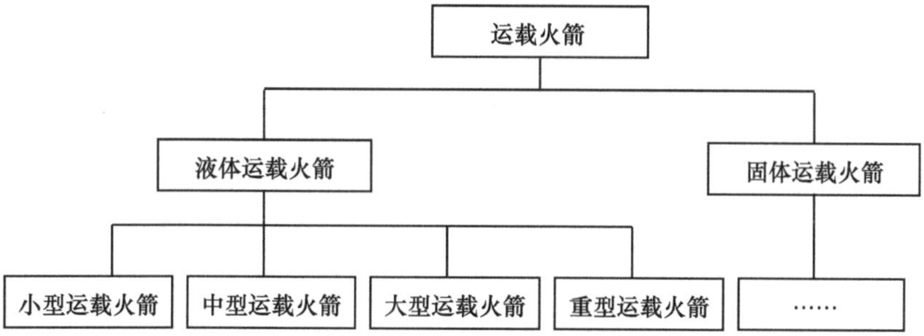

图 4—4　运载火箭型谱框架

运载火箭型谱主要技术参数一般应包括：运载火箭名称、运载火箭代号、芯级最大直径、发动机推力、助推器数量、助推器直径、起飞质量、总长度、级数、整流罩直径、主要任务（轨道）、运载能力等的说明。

（2）单机产品

1）航天器单机产品涉及结构与机构、导航制导与控制、测控与通信、热控制、电源与供配电、推进、天线、数据管理与传输、通信有效载荷、光学遥感有效载荷、微波遥感有效载荷、导航有效载荷等 10 多个专业近 80 类产品，见表 4—2。

表 4—2　航天器单机产品分类

专业	单机类别	专业	单机类别	专业	单机类别
结构与机构	中心承力筒	热控制	控温仪	通信有效载荷	接收机
	机械太阳翼	电源与供配电	落电池组		变频器
	快速断接器		太阳电池		信标机
导航制导与控制	光纤陀螺组合		电源控制设备		输入多工器
	惯性敏感器		配电器		输出多工器
	红外地球敏感器		火工品管理器		输入滤波器
	太阳敏感器	推进	推力器组件		输出滤波器
	太阳敏感器线路		储箱		通信天线
	星敏感器		气瓶		测试耦合器
	光学敏感器		自锁阀		固态放大器
	太阳翼驱动机构		加排阀		低噪声放大器
	太阳翼驱动机构线路		单向阀		行波管放大器
	控制计算机		减压阀		混合接头
	动量轮		安全阀		微波开关
	动量轮线路盒		电爆阀		星载数据传输调制器
	控制力矩陀螺	天线	测控天线		中继终端
	控制力矩陀螺线路盒		数传天线	光学遥感有效载荷	扫描型光学遥感器
	磁力矩器		GPS 天线		推扫型光学遥感器
测控与通信	测控应答机	数据管理与传输	数管/星务/中心计算机		凝视型光学遥感器
	GPS 接收机		测控/远置单元	微波遥感有效载荷	气象雷达
	遥测单元		存储器		目标捕获和跟踪雷达
	遥控终端		数据复接器		辐射计
	时钟单元		图像数据压缩单元		合成孔径雷达
	加解密单元		数传终端机	导航有效载荷	测距接收机
	测控/数传/通信一体机		数传发射机		频率基准源
热控制	热管		下位机		频率综合器

2）运载火箭单机产品涉及箭体结构、动力系统、控制系统、测量系统、电源产品、火工装置等多个专业近40类产品，见表4—3。

表4—3 运载火箭单机产品分类

专业	单机类别	专业	单机类别	专业	单机类别
箭体结构	整流罩	控制系统	捷联惯性测量组合	测量系统	连续波应答机
	卫星适配器		速率陀螺仪		安全指令接收机
	星（船）箭包带类锁紧装置		箭载计算机		安全控制器
	回收机构		程序配电器	电源	电池
动力系统	常温发动机		开关放大器	火工装置	点火器
	低温发动机		综合放大器		起爆器
	姿控发动机		伺服机构		爆炸螺栓
	固体发动机	测量系统	天馈		非电系统
	减压器		卫星导航接收机		导爆索及切割索
	加注阀		遥测发射机		火工作动装置
	蓄压器		中心程序器		固体小火箭
控制系统	平台系统		脉冲相参应答机		点火药盒

4.2.2 航天产品型谱建设要素

航天产品型谱建设的重点是现役运载火箭型谱、运载火箭单机型谱、卫星公用平台型谱和航天器单机型谱，其要素包括型谱策划、编制、发布、应用、维护与更新管理等工作。

4.2.2.1 型谱策划

完成产品型谱工作的顶层策划；研究产品型谱编制的程序与方法，制定产品型谱管理及应用的相关管理规范与工作标准。

策划产品型谱及型谱管理文件的编制工作，策划产品型谱更新和版本升级工作，策划产品型谱及型谱管理文件的相关技术审查工作，策划产品型谱的发布和应用管理工作，策划产品型谱相关的研究、交流和培训工作。

4.2.2.2 型谱编制

在总结、提炼当前及未来产品应用需求的基础上，对已研制的全部航天产品进行梳理，优化合并现有产品规格，与国内相关单位的同类产品和国外相关产品进行对标，通过国内外产品对标和应用前景分析，明确该类产品的技术发展趋势，规范有应用需求前景的产品。

确定型谱特征参数，对产品型谱规格进行分析及优化，构建产品树，研究编制产品型谱研究报告和型谱简表。

4.2.2.3　型谱发布

以纸介质和电子媒体两种形式向有关人员、单位和部门发布产品型谱。其中，电子媒体主要以企业内网的产品型谱信息系统为主发布。产品型谱首次发布时为试用版，试用版发布后 1 年内更新成为正式版。对已发布的航天产品型谱，使用单位经审批后，可按授权范围和有关要求进行检索、查询。

4.2.2.4　型谱应用

新型号设计应以系统级、单机级型谱产品为基础，新产品研发应按型谱规划实施。专业产品研制单位应按型谱规划开展研发、培育、定型、更新换代等工作。

产品型谱应作为航天型号选型、技术指标确定和相关技术审查活动的重要依据。同时，依据产品型谱实施产品选型时，还应执行航天产品选用与控制的相关要求。

4.2.2.5　型谱维护与更新管理

根据技术发展趋势和应用需求变化，及时动态更新产品型谱。产品型谱的更新，主要采用版内更新和版本升级两种形式进行。型谱的版内更新只需对简表进行相应更改；型谱版本升级时，需根据本规定对型谱报告相关内容和型谱简表进行更新。

4.2.3　航天产品型谱研究及规划

4.2.3.1　型谱研究及规划

实施产品型谱建设首先要进行产品型谱规划，根据当前及未来一段时期内的需求、现有产品情况和国外对标情况，确定产品型谱规格，其规划模型如图 4—5 所示。

型谱规划的方法和要点主要包括以下几方面。

1）需求分析。对当前及未来一定时期内的需求进行分析整合，确定产品功能性能需求覆盖范围，产品需求应全面，并具有一定数量需求。

2）产品清理。对所有已有和在研的产品进行清理，在现有产品规格的基础上确定型谱规格的设置，对产品功能性能指标相近或相似的产品进

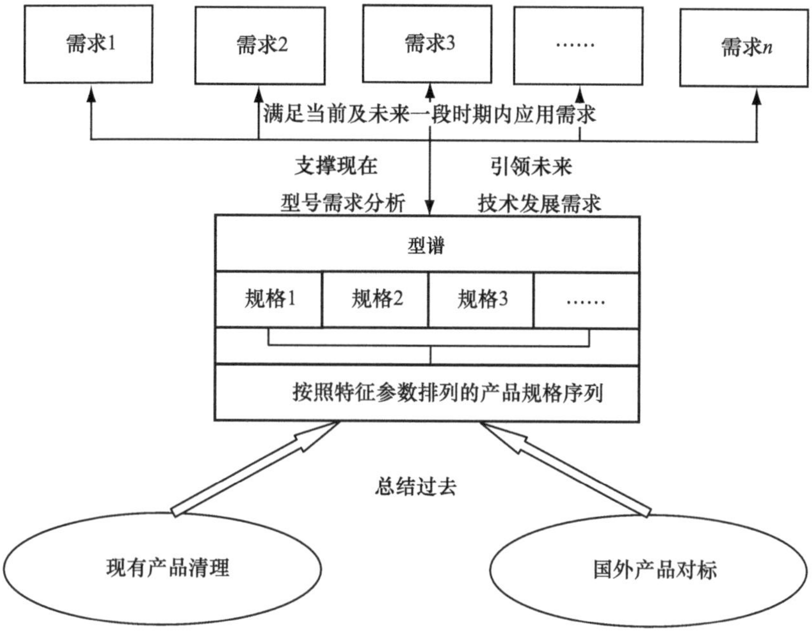

图 4—5　型谱规划模型

行合并。

3）国外对标。对国外同类产品技术性能和发展趋势进行调研，特别是分析国外同类产品的型谱划分情况，以支持型谱规格设置的确定。

在此基础上，提出产品特征参数，并将特征参数按一定的跨度确定指标设置。

4.2.3.2　型谱特征参数与规格划分

划分产品型谱中不同规格产品所依据的技术参数，称为型谱特征参数。型谱特征参数是划分型谱规格序列的主要依据，在选定产品特征参数后，应确定特征参数指标的设置，即划分型谱规格，主要按以下原则划分。

1）按照等差（步进）的原则设置，即依据等差数列的方法，将特征参数指标依次排列，形成规格序列。

2）按照等比的原则设置，即依据等比数列的方法，将特征参数指标依次排列，形成规格序列。

3）按照需求集中的原则设置，即依据需求分析结果，将需求最为集中的点作为特征参数指标的设置点，形成规格序列。

依据上述 3 条原则进行产品规格设置时可综合考虑，如先按照等差数列进行设置，然后再根据需求集中的情况进行调整，具体操作视情况而定。

4.2.4 航天产品型谱编制原则和要求

4.2.4.1 航天产品型谱编制原则

产品型谱应遵循总结过去、支撑现在、引领未来的基本原则（如图4—6所示），按照全面、协调和可持续发展的指导思想进行编制。

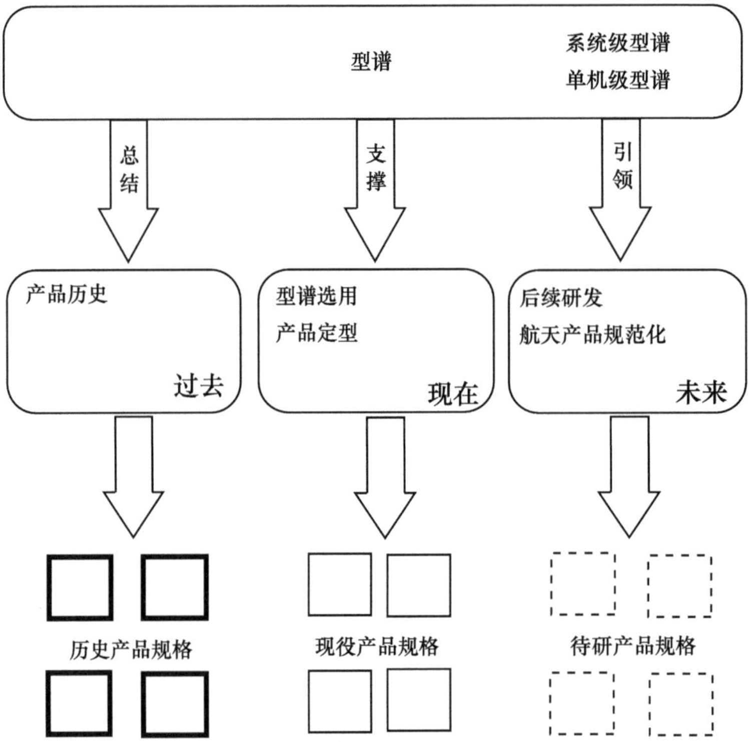

图 4—6 产品型谱编制原则

（1）全面

型谱应在能满足较长时期内（例如从现在起至未来 10 年）航天器和运载器型号研制对本类产品各种规格的全部使用要求，即产品的规格应完整齐全，无漏项。

（2）协调

型谱内所列的产品的规格互相之间不重复，前后两档产品的规格，最好能无缝衔接。若规格变化是步进的，则在服从使用要求的前提下，间隔、跨度要适当，力争用最少规格数量覆盖已识别的产品需求。

（3）可持续发展

型谱不仅要包括现有产品（在研、在用产品），而且必须包括预研产品及根据未来发展需求有待开发的产品，以保证本类产品的持续发展及支持航天器和运载器型号的持续发展。

4.2.4.2　航天产品型谱编制要求

航天产品型谱编制要求包括以下 3 个方面。

1）航天产品型谱应覆盖已有的、正在开发的和将要开发的全系列产品，能够充分反映航天产品研制能力和水平。

2）型谱中的产品应与当前任务、市场需求和技术发展趋势紧密结合，在充分继承已有成熟技术成果的基础上，对照国际先进技术和产品标准，兼顾通用性与技术先进性。

3）航天产品型谱在适应当前任务特点、满足当前任务需求的同时，还应依据国际一流的航天产品技术成果及其发展趋势，有预见性地提出未来型号发展所需的规范化产品，对引领航天产品的未来发展发挥指导作用。

4.2.5　航天产品型谱编制程序和方法

4.2.5.1　航天产品型谱编制程序

航天产品型谱编制程序包括需求分析、清理现有产品、国内外同类产品对标、发展趋势分析、确定关键参数、划分型谱规格、形成型谱简表及审查、发布等步骤。具体描述如下。

1）对当前及今后可预见的一段时期内（10～15 年），航天型号研制对型谱产品的使用要求（如功能性能参数、环境条件、接口、寿命等）进行调查研究，对国内外同类产品技术发展进行研究，完成产品需求分析。

2）清理现有全部同类产品，并与国外同类产品对标，结合产品需求分析，合并规格重复或相近的产品，淘汰已无应用需求的产品。

3）根据需求和现有产品的主要技术特征，选取若干个具有代表性的关键参数，作为划分型谱规格的基本依据。

4）根据未来型号和技术发展需求，按照所确定的型谱关键参数，提出型谱产品规格序列的构建原则，以此为指导，在清理现有产品规格的基础上，补充待开发的产品规格，形成完整的、可覆盖使用需求的型谱。

5）对于现有产品，编制产品的技术说明；对于待开发产品，提出规划和研发建议。

6）综合上述工作成果，编制型谱研究报告（含型谱简表）。

4.2.5.2 航天产品型谱编制内容和方法

航天产品型谱应按照不同类别分别建立。各类别产品型谱应以简表的形式描述。编制产品型谱简表时，应完成相应的型谱研究报告。型谱研究报告是对产品梳理、需求分析、规格优化等内容的总结和说明，是编制和审查型谱简表的基础和依据，型谱简表是型谱研究的最终成果。

产品型谱研究报告应包括以下章节的内容：

1 概述

2 产品需求分析

3 产品现状及发展趋势分析

3.1 现有产品状态清理

3.2 国内外同类产品对标

3.3 产品技术发展趋势分析

4 产品型谱的策划和建立

4.1 型谱特征参数确定

4.2 产品型谱规格分析及优化

4.3 产品树构建

4.4 产品名称和代号编制说明

4.5 型谱简表

附录 型谱产品技术说明

型谱研究报告编制要点说明如下。

（1）概述

简要说明该类产品的主要用途、功能原理、主要技术特征、研制和型号应用情况。

（2）产品需求分析

通过当前及未来一段时间（如不少于10年）型号任务对该类产品的主要技术要求，初步估计产品的需求数量和主要技术参数差异，在此基础上，总结提炼当前及未来产品的应用需求。应用需求应尽可能以参数指标的方式表述。

（3）产品现状及发展趋势分析

① 现有产品状态清理

对已研制的全部产品进行梳理，分析现有产品的类型、主要技术指标差异、研制及应用现状等，确定主要技术指标相同或相近的产品。

② 国内外同类产品对标

与国内相关单位的同类产品和国外相关产品进行对标，分析国内外同类产品的研制和应用现状、主要技术参数和规格划分等，阐述企业现有产品与同类先进产品在功能、性能指标和规格设置等方面的主要差距。

③ 产品技术发展趋势分析

通过国内外产品对标和应用前景分析，明确该类产品的技术发展趋势，结合现有产品清理，淘汰已无应用需求的产品，规范有应用需求前景的产品。

(4) 产品型谱的策划和建立

① 型谱特征参数确定

型谱特征参数的确定应考虑以下因素。

1) 应针对产品主要功能和性能，选择最能代表产品固有能力的主要参数作为型谱特征参数；

2) 特征参数不随环境条件和使用条件而变化；

3) 特征参数之间应保持独立性和不关联性；

4) 型号选用时最关心的技术参数应作为型谱特征参数；

5) 产品主要技术参数一般不多于 10 个，并根据参数的重要程度进行排序。

② 产品型谱规格分析及优化

根据已识别的产品需求，按照所确定的型谱特征参数，提出型谱产品规格序列的构建原则。以此为指导，对现有产品规格进行对比、分析、合并与优化，同时提出待发展的产品规格。划分型谱规格应注意以下几点。

1) 产品型谱规格应按照适当的间隔、跨度设置，以最小的产品规格数量满足已识别的应用需求；

2) 产品型谱规格相互之间不重复，避免将现有产品简单罗列，不同规格产品的型谱特征指标应有明显差异；

3) 产品型谱规格的设置应参考国内外同类产品对标的结果。

③ 产品树构建

产品特征参数确定后，可建立产品树。产品树是按照产品的若干技术特征参数进行分类而形成的树形结构。按照产品型谱特征参数的重要程度，逐级划分产品树层次。按照型谱特征参数的规格设置，划分各层次产品子类别。

将产品按照其特征参数逐层分解的具体步骤如下。第 1 层按第 1 特征参数（例如功能）划分；第 2 层按第 2 特征参数（例如蓄电池的组成、姿控推力器的推力、直流一直流变换器的输入电压、发射机的频率等）划分；第 3 层按第 3 特征参数（例如蓄电池的容量、直流一直流变换器的输出电压、发射机的发射功率等）划分，依次往下分解直至底产品。产品树如图 4—7 所示。

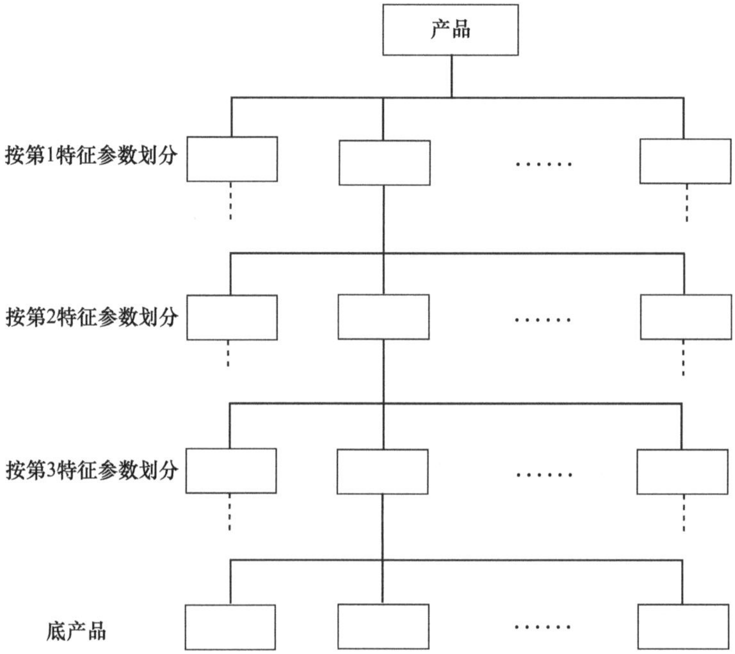

图 4—7　产品树示意图

④ 产品名称和代号编制说明

确定某类产品命名和代号的详细规则，包括产品名称的编制、代号的构成和各部分的意义，并举例说明。航天单机产品代号的一般编制规则为：航天单机产品代号由产品名称代号、特征代号、设计序号和改进序号 4 部分组成，其组成形式如图 4—8 所示。

其中，名称代号由产品英文或中文名称缩写的首字母表示；特征代号由能够体现产品特点的主要技术指标表示，一般都用 1 项特征参数来表示，如一项不能完全说明产品特征，可扩展至 2 项或 3 项特征参数；设计序号用阿拉伯数字表示；改进序号从产品改进开始，依次用英文大写字母 A，B，C…表示（I，O，X 除外）。

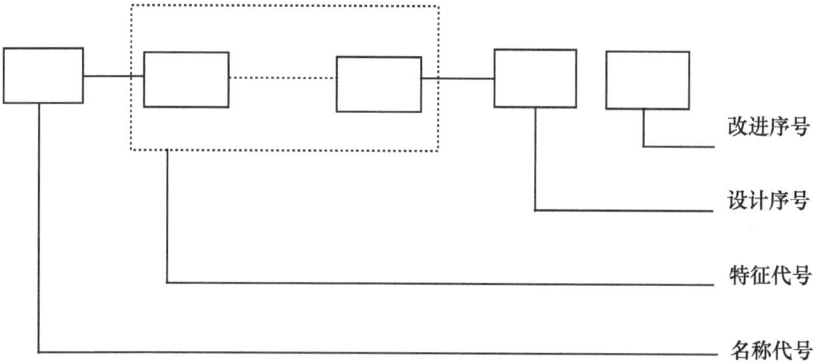

图 4－8　航天单机产品代号组成形式

⑤ 型谱简表

按照划分的产品型谱规格，列出型谱简表。

(5) 型谱产品技术说明

型谱产品技术说明至少应包括以下内容。

1) 产品概述，包括产品主要功能和技术特征，历史应用情况或研发应用计划，必要时附产品实物照片；

2) 技术性能，详细描述产品主要技术性能指标，包括简表中未列出的技术指标，作为型谱简表的补充；

3) 产品组成，描述产品组成结构，含产品原理图或组成示意图；

4) 环境适应性，说明产品可适应的环境类型和极限情况；

5) 接口关系，主要描述与其他产品或型号总体的机械接口、电接口、输入/输出接口等；

6) 其他说明，描述该产品其他需要说明的技术细节。

4.2.5.3　型谱简表

型谱简表格式见表 4－4。

表 4－4　型谱简表

序号	产品名称	产品代号	产品描述	成熟度	应用领域及型号	主要技术指标			状态
						指标 1	指标 2	……	

型谱简表填写有如下要求。

(1) 产品名称

具体规格产品的名称不宜过长，一般不超过 10 个字。同类产品的名称应保持命名体例基本一致，并能代表某一规格产品的主要特征，同时应避免使用型号名称进行命名。

(2) 产品代号

产品代号包括产品类别标识和该规格产品的主要参数指标标识，并且应能够反映某一规格产品在产品树中的类别划分。产品代号不应以应用型号名称或代号表示，简表中的产品代号要唯一，且与产品名称一一对应，原则上不允许多个规格共用一个产品代号。

(3) 产品描述

用简要文字描述产品的主要构成、功能性能特点等，以及同其他产品的区别。产品描述一般不超过 50 字。

(4) 成熟度

按照产品成熟度标准确定产品的成熟度等级。

(5) 应用领域及型号

按照适用的型号类型填写“应用领域”，如航天产品可分为高轨道卫星、中轨道卫星、返回式卫星和载人航天器，或按照应用类型分为通信、导航、气象、遥感、侦察等；运载火箭产品可按推进剂类型、轨道类型和起飞质量等填写。“应用型号”填写已应用的型号或将来适用的型号名称。

(6) 主要技术指标

按确定的主要技术指标及其重要程度排序列出，填写时注意以下事项。

1) 根据产品各自特征，表头分为若干栏，填写主要技术参数名称和公称量纲的缩写，如“质量 (kg)”，表中填写产品对应的指标数值；

2) 产品的技术指标，按照其重要程度从左到右依次列出；

3) 除待研产品外，主要技术指标应填写完整，待研产品中缺项的指标可用“待定”代替；

4) 常规技术指标应按照工作电压、功耗、质量、外形尺寸、设计寿命的顺序排在主要技术指标的最后几项。

(7) 状态

分为待研、在研、限选、优选 4 种状态，产品状态与成熟度的对应关系见表 4—5。其中，待研产品尚无成熟度等级划分；成熟度为 1 级～2 级的产品为预研或正在研制的状态；成熟度为 3 级～8 级的产品根据其技术先进性、已应用和未来应用情况、性能指标和可靠性水平等，确定为限选或优选。

表 4—5　产品状态与成熟度的对应关系

产品成熟度	可供选择的产品状态
—	待研
1～2	在研
3～8	限选、优选

（8）型谱简表排序

简表填写完整后按照产品代号排序，排序后的型谱简表应能正确反映产品的类别划分和规格序列关系。

4.2.6　航天产品型谱编制示例

4.2.6.1　产品需求分析

产品需求由型号需求转换而来。以动量轮为例，根据型号所对应产品的配置情况，产品需求分析的部分描述见表 4—6。

表 4—6　动量轮产品型号需求表

序号	型号名称	计划交付时间	产品类型	产品规格	产品数量	型号阶段
1	型号—1	2009 年 8 月	GRMW—350	25D	4	Z
2	型号—2	2009 年 12 月	GRMW—260	12B	2	Z
3	型号—3	2010 年 1 月	GRMW—260	12A	4	Z
4	型号—4	2010 年 5 月	GRMW—260	12B	6	Z
5	型号—5	2011 年 2 月	GRMW—350	50B	4	Z
6	型号—6	2011 年 2 月	GRMW—350	50B	4	Z
…	…	…	…	…	…	…

4.2.6.2　产品现状及发展趋势分析

（1）现有产品状态清理

以机械太阳翼驱动机构为例，将现有产品状态清理部分的内容描述如下。

中国从 20 世纪 80 年代初开始研制太阳翼驱动机构，至今已经经历了近 30 年的发展历程。在此发展过程中依托于型号需求，逐渐形成了适用于不同控制方式、不同用途卫星的各类产品。研制生产也已经开始规模化，并向着产业化的方向发展。某航天企业从 20 世纪 80 年代初开始太阳翼驱动机构的开发研制，截至目前，已有自行研制的多种不同规格的太阳翼驱动机构产品，应用于各种不同型号的卫星，并形成了多个系列，可以满足国内主要航天器的需求。太阳翼驱动机构产品系列见表 4—7。

表 4—7 太阳翼驱动机构产品系列

系列	产品描述	应用范围
系列 1	单自由度太阳翼驱动机构 1 型	主要用于中低太阳同步轨道的卫星
系列 2	单自由度太阳翼驱动机构 2 型	主要用于地球同步轨道大中功率容量的广播通信卫星
系列 3	两自由度太阳翼驱动机构	复杂轨道飞行器
系列 4	单自由度小型化太阳翼驱动机构	小卫星
……		小卫星
系列 n		主要用于中低太阳同步轨道的卫星

（2）国内外同类产品对标

以光纤陀螺惯性姿态敏感器为例，将国内外同类产品对标部分的内容描述如下。

国外在光纤陀螺的空间应用方面开展较早，经过多年的发展，光纤陀螺已经产品化，并在空间领域得到非常广泛的应用，已成功用于包括导航卫星在内的各类卫星、深空探测器、运载火箭等航天器。国外航天产品光纤陀螺应用情况和型谱情况见表 4—8 和表 4—9。

表 4—8 国外航天产品光纤陀螺应用情况

卫星名称	对光纤陀螺的主要技术指标要求		产品代号	发射时间/年份
	随机漂移/［（°）/h］	抗辐照能力/krad（Si）		
French—Brazilian Microsatellite	0.01	50	Astrix 120	2007
Pleiades，Aeolus	0.001	50	Astrix 200	2008
Planck	0.01	50	Astrix120	2007
Galileo	0.01	50	Astrix120	
Iridium，Ikonos；QuickScat，Icesat	—	—	ORSA IFOG SiFORS IFOG	2000
Clementine	—	—	LN200S	2003

表 4－9　国外光纤陀螺型谱情况

公司名称	型谱产品
美国 Litton 公司	FOG200，FOG600，FOG1000，FOG2500
法国 IXSEA 公司	Astrix120，Astrix200
俄罗斯 Optolink 公司	TRS－500，SRS－500，SRS－1000，SRS－2000

在法国－巴西小卫星（French－Brazilian Microsatellite）上应用了法国 IXSEA 公司的抗辐照能力为 50 krad（Si）、精度为 0.01（°）/h 的光纤陀螺；欧洲空间局将 IXSEA－Oceano 公司的光纤陀螺姿态测量组件用于通信和卫星定向观察等。

（3）产品技术发展趋势分析

以机械太阳翼驱动机构为例，将产品技术发展趋势分析部分的内容描述如下。

结合国内外产品对标和应用前景分析，未来太阳翼驱动机构发展趋势有以下几个方面。

① 双轴（两自由度）太阳翼驱动机构的发展

随着低地球轨道侦察卫星、卫星星座、空间站的发展，对双轴太阳翼驱动机构提出了更多的需求。

② 微小型太阳翼驱动机构

微小卫星由于其成本低、研制周期短等优点，具有很大的市场潜力。

③ 大力矩、高传输功率太阳翼驱动机构

未来大平台和空间站的发展对传输功率提出了更高的要求，太阳翼的质量将更大，大力矩、高传输功率的机构也是下一步发展的方向之一。

4.2.6.3　航天产品型谱的策划和建立

（1）型谱特征参数确定

以太阳翼驱动机构为例，将型谱特征参数确定部分的内容描述如下。

太阳翼驱动机构的功能及性能指标主要是驱动力矩、保持力矩、功率环传输能力、信号环传输能力、传动精度、质量、尺寸、功耗、寿命等，由于太阳翼驱动机构机、电、热接口较多，不同卫星侧重要求的技术指标项目不尽相同，因此不同类型的太阳翼驱动机构在个别指标上均有不同程度的重叠，其中任何一个单项指标都不适合作为太阳翼驱动机构的基本特征参数。

基于对国内外各类太阳翼驱动机构的分析，确定以结构特点作为太阳翼驱动机构的基本特征参数。对于太阳翼驱动线路来说，线路与太阳翼驱动机构的配套对应关系是系列化特征参量的首选。

（2）产品型谱规格分析及优化

以点火器、起爆器为例，将产品型谱规格分析及优化部分的内容描述如下。

目前，在运载火箭上使用的点火器共有21种产品，划分为13个规格，见表4—10；起爆器共有11种产品，划分为10个规格，见表4—11。

表4—10 点火器规格、代号汇总表

类别	规格		产品代号
电点火器	单桥钝感电点火器	安装螺纹为M10	DH—1D10—序号、改进序号
		安装螺纹为M14	DH—1D14—序号、改进序号
		安装螺纹为M18	DH—1D18—序号、改进序号
	双桥钝感电点火器	安装螺纹为M14	DH—2D14—序号、改进序号
		安装螺纹为M16	DH—2D16—序号、改进序号
		安装螺纹为M18	DH—2D18—序号、改进序号
	单桥敏感电点火器	安装螺纹为M14	DH—1M14—序号、改进序号
	双桥敏感电点火器	安装螺纹为M14	DH—2M14—序号、改进序号
		安装螺纹为M16	DH—2M16—序号、改进序号
		安装螺纹为M18	DH—2M18—序号、改进序号
		安装螺纹为M24	DH—2M24—序号、改进序号
隔板点火器	有起爆药隔板点火器	安装螺纹为M10	DH—G10—序号、改进序号
	无起爆药隔板点火器	安装螺纹为M18	DH—GW18—序号、改进序号

根据产品的优化原则，针对运载火箭点火器、起爆器型谱简表中每个产品逐一分析。通过优化、组合，原有点火器的种类可由原有的13个规格缩减为5个规格；原有起爆器的种类可由原有的10个规格缩减为3个规格。具体产品的优化情况见表4—12。

（3）产品树构建

以运载火箭伺服机构为例，产品树构建部分的内容描述如图4—9所示。

（4）产品名称和代号编制说明

以太阳翼驱动机构为例，将产品名称和代号编制说明部分的内容描述如下。

表 4—11　起爆器规格、代号汇总表

类别	规格		产品代号
电起爆器	单桥钝感电起爆器	安装孔安装或其他安装方式	QB—1D—序号、改进序号
		安装螺纹为 M14	QB—1D14—序号、改进序号
	双桥钝感电起爆器	安装螺纹为 M12	QB—2D12—序号、改进序号
		安装螺纹为 M14	QB—2D14—序号、改进序号
	单桥敏感电起爆器	安装螺纹为 M14	QB—1M14—序号、改进序号
	双桥敏感电起爆器	安装螺纹为 M14	QB—2M14—序号、改进序号
隔板起爆器	有起爆药隔板起爆器	安装螺纹为 M14	QB—G14—序号、改进序号
	无起爆药隔板起爆器	安装螺纹为 M14	QB—GW14—序号、改进序号
激光起爆器	激光起爆器	安装螺纹为 M10	QB—J10—序号、改进序号
		安装螺纹为 M12	QB—J12—序号、改进序号

表 4—12　点火器、起爆器优化、组合情况汇总表

序号	优选产品		被取代产品	
	产品代号	原产品代号	产品代号	原产品代号
1	DH—1D10—1A	HgQB—8B	DH—1D10—1	HgQB—8
2	DH—1D14—2	HgQB—6	DH—1D14—1	FSJ2—13A
3	DH—1D14—1A	FSJ2—13B	DH—2D14—2	1J75—0B
			DH—2M14—3	J5510—00D
4	DH—1D18—1	DHQ—3K	DH—2D16—1	NA75—0
			DH—2M14—4	N5510—00D
			DH—2M16—2	FJ2—1
			DH—2D14—1	FSJ2—19A
			DH—2D18—1	3CC0—160
5	DH—2M24—2	U3000—00A	DH—2M24—1	AK3000—00B
6	QB—2D12—1	FSJ2—32B	QB—2D12—1A	FSJ2—32
			QB—2D14—1	FSJ2—40
7	QB—1D14—1A	FSJ2—23C	QB—1D14—1	FSJ2—23B
8	QB—J10—2	HgBG—1	QB—J10—1	HgBG—2

太阳翼驱动机构产品代号由名称简号、特征参数代码和基型序号、改型序号组成，如图 4—10 所示。产品代号的编制有如下规则。

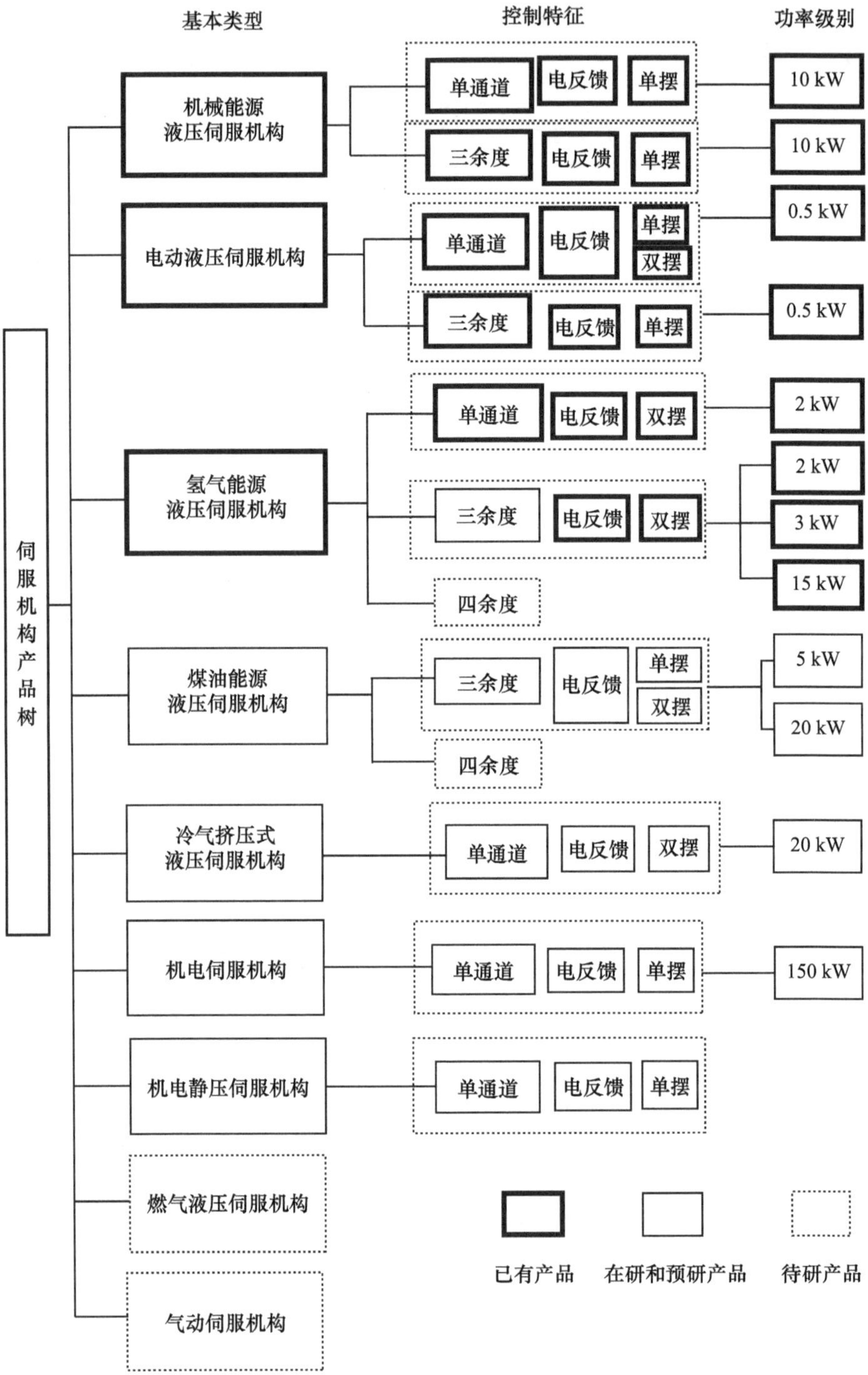

图 4－9　运载火箭伺服机构产品树

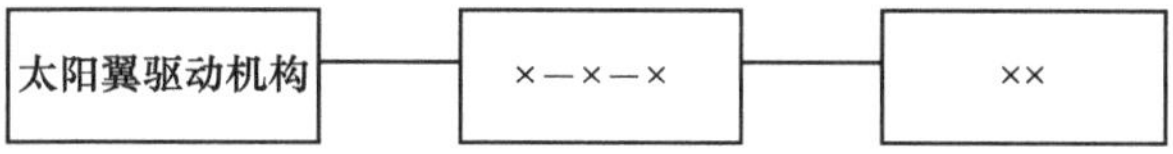

图 4－10　太阳翼驱动机构产品代号示意图

① 名称简号

以产品英文名称第 1 个字母组合表示。

SADM——太阳翼驱动机构。

② 特征参数代码

太阳翼驱动机构的特征参数代码，用阿拉伯数字表示。

第 1 特征参数，转动自由度。

1——单轴，单自由度驱动机构；

2——双轴，两自由度驱动机构。

第 2 特征参数，按传输功率确定。

1——小功率；

2——中功率；

3——大功率。

第 3 特征参数，传动特征：

1——直接驱动；

2——间接驱动；

3——混合驱动。

第 1 特征参数、第 2 特征参数、第 3 特征参数之间用“-”隔开。

③ 设计序号、改型序号

用阿拉伯数字 1，2，3，…和英文大写字母 A，B，C，…组成。阿拉伯数字 1，2，3，…表示产品的不同类型，基型序号相同时，英文大写字母 A，B，C，…标识改进型。

④ 示例

例如，SADM－1-2-2－2A 表示单自由度中功率间接驱动 2A 型太阳翼驱动机构。

4.2.6.4　航天产品型谱简表

以太阳翼驱动机构为例，航天产品型谱简表的概况如表 4－13 所示。

表 4—13　太阳翼驱动机构型谱简表

序号	产品名称	产品代号	产品描述	成熟度	主要技术指标	状态
1	单轴中功率太阳翼驱动机构 1B 型	SADM—1-2-2—1B	小型化驱动机构，间接驱动，固体润滑	4	略	限选
2	单轴中功率太阳翼驱动机构 1C 型	SADM—1-2-2—1C	小型化驱动机构，间接驱动，固体润滑	4		优选
3	两轴大功率太阳翼驱动机构 1A 型	SADM—2-3-1—1A	电机直接驱动，固体润滑	6		优选
4	两轴大功率太阳翼驱动机构 1C 型	SADM—2-3-1—1C	电机直接驱动，固体润滑	6		优选
5	……					

4.3　航天产品型谱应用

在航天产品快速成熟“W”模型中，产品成熟度是核心要素。产品型谱既是记载产品成熟度的重要表现形式，也是产品工程各项要素建设的基础和依据。产品型谱是对产品成熟度等级、特征参数及主要性能指标、已应用情况和后续需求情况、产品状态等最基本信息的集中反映。无论是专业化产品团队，还是型号总体团队都需要在产品型谱的指导下，系统地完成产品的研制生产或选用。通过在专业产品规划、研发、生产及推广过程中和型号选用过程中应用产品型谱，有利于推动产品成熟度持续提升，促进产品快速成熟，也有利于航天型号选用产品时进行权衡和比较。

产品型谱一方面是专业产品开发与更新换代、产品成熟度培育、产品定型与生产，以及推广与应用的基础，另一方面也是系统集成选用产品、促进快速成熟的指导。

4.3.1　航天产品型谱在产品规划、研发、生产和推广过程中的应用

4.3.1.1　航天产品型谱是产品规划的基础

产品规划是在产品型谱的基础上，按照总结过去、支撑现在、引领未来的型谱编制基本原则对产品进行梳理和优化，对未来型号需求和技术发展进行分析，从而根据产品特性对专业产品发展进行规划。按照不同的产品成熟度等级，产品发展的侧重点有所不同。

1）产品成熟度等级在 4 级（含）以上的产品立足于产品成熟度提升和定型工作；

2）产品成熟度等级为 2 级或 3 级的产品着重开展产品研制和试应用；

3）产品成熟度等级为 1 级的产品重点着眼于产品的后续发展和对现有产品的替代。

4.3.1.2　航天产品型谱是航天产品研发项目确定的依据

随着新型号对产品性能要求的不断提高，结合新型号技术状态基线确立的机制，将航天产品型谱应用到新产品研发计划中，对于航天产品研发项目的确定具有重要意义。航天单机产品研制企业，可以从产品型谱中选取自主研发产品项目，并将型谱分析报告作为立项工作的输入依据。新产品的开发通过产品型谱的统一、完整的规划、策划，增强了产品创新的系统性。通过对创新活动充分论证和考核，在有效避免无序的创新活动和低水平重复工作造成研制资源浪费的同时，也降低了型号技术风险。

由于产品设计人员总是具有强烈的创造倾向，而不会循规蹈矩，如何通过正确的管理方法弱化人类正常心理活动对项目的影响，是不同行业的企业必须面对的问题。航天产业中，在产品开发阶段应用型谱被证明是避免无序的创新活动的有效方法。通过对国内外同类产品的对标分析和对产品技术发展趋势的提炼、总结，通过全面、系统的规划和充分的论证及严格的审查，有效避免了无用的创新。国外的一个实例就是铱星项目，铱星项目得以迅速开展的部分原因就是设计人员有这样的目标："只开发需要开发的，只创造需要创造的，只在需要奇迹的地方发生奇迹"。

通过产品型谱中对产品特征参数的选择，划分了产品规格并形成产品系列，这样形成的产品系列完全覆盖了可预见的产品需求。针对某一类特征参数的不同规格产品，随着技术的不断发展，就有了对产品性能提升的不断追求。由此，产品的研发通过以产品型谱为手段进行规划，并通过应用型谱把握产品的先进性和发展趋势。

4.3.1.3　航天产品型谱是航天产品快速成熟的保障

航天产品型谱把众多无序的产品通过规格划分和规格优化，在一定程度上减少了产品规格；同时，航天产品型谱作为型号选用产品的依据，把可选的产品控制在一定范围内，同一规格产品通过不同型号重复选用，产品成熟度得到不断提升（即航天产品快速成熟"W"模型），在理想情况下升级为定型产品（产品成熟度大于/等于 6 级）。在型号选用产品时，根据型号优先选用高成熟度产品的思路，不断地培育产品成熟度。"产品成熟度提升↔型号选用”不断迭代，最终达到型号研制短周期、高可靠、低成本的目标。

对于现有产品，开展提高成熟度的相关工作，保证产品成熟度稳步提升和可重复、稳定生产；对型谱中成熟度较高的优选产品，开展定型与深化完善工作，梳理薄弱环节，特别是可靠性设计与分析验证、工艺细化量化等，进一步提高产品质量和稳定性及一致性。

4.3.1.4 航天产品型谱是航天产品开拓市场的手段

航天产业具有不同于其他产业的特征，比如产品的高技术创新性和高技术要求，资本投入大，航天产业对国家战略的重要性所导致的政府对航天产业较大的干预，航天产品制造商、集成商和客户的高度集中等。由于航天产业的特殊性致使航天产品市场往往与食品、汽车等诸多产业不同，市场竞争没有那么激烈，从市场营销的概念上讲，航天产业基本属于生产型经济形式，即产品供应商无法生产出足够多的产品来满足客户的需求，客户总是处于等待产品生产的状态，因此供应商并不担心自己生产的产品会没有市场。所以，人们通常认为航天产品的推广和其他产业相比没有那么重要。于是长期以来，国内航天产品研制生产企业出现了其产品优秀而营销手段（如定价、宣传等方面）落后的局面，不利于将优秀的产品推向国际市场，也不利于航天行业自身的迅速发展。为了解决这种现状，市场营销理念应该融入航天产品研制生产企业的经营策略中，即由不过多地考虑市场的产品导向理念向以满足市场需求为目的的客户导向理念转变。

航天产品推广是指产品研制、生产单位（产品供应商）为了使生产出来的航天产品能够被型号选用或被用户选用而采取的一种重要的向公众施加影响的工具。如果从更广义的角度来看，航天产品推广还是一种重要的分析市场需求和利润的工具。

航天产品可以通过航天产品型谱的形式向国内外用户提供更多的产品信息，特别是用户最关心的技术指标、质量、可靠性等，同时也是航天企业展示其研发、生产能力的重要方式。采用产品型谱给出企业已拥有的、正在开发的和行将开发的某一类产品系列的全貌，反映了包括该类产品各种成熟度的规范化产品，同时产品型谱还给出了各类规范化产品所涉及的研制单位、产品成熟度、应用领域、主要技术指标等信息。通过产品型谱的对外发布，用户对企业的生产与研制能力一目了然，有利于产品潜在用户对企业实力的认知。只有产品潜在用户了解了产品供应商和相关产品的信息，才能推动成熟产品的选用。

4.3.2　航天产品型谱在指导型号选用专业产品中的应用

4.3.2.1　产品选用的时机和指导思想

型号对专业产品的选用与集成是通过建立新型号技术状态基线完成的，一般在型号研制的立项论证或方案阶段完成。其主要指导思想如下所述。

（1）严格选用、快速培育

型号任务应严格按照系统级型谱和单机级型谱进行选用。通过新型号技术状态基线控制，在满足用户需求的前提下，尽量采用定型产品或型谱内产品。通过重复选用，促进型谱内产品成熟度的快速提升。

（2）相互支持、迭代深化

应用产品型谱支撑型号选用，确保型号产品的快速、可靠集成；同时通过型号选用，提出产品型谱修订和完善的需求，产品型谱伴随着型号任务的完成持续改进，不断完善自身。

4.3.2.2　产品选用程序

型号研制单位在型号立项论证时，应本着系统集成创新的思想，研究相关产品型谱，以及其中产品的技术指标，根据产品成熟度等级选择适用的产品规格。依据型谱开展产品选用主要包括以下几个步骤。

（1）系统级型谱产品选用

根据型号总体技术要求，首先对系统级产品（如卫星公用平台、运载火箭）型谱进行研究和分析，在系统级产品型谱中选择合适的平台进行型号的研制、配套。根据选用的系统级产品基线，确定配套的基线产品，并根据实际应用提出补充研发需求。

（2）单机级型谱产品选用

若系统级型谱产品不能满足应用需求，则根据型号总体技术要求，对单机产品型谱中的产品进行选用。优先将型谱中定型产品与任务需求进行比对，以确定是否可以选用；如果定型产品无法满足技术指标要求，则考虑是否可以选用型谱中成熟度较高的现有产品。

（3）提出补充研发需求

根据型号总体技术要求和现有型谱产品选用情况，由型号集成方和产品研制方确定需在型号任务中开展的产品补充研发需求，并由产品研制方根据该产品后续需求情况确定是否将新研产品纳入产品型谱。

（4）确定系统集成方案

根据系统级或单机级型谱产品选用情况，确定型号系统集成方案。

4.4 航天产品型谱管理

航天产品型谱作为航天产品工程建设的顶层要素，是航天产品工程建设的切入点和向导，这种创新思路大大加快了航天系统产品化的进程。在航天产品工程建设思路的指导下，如何建立航天产品型谱并更好地发挥航天产品型谱的作用，为型号及研发等项目的产品选用提供实时更新的依据即是航天产品型谱管理的任务所在。

航天产品型谱管理的内容主要包括以下几点。

1）航天产品型谱的策划与编制；

2）航天产品型谱的发布；

3）航天产品型谱的维护与更新。

4.4.1 航天产品型谱的策划与编制管理

航天产品型谱建设贯穿在型号及研发项目的工作中，对航天产品型谱的需求论证和问题采集应结合型号和研发任务的需求进行，以如实反映研制现状、趋势和使用情况为目的，及时发现航天产品型谱使用过程中的问题。航天产品型谱策划与编制管理程序如下。

1）型谱主管部门统一规划产品型谱体系，并由产品研制方针对产品在型号中的应用情况，对新建立型谱的必要性进行论证；对于需更新的型谱，产品研制方应针对产品型谱在应用中的问题，对型谱更新的必要性进行论证。

2）由型谱主管部门制定产品型谱建立的规章制度，产品研制方按照相关要求编制或更新产品型谱。

3）型谱主管部门向上级机关提出产品型谱审查计划并下发至各产品研制单位。

4）型谱主管部门按照审查计划组织专家组对产品型谱研究报告进行审查；专家组成员应包括型谱主管部门、系统集成方（产品用户方）、产品研制方（产品供应方）的代表。

5）由产品研制方落实产品型谱审查意见，并上报型谱主管部门，完成型谱的编制工作。

4.4.2 航天产品型谱发布管理

航天产品型谱发布管理内容和程序如下。

1）由型谱主管部门汇总并整理各产品研制方所编制并通过审查的产品型谱研究报告，向上级主管机关提出发布申请，并由上级主管机关批准、发布。

2）航天产品型谱发布的范围是系统集成单位和单机产品研制单位。型谱发布的内容主要为航天系统级产品型谱和单机产品型谱。

3）航天产品型谱以纸介质和电子媒体两种形式发布。其中，电子媒体主要以企业内网的航天产品型谱信息系统为主发布。首次发布时为试用版，试用版发布后 1 年内更新成为正式版。

4.4.3　航天产品型谱维护与更新管理

4.4.3.1　航天产品型谱更新的形式

航天产品型谱正式版的更新，主要采用版内更新和版本升级两种形式进行。型谱的版内更新只需对简表进行相应更改；型谱版本升级时，需对型谱报告相关内容和型谱简表进行更新。

（1）版内更新

版内更新是在已正式发布的型谱版本基础上，根据产品实际情况和应用需求，实时进行的局部更新，如产品成熟度等级更新、产品已应用型号的更新等。此类更新不改变已发布型谱的版本。

（2）版本升级

正式版本发布后，根据实际情况，每 2～3 年或企业航天产品型谱体系发生重大变化时换版一次，新版本型谱正式发布的同时，旧版本型谱废止。

4.4.3.2　航天产品型谱维护与更新的程序

航天产品型谱维护与更新按照版内更新和版本升级两种不同形式，分别按以下程序实施（航天产品型谱更新后，以电子媒体形式发布的型谱信息，将在航天产品型谱信息系统中实时更新和发布；以纸介质形式发布的型谱，版内更新与版本升级的具体形式略有不同）。

（1）航天产品型谱版内更新管理程序

1）由产品研制方提交更新申请，详细说明版内更新的目的或需求、更新对象、信息更新的具体内容、更新信息的来源和相关可信性证据等有关内容；

2）型谱主管部门或经授权的组织机构对版内更新的相关申请材料实施技术审查，通过后提交主管部门批准；

3）版内更新申请获得批准后，型谱主管部门或经授权的组织机构按相关申请内容实施更新并发布；

4）以纸介质形式版内更新发布的型谱，以更改单的形式发布。

（2）产品型谱版本升级程序

1）型谱主管部门或经授权的组织机构根据实际情况拟定版本升级计划，并下发论证通知；

2）各产品研制方完成相关产品的型谱版本升级的论证，包括版本升级的需求或必要性、更新对象和范围、更新的主要内容、版本升级可行性及具体安排等内容；

3）型谱主管部门或经授权的组织机构汇总形成产品型谱版本升级方案，提交经授权的技术组织审查后，上报主管机关批准；

4）航天产品型谱版本升级方案获得批准后，型谱主管部门或经授权的组织机构依据方案组织开展相关工作，完成新版本型谱的审查稿；

5）新版本型谱的审查稿应由经授权的技术组织实施审查，审查通过后，由主管部门统一上报主管机关批准并发布；

6）航天产品型谱版本升级将发布新版本型谱，并通过置换方式，替代作废的旧版本型谱。

4.5 航天产品型谱建设与应用案例

航天通用单机级产品——光纤陀螺惯性姿态敏感器（以下简称光纤陀螺，该产品由光路、电路和结构3个模块构成），是一种新型全固态惯性仪表，具备多种优势和特点，正在多个领域得到广泛应用，其研制生产面对多个总体单位和多个型号，已成为新一代制导与控制核心技术的主流产品。

光纤陀螺产品以往型号任务的研制模式［如图4－11（a）所示］是一个型号一类技术，一种产品，一支研制队伍，型号产品之间由于电气接口、机械接口、精度不同而不同，无法通用。随着光纤陀螺产品的推广与应用，按照以往的型号研发模式无法满足后续激增的型号需求和光纤陀螺自身发展需要。近年来，该产品的研发模式进行了能够适应当今市场需求的改造，即以空间应用光纤陀螺组合为切入点开展了光纤陀螺产品型谱制定和推进工作。按照“系统型谱化、产品结构模块化、仪表组件通用化、接口关系系列化”的型谱建设思路，对外整合应用需求，形成通用产品，压缩品种，建立型谱，并推动生产模式的变革，实现外部现货选择；对内

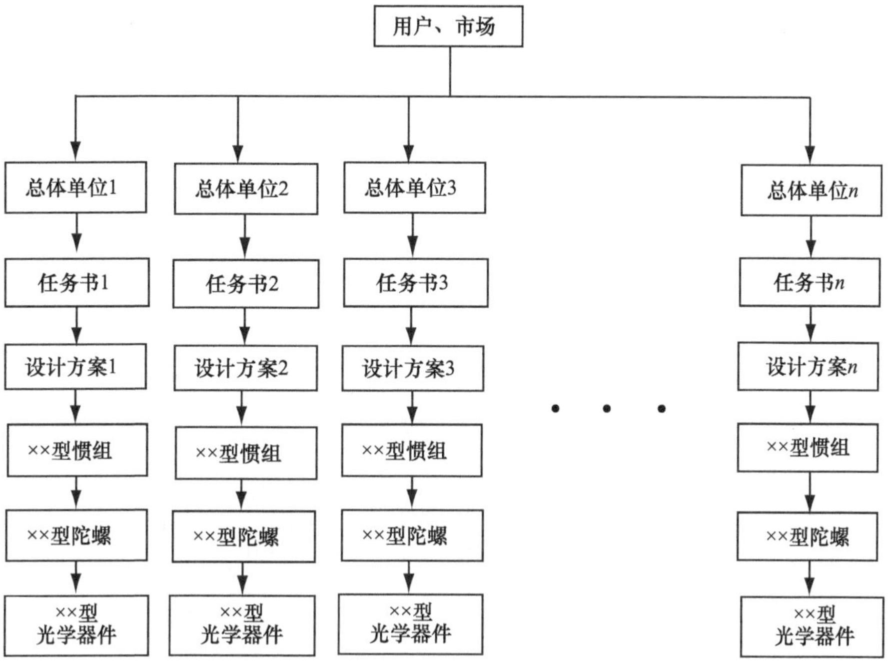

(a) 以往的研制模式

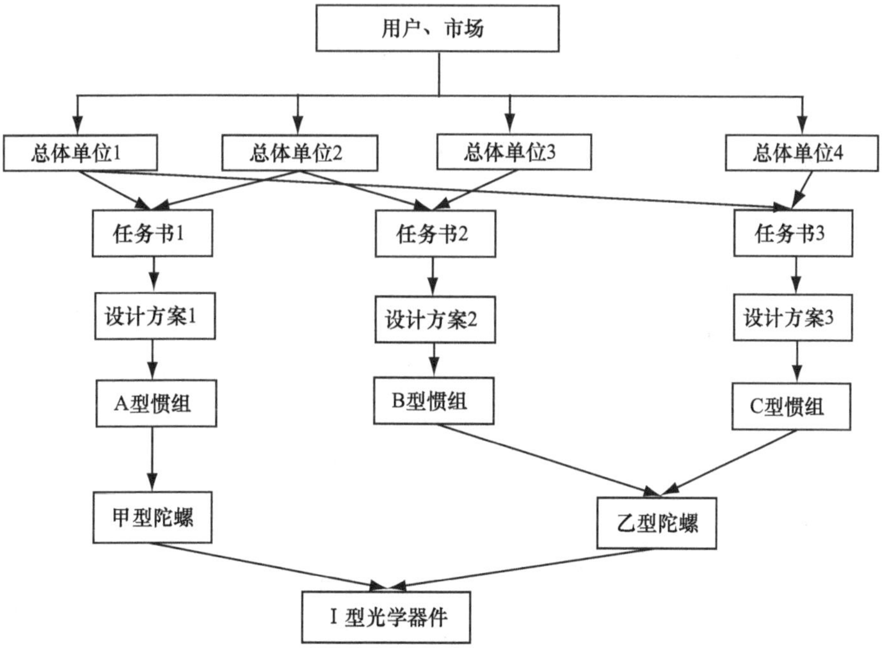

(b) 转变后的研制模式

图 4－11　光纤陀螺产品研制模式转变

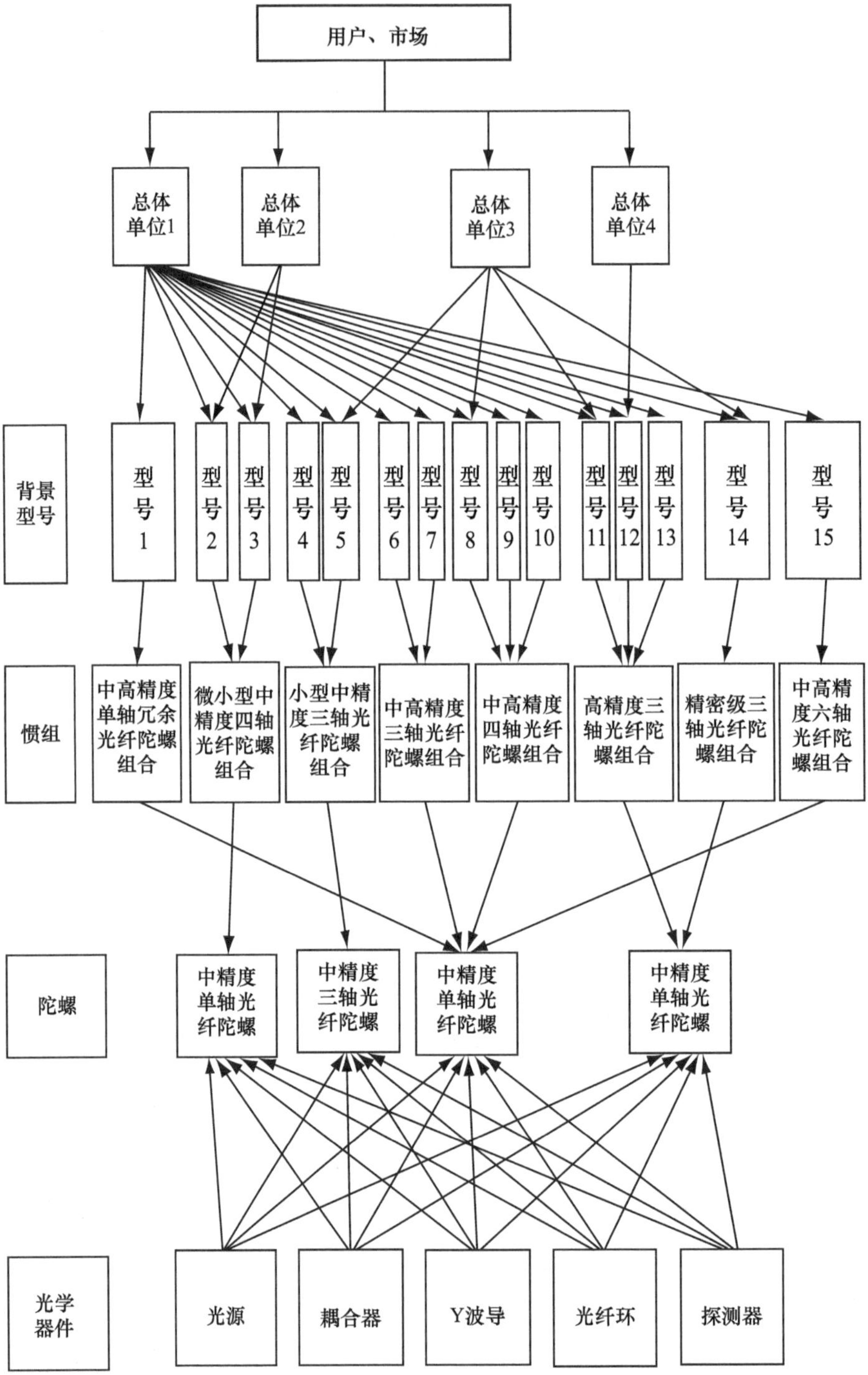

图 4－12　光纤陀螺产品型谱的应用情况

进行项目清理、识别，按照系统、仪表、器件 3 级进行产品结构整合，提炼配套零部组件最大公约数，形成成熟模块，实现内部现货配置。

通过对国外光纤陀螺空间应用及型谱化情况的分析、产品应用需求分析、产品结构特点分析等工作，将该产品进行清理、类别优化后，建立光纤陀螺产品型谱。通过该产品需求分析，提取需求中的共性部分，从而把需求进行分类，建立需求的种类，在此基础上设计对应的、可满足不同种类需求的型谱产品系列，同时产品的研制模式也发生相应改变［如图 4－11（b）所示］，采用模块化、功能化的方式可极大地提高产品的研制速度，降低成本，提高质量。光纤陀螺产品的研制围绕着产品型谱建设和型谱应用，开展了相匹配的科研生产模式改进、部（组）件型谱工作的梳理和延伸，以及配套能力建设的规划和实施，并将型谱的应用和产品升级换代落实到各项工作中。

光纤陀螺产品型谱建立后，以光纤陀螺组件产品应用推介会的形式，邀请产品主管部门领导和型号“两总”对其生产线建设情况进行视察并调研产品具体情况，产品推广成效显著。光纤陀螺产品型谱应用情况如图 4－12所示，目前该系列产品已在多个航天器型号上得到应用。

参 考 文 献

[1] （法）菲利普·马拉沃，克里斯托夫·本那罗亚. 航空航天市场营销管理［M］. 北京：航空工业出版社，2009.

[2] 陆欣华. 航天产品状态统一和规格优化［J］. 质量与可靠性——产品管理最佳实践交流，2010.

[3] 王敏. 卫星公用平台技术状态基线确定与型号应用的控制［J］. 质量与可靠性——产品管理最佳实践交流，2010.

[4] 王巍，单联杰，等. 面向航天通用产品的自主研发与推广应用模式［J］. 质量与可靠性——产品管理最佳实践交流，2010.

[5] 余彷春，赵守军，等. 航天伺服机构产品化实践［J］. 质量与可靠性——产品管理最佳实践交流，2010.

[6] 詹亮，崔桂仙. 航天火工装置型谱优化［J］. 质量与可靠性——产品管理最佳实践交流，2010.

[7] 中国航天电子技术研究院. 宇航关键通用产品发展规划的制定与管理［J］. 质量与可靠性，2010：40—43.

[8] 周海京，杜刚. 产品化对航天产品科研生产模式的影响［J］. 质量论坛，2008.

[9] 朱毅麟. 型谱是产品实现“三化”的指南［J］. 航天标准化，2005.

[10] 朱毅麟. 以科学发展观为指导建立航天器产品型谱［J］. 中国航天，2007.

[11] SWAN P A，ZUKOSKI J A. Manufacturing Technologies，the “Key” to a 66 Small Satellite System［J］. IAF-94-U. 3. 475.

第5章　航天产品开发

5.1　概述

5.1.1　航天产品开发的基本概念

5.1.1.1　新产品的基本概念

从技术发展的角度来说，新产品是指由于科技进步和工程技术的突破而产生、本身有了显著变化、并具有了新性能的产品。新产品可分为两类：一是采用新技术、新原理、新设计构思研制的全新产品；二是应用新技术、新原理、新设计构思，在结构、材质、工艺等方面比现有产品有重大改进，并显著提高了产品性能或扩大了使用功能的改进型产品。通俗地理解为过去没有的产品都是新产品，可以包括全新型产品、新品种型产品、补充型产品、改进型产品、重新定位型产品、降低成本型产品等。对一个单位而言，没做过的或在设计、工艺、外观、功能、性能等方面有不同程度改变的产品都可以列入新产品范畴。

5.1.1.2　航天新产品的定义与分类

航天新产品主要指根据国家国防建设和国民经济发展需要，或企业自身发展需要，通过自主创新、集成创新、引进消化吸收再创新而研制的满足未来发展和应用需求的航天产品。这里讲的航天新产品，既包括部件、组件、单机等产品，也包括由部件、组件、单机集成开发的分系统产品，以及最终集成的航天器、运载火箭等系统级产品。航天新产品包括全新型航天产品、升级换代航天产品、改进型航天产品、引进产品国产化产品等。

（1）全新型航天产品

全新型航天产品指的是完全应用新体制、新原理、新方法、新技术、新材料、新工艺等研制的航天产品，其技术、性能、用途等满足新的应用需求或未来发展需要。大部分通过国家或自主支持的预先研究项目开发的产品，作为应用基础研究、应用研究和先期技术开发的成果，一般都属于全新型航天产品。

(2) 升级换代航天产品

升级换代航天产品指的是在原有产品基础上，为满足更高的应用需求，采用或者部分采用新体制、新原理、新方法、新技术、新材料、新工艺等研制的性能、功能有重大提高的新产品。这类航天产品一般是实现了性能和功能上的更高水平，技术指标上达到了量的提升。例如，第一代接收机是以基于分立器件 MIC 电路一体化集成的接收机，第二代接收机是基于 MMIC 模块电路一体化集成的接收机，第三代接收机是基于 MMIC 模块、LTCC 基板技术和 MCM 技术一体化集成的接收机，目前正在进行第三代接收机的研发。产品就是这样进行推陈出新的。

(3) 改进型航天产品

改进型航天产品是指在老产品基础上加以改进，使之在性能上、结构上具有新的特点；或者在用途上有所扩大，满足用户的某种需要。这类产品主要是在现有产品基础上，根据新的应用需要，进行适应性改造或改进而成。例如，高轨道通信卫星平台通过结构、控制与推进分系统等的适应性改进应用于高轨道遥感卫星平台产品，就属于改进型航天产品。

(4) 引进产品国产化产品

引进产品国产化产品是指通过引进消化吸收再创新的方式对引进的国外产品实现国内自主研制的航天产品。引进产品国产化，对于解决因引进渠道不畅或不稳定而对航天型号研制产生不利影响的问题、降低产品研制成本、缩小国内外差距、提升国内航天产品核心竞争力至关重要。

5.1.2 国内外航天产品开发管理简述

5.1.2.1 新产品开发管理体系简介

企业传统的产品开发模式是以项目管理为核心的职能式产品开发模式。职能式产品开发模式中，开发流程中的各个职能部门根据职能分工，只负责新产品开发的某一阶段工作。开发流程是由总经理或市场部门确定新产品应用方向，决定新产品创意和是否立项开发，然后由研发部门负责新产品的设计、开发、测试，试制产品样机，经总经理进行产品状态确认后，转由生产部门批量制造，市场部门负责销售，客户服务部门提供售后服务。虽然有形式上的项目经理和产品经理，但他们主要对产品的最终生产和质量负责，而并不对产品的最终市场成功负责。在这样的管理体系下，产品开发过程的每个部门、环节负责人关注的是本部门、本环节承担任务的纵向管理，关心的是如何把产品顺利交接到下一个环节，对于产品设计、研发、生产、销售、服务等全过程以及产品与产品之间的横向关系，缺乏应有的关注与管理。那么，项目经理、产品经理，乃至公司的高层管理者需要花费大量的时间和精力进行各部门、各环节的协调、沟通和决策，产品开发的效率和多产品并行开发的管理受到影响和制约。在企业发展到一定规模以后，特别是有多个产品在同时开发时，公司的总经理往往会顾此失彼，过多的在产品设计和内部管理的细节上进行决策。

随着创新浪潮在全世界范围内不断涌现，大家逐步认识到产品是企业立足的根本，新产品开发是企业持续发展的基石，新产品开发管理也成为一项专业、热门的知识。面对千变万化的竞争环境，面对挑战与机遇并存的时代，职能式产品开发模式已难以适应新形势的需要，适应时代要求的新产品开发管理体系应运而生。目前，国际上主流的新产品开发管理体系主要有产品及周期优化法（PACE）、集成产品开发（IPD）、门径管理系统（SGS）和产品价值管理模式（PVM）。

（1）产品及周期优化法

产品及周期优化法（Product And Cycle－time Excellence，PACE）是美国管理咨询公司PRTM于1986年提出的，现已成为产品开发的标准流程参考模式，被许多公司作为最适用模型用于改进产品开发流程。

产品及周期优化法的基本思想是：产品开发是由决策流程来推动的，是一个可以管理、可以改善的流程，并非只有靠天才和运气。产品开发过程需加以定义和实施，以保证企业相关人员都能有共同的认识，知道如何协调和配合。产品开发是一个结构化的流程，需纳入一个逻辑流程框架中，每个阶段都需要按部就班地操作，问题必须经过综合的方法来解决。产品开发需在一个公共决策流程中予以管理，高层管理者或产品经理管理的重心就是决策和均衡开发进程的关键点。产品开发项目小组与管理高层需建立新的组织模型，产品开发团队应有一位经授权的产品经理和若干跨职能的成员，管理高层应转为产品管理委员会。

产品及周期优化法的主要核心内容是：产品及周期优化法认为产品开发要关注7个要素，包括阶段评审决策、建立跨职能的核心小组、采用结构化的开发流程、运用各种开发工具和技术，此外还要建立产品战略、进行技术管理、对多个产品及资源的投入进行管道管理。

（2）集成产品开发

集成产品开发（Integrated Product Development，IPD），是一套产品开发模式、理论和方法，其思想来源于产品及周期优化法，主要由IBM公司最先用于实践，并为美国波音、中国华为公司等国内外高科技公司采用，取得了成功。

集成产品开发的基本思想是：强调以市场需求作为产品开发的驱动力，将新产品开发作为一项投资决策。集成产品开发强调要对产品开发进行有效的投资组合分析，并在开发过程设置检查点，通过阶段性评审来决定项目是继续、暂停、终止还是改变方向。

集成产品开发模式是基于市场的开发。集成产品开发强调产品创新一定是基于市场需求和竞争分析的创新。为此，集成产品开发把正确定义产品概念、市场需求作为流程的第一步，从一开始就把事情做正确。在产品开发过程中，强调跨部门、跨系统的协同。采用跨部门的产品开发团队(Product Development Team，PDT)，通过有效的沟通、协调以及决策，达到尽快将产品推向市场的目的。为了缩短研制周期，采用异步开发模式(也称并行工程)，通过严密的计划、准确的接口设计，把原来的许多后续活动提前进行，这样可以缩短产品上市时间；为了提高产品开发效率，集成产品开发模式采用公用构建模块（Common Building Block，CBB）的设计思想，利用结构化的开发流程，针对产品开发项目的相对不确定性问题，要求开发流程在非结构化与过于结构化之间找到平衡，使产品开发的流程和产品的实现具有较强的可重复性和可重组性，提高效率和产量。

集成产品开发的主要核心内容是：集成产品开发也认为产品开发要关注 7 个要素，包括异步开发与共用基础模块、跨部门团队、项目和管道管理、结构化流程、客户需求分析、优化投资组合、管理的衡量指标。此外集成产品开发还认为产品开发有几个关键点需要重视，包括业务决策评审、技术评审、发布阶段和全生命周期阶段的工作，以及产品开发团队中各角色职责的定义。

集成产品开发流程包括概念研究、产品计划、产品开发、产品验证、产品发布等。

(3) 门径管理系统

门径管理系统（Stage－Gate® System，SGS）是由罗伯特·G·库珀(Robert G. Cooper）于 20 世纪 80 年代创立的一种新产品开发流程管理技术，并应用于美国、欧洲、日本的企业指导新产品开发。

门径管理系统的基本思想是：把项目做正确，即听取消费者的意见，做好必要的前期准备工作，采用跨职能的工作团队；做正确的项目，即进行严格的项目筛选和组合管理。

门径管理系统的主要核心内容是：门径管理系统重视寻求突破性的新

产品构思和概念，认为选择一个良好的新产品创意将有助于企业获得更好的市场表现，获得竞争优势，立项前的仔细分析与研究是非常有价值的，能够把研究重心从具体的产品开发层面提升到产品价值层面。门径管理系统非常关注有效的入口决策和组合化管理，产品开发每个阶段都要进行效果评估和取舍决策，以杜绝没有价值的产品浪费更多资源，此外还需要进行多个产品的优先级排序，发挥企业资源的组合优势。门径管理系统同时强调产品投放市场前的营销工作，产品的价值最终通过市场销售来表现，因此从开发的最初阶段就应该考虑如何营销，在开发完成前完成市场分析，制定完善的营销方案。门径管理系统建议企业制定产品创新战略，对企业而言，持续竞争力表现在不断推出成功的新产品，制定有远见的产品创新战略将有助于每个新产品的开发和决策。

门径管理系统将新产品开发阶段分为产品构思，确定方位（市场评估、技术评估），确立项目（综合分析），开发、测试和研制，产品发布等阶段。

（4）产品价值管理模式

产品价值管理（PVM）是基于赢利模式、康纳德·莱曼（D. Lehmann）和默尔·克劳福德（Crawford）所著的《产品管理》（Product Management）一书以及门径管理系统的思想，于 2002 年创立的最新产品开发和产品管理模式，在欧洲、美国、日本被许多全球知名企业及中小企业所采用。产品价值管理详细介绍了赢利模式及其设计方法，以顾客、需求和市场为焦点，以竞争和利润为导向，从企业愿景、战略落实到产品规划，围绕产品管理和产品全生命周期轴线，讨论了新产品从概念构思到商业化的整个过程，强调基于商业模式的价值链和价值流分析，合理的战略与严密的评价程序是产品创新（开发）的可靠保证。

产品价值管理的基本思想是：做正确的事，即战略决定方向，模式决定绩效，强调产品规划和产品管理；正确地做事，即流程决定方法，关注产品需求分析、产品策划、技术开发和营销组合管理；正确地做成正确的事，即能力决定成败，认为项目管理是成功的保证。

产品价值管理的主要核心内容是：产品价值管理十分重视赢利模式和价值链分析，认为“成功基于优秀的组织，卓越源于非凡的赢利模式”。强调产品规划和产品管理，把研究重心从具体的产品开发层面提升到产品价值和战略层面。产品价值管理也认为需要有效的产品开发流程入口管理和决策评审，把产品开发流程和市场管理流程有机地融合在一起，以避免没有价值的产品浪费有限的企业资源。产品价值管理突出产品需求分析、产品概念和营销组合的协调，以实现顾客价值，发挥企业资源的组合优势。产品价值管理强调项目管理对于产品研发的核心作用，主张产品管理实行产品经理制。产品价值管理关注技术开发平台建设、核心技术开发和成本价值工程，认为系统化的思维方式是改善研发绩效的正确途径。产品价值管理同时认为企业就是经营核心竞争力，倡导研发策略联盟，企业间的竞争将转向产品管理的竞争。

5.1.2.2 产品开发管理体系比较

对上述 4 种主流的新产品开发管理体系进行比较，它们的共同点是：

1）强调按一种标准的方法来划分产品开发的各个阶段，以便准确地管理开发进程，概括而言即创意（发现/概念、计划），开发（设计与测试），上市（市场验证、发布、全生命周期管理）3 个基本过程。

2）强调利用跨职能部门的团队通过沟通、协调和决策，管理和开发产品，以便在一个团队内充分考虑到市场效用、生产可行性、可服务性、质量及财务指标等重要因素，将一些工作并行处理以提高效率。

3）强调对产品开发各阶段进行决策，以控制资源投入的节奏和风险，杜绝无谓的浪费。

4）强调多个产品开发时的组合管理，从公司层面建立多个产品的优先级别，以匹配、协调公司资源，均衡外部市场机会与企业内部能力间的矛盾。

5.1.2.3 产品开发管理体系适用性

产品及周期优化法适用于新产品市场需求比较明确的企业，可以着力提升开发过程管理的能力。

集成产品开发适用于技术复杂度较高、管理能力相对成熟的企业，可以创建全面的体系竞争优势。

门径管理系统适用于新产品技术相对简单、市场风险较大、产品更新较快的企业，以灵活的市场机会来牵引新产品开发。

产品价值管理模式适用于较难实现差异化、行业竞争激烈的中小型企业和创新型科技企业，在解决问题的同时形成有核心优势的研发管理体系和新产品开发流程。

5.2　航天产品开发的基本理论与方法

5.2.1　航天产品开发的特点

作为一个新产品，与生俱来就具有新颖性、市场适应性、时效性、可生产性、效益性、风险性等特点。航天新产品作为国家高新技术产品，除了具有一般新产品的特点外，还具有自身鲜明的特征，主要特点体现在航天产品的探索性、先进性、复杂性、风险性、小子样与一次成功的要求。由于其产品研制过程的复杂性、应用环境的特殊性，其自身还体现出技术跨度大、资金投入大、生产周期长、研制风险高等特点。

5.2.1.1　技术跨度大

由于航天市场对航天产品最重要的需求是“安全可靠”，对可靠性和产品质量有极高的要求。这决定了有过飞行经历的产品不太可能被轻易淘汰。因此，航天新产品研发立项就标志新技术的应用和较大的技术跨越性。

5.2.1.2　资金投入大

与常规的地面产品相比，由于航天产品选择材料、元器件的高等级，产品生产规模的小批量，专用的测试设备以及空间环境模拟试验验证手段的特殊性，加之一些部件、器件尚依赖进口等，使得航天产品的开发需要大规模资金投入。

5.2.1.3　生产周期长

由于航天产品大都一次性使用，因此要求必须一次成功，这就要求立项论证要充分，产品在地面开展的可靠性、使用寿命等测试与试验要进行充分，同时受国内基础工业能力、国外引进产品周期等方面的制约，其新产品开发的周期较长。一般一个航天产品的研制周期为 2～4 年。

5.2.1.4　研制风险高

作为高新技术产品，又是小批量生产、一次性使用，航天产品在设计、生产、测试与试验，以及发射、运行等过程中，不确定因素较多，技术风险高。航天产品开发，是一项系统工程，从设计到最终应用的任何一个环节的任何隐患，都可能导致最终产品发射或应用的失效，对于用户而言，存在较大的投资风险。

5.2.2 航天产品开发的基本原则

航天产品开发应遵循以下 5 个基本原则。

5.2.2.1 航天产品项目的确定要兼顾技术发展和用户需求

“需求牵引，技术推动”是航天新产品开发的基本思路和原则。航天新产品开发的动力是用户和型号的需求，新产品开发的目的既要在未来型号中得到应用，也希望在市场上占有一席之地。航天产品开发是一个高投入的产业，新产品开发工作需要很大的资金、人力等资源投入，如果某类产品是用户和型号所需，用户就可以为新技术研究、航天新产品开发提供足够的资金保障，开发出的新产品首先要在型号中得以应用体现价值，收到效益和回报。而新产品开发的基础是技术的发展和进步。随着用户和型号需求日益增强，对航天产品的功能、性能、技术指标的要求也越来越高，这就需要不断研究、推广和应用新技术，研发新产品，以满足用户需求。

5.2.2.2 航天产品实现的技术要创新与继承相结合

航天产品的研制是创新与继承相结合的过程，是综合新技术和现有科学技术成果的过程。创新和继承相互支持，相互为用，只有最大限度地继承，减少低水平的重复劳动，才能节省更多的资源来支持创新，保证创新得以实现。这是研制工作的规律，也是新产品开发工作应遵循的原则。对于产品创新成果本身，也要创新和继承相结合，不断发展、完善。只有这样，才能具有更先进的水平，才能产生更好的效果。

5.2.2.3 航天产品的规格要实现型谱化的发展

航天产品开发应走通用化、系列化的型谱化发展道路。发展通用化、系列化产品，有利于对现有成熟技术和成熟产品进行充分继承，减少“一切从零开始”的技术风险。一般情况下，用户的需求变化也是循序渐进的逐步认识、逐步提高的过程。按系列或按系列型谱开发产品，既能不断与用户的规划和需求相适应，也能战略性地规划和部署企业产品的规格与自主发展，还有利于不断形成企业自主的型谱化的产品平台，为后续的产品组合化奠定基础，减少重复投入和劳动，达到“以不变应万变”的效果。

5.2.2.4 航天产品的组成要体现模块化设计

模块化（组合化）是在对同一类产品型谱不同产品进行功能分析和分解的基础上，划分并设计、生产出一系列通用模块或标准模块，然后从中选取相应的模块并补充新设计的专用模块和零部件，一起进行相应的组合，以构成满足各种不同需要的产品的一种标准化形式。航天产品模块化（组合化）的目的是以品种和规格尽可能少的模块，组合成种类和规格尽可能多的产品，以及时满足用户多样化的需求。随后利用模块系统中的模块和其他专用部分组合成所需要的新产品，以达到缩短研制周期、降低成本、提高质量和可靠性、简化维修和后勤保障的目的。在新产品设计时，要选用通用化、系列化的零部件，或按模块化（组合化）的途径进行新设计。

5.2.2.5　航天产品开发过程要与培育成熟度相结合

一个产品从无到有，就是关键技术不断突破与应用，产品逐步形成、完善、应用、定型、再应用、再完善的过程。在航天产品开发的过程中，产品成熟度是产品管理工程研究与实践的重要环节。根据航天产品成熟度的等级划分原则，在设计、工艺、产品保证和过程控制、试验验证、数据包建设、完成的产品标志和工作标志等 6 个方面执行不同等级产品的开发要求和评价标准，将培育产品的成熟度及其成熟度管理贯穿于整个产品开发流程中，减少重复劳动。同时产品开发过程中尽量采用成熟技术，这是确保最终应用产品稳定可靠的重要原则，也是航天产品开发过程管理的基本要求。

5.2.3　航天产品设计方法

现代的产品开发体系既相互统一，又各自有特点和侧重点。航天产品的开发，具有一般产品开发的基本特点，其开发流程也基本上包括了立项与计划、开发与测试、验证与发布等基本阶段。航天产品开发是一项系统工程，具有技术复杂度高、开发风险大的特点。航天产品的开发必须遵循系统工程思想，按照产品工程的特点和规律实施科学管理，航天产品开发过程中强调的满足用户需求、组合化、模块化、两个流程、并行工程等一系列实施和管理措施，是集成产品开发模式思想的具体体现和应用。下面简单介绍几种航天产品开发中常用的设计与分析方法。

5.2.3.1　模块化设计

模块就像构成“魔方”的六面体，也像简单的 10 个阿拉伯数字，它可以按不同的要求，遵循一定的规律，进行排列与组合，构成一种新的、较为复杂的多样化形式。这种按不同的要求，遵循一定规律进行的小单元的排列与组合就是模块化，用来进行排列与组合的小单元或因子就是模块。

模块按其在产品中的作用和适用范围不同可分为以下 4 种：

1）标准模块。这类模块类似于标准零部件，应用范围广，生产批量大，不受产品系列和行业的约束，如紧固件。

2）通用模块。这类模块适用范围具有一定的局限性，生产批量随通用程度和适用范围及产品系列、产品的变化而变化，易受行业不同的约束，总体生产批量较大，如电动机接线板等。

3）相似模块。这类模块只能在某一类型的产品中通用，或在外形相同只是个别尺寸不同而加工方法完全相同或相似的一类产品中互换，因而适用范围较小，生产批量受某一类产品批量的影响较大。

4）专用模块。这类模块即指产品中专用的部分。

市场需求的变化促进了产品向多样化方向发展，产品结构向多品种、小批量、高质量的方向转化，而要实现这一转化，关键在于产品设计创新。在模块化的产品中，由于组成产品的元件是模块，这就适应了多样化产品的快速设计、快速生产、快速投放市场的要求，从而产生企业效益和社会效益。

一般模块化设计方法有积木式产品组合设计方法和矩阵分析法。

1）积木式产品组合设计方法是利用积木变形原理，使少品种零件进行多目标组合，从而产生产品多样化。积木具有可以任意组合的“适应性”，可以使产品中的标准模块、通用模块增多，专用模块减少，以利于生产制造过程中实行工夹具专用化、生产设备专用化、加工工艺方法标准化，从而达到少品种、大批量、高效率、专业化的生产加工制造，简化生产过程的目的。

2）矩阵分析法通常用在产品更新换代时，将新老模块和正在开发的模块有机地排列成矩阵的形式，通过对新老模块和正在开发的模块进行结构分析与研究，对老产品的模块进行有效的继承和舍弃，将继承的有效部分重新组合于开发产品中，这样既缩短了新产品的设计周期，又提高了新产品的可靠性。

5.2.3.2 有限元分析方法

在工程分析和科学研究中，常常会遇到大量的由常微分方程、偏微分方程及相应的边界条件描述的场问题，如位移场、应力场和温度场等问题。目前工程应用中，有限元分析法作为一种数值解法，由于其通用性最好，解题效率高，应用最为广泛。

所谓有限元分析，是将产品分解成一个或多个可以用理想结构的数学模型表示的元素，这些元素可以是二维的梁、架模型，也可以是三维的块状单元模型，并且在分解时，要确定它的边界和负载条件，其目的是把结构减小到一个小的区域，并用普通微分方程来描述该区域。如果能得到解析解，则这种方法是有效的。分解完后，应用故障应力和故障周期进行应力分析。

有限元分析法的基本思想是把连续的几何结构离散成有限个单元，并在每一单元设定有限个节点，从而将连续体看做仅在节点处相连接的一组单元的集合体，同时选定场函数的节点作为基本未知量，并在每一单元中假设一个近似插值函数，以表示单元中场函数的分布规律，再建立用于求解节点未知量的有限元方程组，从而将一个连续域中的无线自由度问题转化为离散域中的有限自由度问题，求解得到节点值后，可以通过设定的插值函数确定单元以至整个集合体的场函数。有限元法工程应用的主要步骤包括有限元方程的建立、模型简化、单元划分和插值函数确定、单元特性分析、整体分析、有限元方程求解、计算应力应变等。详细的有限元法及其应用可见参考文献的相关内容。

有限元分析是一种仿真技术，可以提供有关机械装置有限寿命的信息，也可以分析识别出关键的应力区域。目前用有限元法解决工程问题有很多商业化软件供选择，例如 ANSYS，ADINA，MSC－NASTRAN 等。这些软件的功能很强大，可以求解线性或非线性的动力学、静力学、运动学、电磁学、热力学、流体力学等问题。

5.2.3.3　鲁棒性设计

通常把因素状况（原因）发生微小变差时，对因变量（结果）影响的不敏感性称为鲁棒性。产品具有鲁棒性是非常有益的，例如，产品性能对材质变差具有鲁棒性，可在一些情况下使用较廉价或低等级材料；产品对制造尺寸变差的鲁棒性，可提高产品的可制造性，降低制造费用；产品对使用环境变差的鲁棒性，能保证产品使用的可靠性和降低操作费用。根据这种指导思想，对产品的性能、质量和成本进行综合考虑做出最佳设计，既保证了产品质量，又降低了成本，这种工程设计方法称为鲁棒性设计。

鲁棒性设计实际上是一种优化设计，主要任务是提高产品的质量和减少质量损失。鲁棒性设计的基本原理是把产品质量的好坏用质量特性值接近目标值的程度来评定，越接近目标值，质量就越好，偏离目标值越远，质量就越差。设产品质量特性为 y，目标值为 y_0，考虑到 y 的随机性，若用产品质量的平均损失来计算，则

$$E\{L(y)\} = E\{(y-y_0)^2\} = E\{(y-\bar{y})^2 + (\bar{y}-y_0)^2\} = \sigma_y^2 + \delta_y^2 \tag{5-1}$$

式中　$\bar{y}=E\{y\}$ ——质量指标的期望值的均值；

$\sigma_y^2=E\{(y-\bar{y})^2\}$—— 质量指标的方差，表示输出特性变差的大小，即鲁棒性；

$\delta_y^2=E\{(\bar{y}-y_0)^2\}$—— 质量指标的绝对偏差，即灵敏度。

要想获得高质量的产品，既要使波动的 σ_y^2小，又要使偏差 δ_y^2小。

鲁棒性设计要求达到以下两个目的。

1）使产品质量特性的均值尽可能接近目标值，即 $\delta_y^2=E\{(\bar{y}-y_0)^2\}\to\min$，其中 δ_y 称为灵敏度鲁棒性。

达到此目的的主要方法为：通过产品的方案设计（概念设计），改变输入与输出之间的关系，使其功能特性尽可能接近目标值；通过参数设计调整涉及变量的名义值，使输出均值达到目标值。

2）使由于各种干扰因素引起的功能特性波动的方差尽可能小，即 $\sigma_y^2=E\{(y-\bar{y})^2\}\to\min$，其中 σ_y 称为方差鲁棒性。

达到此目的的主要方法为：通过减小参数名义值的偏差从而缩小输出特性的方差，但是需要提高产品的成本；利用非线性效应，通过合理选择参数在非线性曲线上的工作点或中心点，使质量特性值的波动缩小。

鲁棒性设计的方法及其应用可参阅参考文献的相关内容。

5.2.3.4　计算机辅助设计、辅助制造、辅助工程分析技术

计算机辅助设计技术（Computer Aided Design，CAD），是利用计算机协助设计人员完成产品设计任务的一项专门技术。它是根据设计者提出的设计方案，由计算机对设计对象的有关资料（如数据、图表、公式等）进行自动检索和运算；并通过屏幕显示样品设计模型，经过设计人员用人机对话型程序语言，对设计模型反复分析、修改、审定，找出合理或最佳的设计方案；最后由计算机自动绘制出设计图样，并输出有关设计数据。作为一种应用计算机软、硬件系统提供数字化几何建模、特征建模和各种数字化设计、计算等的辅助工具，计算机辅助设计的功能一般有几何建模、特征建模、参数计算等，以及一般软件使用操作，数据存储、显示和输出等，目前，计算机辅助设计技术已广泛应用于工程和产品设计中。

计算机辅助制造技术（Computer Aided Manufacture，CAM），是在工艺过程设计、工艺参数设计、加工制造控制、生产计划及管理等制造活动中利用计算机系统的一项技术，计算机辅助制造技术最重要的组成部分是计算机辅助工艺设计、计算机辅助数控编程和加工过程仿真、计算机辅助工装设计及计算机辅助检测和检验等。

计算机辅助工程分析技术（Computer Aided Engineeing，CAE）是指通过计算机系统提供的强大计算和分析工具对产品模型进行工程分析计算、校核和仿真模拟的技术。借助计算机辅助工程分析技术可取代相当部分的传统物理试件和试验，设计者能够更快捷、更容易地判断所设计的产品功能、性能和各种指标的优劣，进行设计方案的校验、评价分析和仿真优化，甚至能够实现某些物理试验难以做到的分析评价及仿真，减少了物理试件及试验的制作和开展，从根本上改变了传统设计中依赖试凑、类比和定性分析的原始做法，实现迅速、直观、准确的量化评价和预测。更重要的是，借助计算机辅助工程分析，能够在设计的早期，依据科学预测与数值分析提高设计的决策水平和能力。目前，计算机辅助工程分析多应用于产品结构静、动力学分析，装配件结构分析，变形装配件公差分析，气动分析，流场分析等。

计算机辅助设计、制造、分析等具体方法和工程应用可参阅相关专业书籍。

5.2.3.5　多学科设计优化方法

多学科设计优化方法（Multidisciplinary Design Optimization，MDO）是通过研究复杂工程系统和子系统的交互影响协同作用，并将其应用于复杂工程系统和子系统的分析与设计的方法。这种系统设计方法有分析、综合权衡和选择最优的作用，同时它又是一种数值计算方法。也就是说，多学科设计优化方法是通过数值计算来进行多学科问题的分析、综合权衡和求解选优的。

在工程应用上，现代多学科设计优化方法正在发展成为一种比较完整的系统工程应用技术，功能上有优化数学模型建立、优化规划、数值计算与分析、优化结果仿真试验分析、设计结果数值的可靠性分析、设计变量优化选择决策等。多学科设计优化方法应用于工程系统的设计，使做出的设计决策能依据于数值计算与仿真分析的科学基础。这在系统设计开发的方法与技术上是一个质的进步，大大提高了设计质量和设计效率，降低了开发成本。

多学科设计优化方法的具体方法和工程应用可参阅相关专业书籍。

5.2.3.6　“1＋6＋2”可靠性设计

“1＋6＋2”可靠性设计是一组提高产品固有可靠性的设计方法，对于航天器产品来说，其中“1”指完善产品的故障模式与影响分析技术；“6”指热设计、元器件降额设计、抗力学环境设计、电磁兼容性设计、抗辐射设计、静电防护设计6项设计技术；“2”指元器件的选用和可靠性试验验证充分性分析。

（1）电磁兼容性设计

电磁兼容性（EMC）设计是一个电子设备实现其功能、性能要求的前提条件。如设计不当设备自身就可能发生自激振荡，发生互相串扰和误动作，或达不到要求的精度。如A/D转换器、D/A转换器地线设计不当就达不到要求的12位、14位的精度；设计不当，计数器的计数值可能不正确；设计不当，有的元器件在整星状态下不能正常工作，或干扰其他设备，如某小卫星在轨工作过程中，由于有效载荷关机导致控制计算机复位，卫星转入故障安全模式。

电磁兼容问题牵涉到干扰源、敏感对象和传输通道3个方面。可采取的措施包括减少或消除干扰源、提高敏感对象的抗干扰能力或切断它们之间的传输（耦合）通道。具体措施有：

1）接地，即消除干扰源和敏感对象之间通过地线的耦合。每根地线都有电阻，对高频而言还有电感，所以要检查通过地线的电流，使干扰源电流流经地线造成的压降不会进入敏感设备。关于接地，目前已经形成了一些建造规范，要求分清一次地、二次地、弱信号地、大功率地、模拟地、数字地等，遵守这些规范，可以减少地线耦合造成的问题。

2）滤波，即限制带宽，提高抗干扰能力和减少干扰其他元器件的可能。

3）屏蔽、隔离，即消除由于杂散电容引起的静电耦合通道。任何两个带电体之间都存在着杂散电容，如两根导线之间、机箱和元器件之间、设备和设备之间。

如果把敏感设备的输入线和含有脉冲的信号线捆成一束，这两根线之间的分布电容会在敏感设备中引入脉冲信号跳变沿的毛刺干扰，解决办法为：

1）把电缆拆开，分开走线，减小电容。

2）用屏蔽线将敏感输入线屏蔽，并将屏蔽皮接地，消除此耦合通道。在印刷板上若有类似情况，可在两根线之间加一根地线来隔离。

可以通过减少回路面积解决磁场引起的干扰，由干扰源引出的信号线和其回线双绞可减少干扰发射面积。同样引入敏感设备的信号线和其回线双绞可减小敏感面积。如送给陀螺三相马达的交流电源线三绞再加屏蔽，可消除其对其他设备的干扰。敏感的信号线需和其回线双绞再加屏蔽。

(2) 热设计

元器件的工作温度和元器件的可靠性关系极大。

根据化学反应和温度关系的阿伦尼乌斯（Arrhenius）定律可得

$$R(T) = A \cdot \exp(-E_a/KT)$$

式中 $R(T)$——化学反应速率；

A——常数；

E_a——激活能；

K——玻尔兹曼常数；

T——绝对温度。

元器件的大多数失效机理和化学反应有关，因此其失效率和温度有如下关系

$$\frac{\lambda}{\lambda_0} = \exp\left[-\frac{E_a}{K(\frac{1}{T}-\frac{1}{T_0})}\right]$$

式中 λ——温度 T 时的失效率；

λ_0——温度 T_0 时的失效率。

E_a 的取值根据不同的失效机理，在 0.3～1.4 eV 之间。

所以，在元器件降额设计中，工作温度降额是一项非常重要的降额。但往往热设计不当，缺少分析、试验手段，发生问题的不少。某型号为解决长寿命高可靠性问题，重点检查了元器件降额，通过热平衡试验发现了不少因热设计不当使元器件工作温度不满足降额要求的问题，这些问题如不及早解决，到了正样阶段就很难纠正，甚至需要重新设计。在真空中只有热传导和热辐射两种散热途径，而传导散热比辐射散热更为有效。

(3) 抗辐射设计

空间天然辐射对电子元器件的直接影响分为 3 类：

1) 总电离剂量效应，对大多数电子元器件，总电离剂量效应耐受能力以 rad（Si）表示。

2) 位移损伤效应，以光电器件为主，位移损伤效应耐受能力以 1 MeV 电子或 10 MeV 质子的等效注量表示。

3) 单粒子效应（SEE），单粒子效应又包括单粒子翻转(SEU)，耐受能力以线性能量传递（LET）的阈值表示，单位为 $MeV \cdot cm^2/mg$。

单粒子闩锁（SEL），耐受能力也以单位为 $MeV \cdot cm^2/mg$ 的线性能量传递阈值表示。

单粒子烧毁（SEB）和单粒子栅穿（SEGR），这两种效应是对 MOS

功率管而言，详见专门教材和参考文献。对于元器件单粒子效应，需注意以下几点。

·元器件的抗辐射问题，不是只有电离总剂量问题，设计人员应了解各种元器件的辐射效应，开展抗辐射设计。

·设计人员应了解航天任务对设备的抗辐射能力要求，开展适当的设计。不能把所有矛盾都推给元器件。正确做法应是元器件加固＋容差（容错）设计＋抗辐射设计来解决电子设备的抗辐射问题。

· 增加屏蔽对高能粒子引起的单粒子效应是无效的。

对单粒子效应，可以采取如下处理方式。

对单粒子翻转，应从软硬件设计上采取措施，详见专题教材。

对单粒子闩锁，采取适当的硬件保护措施，详见专题教材。

对单粒子烧毁和单粒子栅穿，对功率 MOSFET，因线性能量传递阈值随 VDS 的增加而减小，所以 VDS 值应降额 50％以上。具体降额应通过器件的辐射试验来确定。

对累积剂量效应，用辐射设计裕量（RDM）来判断。

$$\mathrm{RDM}=\frac{\text{器件辐射失效剂量}}{\text{器件使用场合的剂量}}$$

因环境和器件本身抗辐射能力存在不确定性，故参考文献［26］建议：

RDM＞10 时，加固无问题，无须进一步评估。

RDM＜1～2 时，加固不能用，应仔细分析器件使用场合的剂量，或在使用状态下进行辐照试验或做低剂量率试验，看能否提高器件的辐射失效剂量，能否提高辐射设计裕量。如不行，修改设计（布局、容差、局部屏蔽）来提高辐射设计裕量。实在不行只能更换器件。

1～2＜RDM＜10 时，对辐射要关注，要进行飞行批抽样试验。

参考文献［26］也对单粒子效应提出了一个判定准则：

$LET_{th}>100\ \mathrm{MeV\cdot cm^2/mg}$ 时，单粒子效应风险可忽略；

$LET_{th}<15\ \mathrm{MeV\cdot cm^2/mg}$ 时，对质子和重离子均需分析单粒子效应风险；

$15\ \mathrm{MeV\cdot cm^2/mg}<LET_{th}<100\ \mathrm{MeV\cdot cm^2/mg}$ 时，对重离子需分析单粒子效应风险。

所以，不能简单说加固器件就一定没有单粒子效应问题，具体问题还和用于什么轨道有关。

(4) 抗力学环境设计

抗力学环境设计主要涉及单机产品机箱设计和结构设计，机箱和结构设计应和电磁兼容性设计、抗辐射设计、热设计一起考虑，关于这方面的细节请参看专门教材。需要注意以下几点。

1) 机箱设计时一个很重要的目标是在满足各项要求的前提下，尽量减轻质量。

2) 设计时要控制动力学放大。设计中要特别使结构有适当的刚度和足够的阻尼，防止把元器件振坏。如某设备把小继电器放在印制板中间，就有可能因为振级放大而损坏。

(5) 元器件降额设计

元器件工作时受到的应力直接影响失效率。关于元器件降额设计问题已有专门教材进行了详细论述。需要注意以下几点。

1) 元器件降额的基础是厂家给出的额定参数，设计人员应充分了解所使用元器件的各项参数，降额要全面，经常被忽略或失误的是温度降额，如有可能用壳温代替结温。

2) 瞬态应力问题。往往在分析降额系数时只考虑了稳态，没有考虑动态、瞬态，如有的脉冲工作设备，稳态功耗不大，但瞬态却很大，做热平衡试验时才发现元器件温度比预计的高得多；又如在继电器选用时，未考虑浪涌电流。某型号在发射场发生继电器触点粘连故障，后来归零分析时才发现，被它通断电的设备输入端有2 970 μF的电容，而设计时没考虑浪涌电流，无任何限制浪涌电流的措施。

3) 由于辐射效应会引起元器件参数衰退，因此考虑辐射效应分析的结果，还应进一步降额。

(6) 静电防护设计

静电防护问题是一个综合管理问题，要加强培训和教育，使所有接触元器件、电子产品的人员都要认识这个问题的严重性，严格遵守有关的防静电规章制度。可怕的是静电放电造成的损伤不一定立即表现出来，可能潜伏下来，最终发展成失效才表现出来。例如，曾有一批混合集成电路，在使用中发生批次性失效，后来检查发现问题根源在这批电路的加工环节中发生了静电放电损伤，但在该器件后来的测试及一系列验收试验中并没有不合格参数，直到整机调试时才最终暴露出来。

以上是航天器电子产品 6 项可靠性设计技术。此外，还有容差（错）设计和最坏情况分析也是电子产品不可缺少的设计技术。

(7) 容差(错)设计和最坏情况分析

容差(错)设计和最坏情况分析是保证产品在轨能可靠工作的一个很重要方面,它也是批生产能顺利进行的设计前提。

经验告诉我们,有时一个已用过甚至上天飞行过的"成熟"电路,在后来的生产调试中发生了问题,仔细检查,还是原来的设计有缺陷,对参数变化、脉冲沿的变化适应能力太差。

容差设计的参数范围应覆盖元器件在运行环境中的变化,如随温度的变化和随时间的老化。

容差设计的参数范围还应覆盖元器件在辐射环境下的参数衰退,如晶体管放大倍数减小、漏电流增大、阈值变化等。

一个容差设计得好的电路对元器件不会要求得很苛刻,而且调试工作量小,工作可靠,甚至在某种程度上还能提高元器件的抗辐射水平。

最坏情况分析就是要把参数允差、老化、温度、辐射的影响和输入、输出条件变化综合在一起分析,看所设计的电路在最坏的环境和最坏的工作条件下(如数据率、输入输出电压、开关瞬态等)能否正常工作。

(8) 关键元器件选用

按"元器件选用目录"选用元器件,选用目录外的元器件要履行报批手续。

元器件失效分析的统计数据表明,由于固有缺陷导致元器件失效(本质失效)与选择、采购或使用不当造成元器件的失效(误用失效)几乎各占50%。因此,在提高元器件固有质量的同时,必须提高元器件的使用质量。

元器件使用质量保证的原则有如下几点。

1) 选用符合产品功能、性能、使用寿命、环境适应性、可靠性、安全性等要求的元器件。

2) 开展以下活动,使风险减至最低限度。

· 分析元器件的结构及其应用关键技术的正确性;

· 根据元器件规范对元器件进行鉴定、评价和控制;

· 正确处理不合格的元器件。

3) 开展以下活动,在保证航天产品质量的前提下,保证航天产品研制进度并节省经费。

· 根据不同航天产品研制阶段及使用部位,选择元器件相应的质量等级;

· 采用现行有效、并经实践证明行之有效的元器件规范或专用技术条件；

· 在采购文件中明确规定元器件监制、验收及其他的特殊要求；

· 制定采购计划时应有备份方案，以保证元器件供货进度不致耽误型号研制进度。

4）尽可能压缩元器件品种和供货单位数量。

5）在满足质量、进度要求的前提下，且质量价格比相近时，优先采用国产元器件。

（9）可靠性验证

根据不同的验证对象，选取以下一种或几种方法进行验证。

1）检查验证。指通过目视检查或简单的测量，对照工程图、流程图或清单来确定产品是否符合规定要求的方法。

2）演示验证。指采用“通过”或“不通过”的准则来验证产品是否以所期望的方式运行的验证方法。它是一种试验性的验证方法，用来确定产品使用是否达到所规定的要求。如舱门打开时间演示、航天服穿脱时间演示等。

3）分析验证。指用计算、分析、评估及数据对比的方法证明产品满足使用要求。如飞船返回舱气动外形同国外同类飞船气动外形进行分析对比，以验证中国飞船的可靠性和安全性。

4）试验验证。指用仪器设备测量具体参数的验证方法，通过对试验数据的分析确定所测定的结果是否满足规定的要求。这类试验又可细分为实验室（或地面）试验、飞行试验和模拟试验等 3 种验证方法。如运载火箭整流罩分离试验、返回舱海上打捞救生试验等。

5.2.3.7　航天产品开发流程

（1）航天产品开发系统工程过程

航天产品开发过程中，从任务需求到系统验证与交付是一个很长的研制过程，研制程序的划定使得系统研制从用户需求出发，设计从系统到分系统、部件逐步细化，再从部件制造到分系统集成、系统集成，最终演化形成一个整体性能优化的系统。这是一个有序的逐步递进的研制过程，它保证了整个系统的设计从一开始就考虑到了所有的专业和使用环境的要求，不会最后出现方案性的失败，也保证了在一个长周期的研制过程中，能够分阶段对目标实施跟踪和控制。

在航天产品开发中，应用航天系统工程方法，实施产品的设计、模块分解、产品集成等过程，传统航天产品开发模型通常称为“V”字模型。

（2）航天产品开发流程

由于航天产品大多是单件使用产品，广义上来说，每个航天产品都是新产品。航天产品开发是以用户需求为牵引，以产品型谱及其规划为导向，以实现产品化为发展目标的面向用户式的产品开发。航天产品的研制过程，是产品从无到有、从局部到系统、从不成熟到成熟、从成熟到持续改进的过程，是产品成熟度不断提升、性能不断完善、应用不断扩大的过程。

航天产品开发流程中，要充分认识航天产品的特点，充分体现综合集成、集成综合和迭代深化的系统工程思想，严格过程管理，注重影响成败的关键技术和细节，以小子样的产品，实现产品的快速成熟。产品开发过程中，要处理好定性与定量、宏观与微观、创新与规范、不确定性与确定性的关系与结合，追求定量、深化、规范、确定性的开发结果，同时利用人与计算机的有机结合，提高开发效率和质量。产品开发过程中，还要加强设计、工艺、过程控制 3 个层面特性的识别与确定，加强控制与管理保障，不断提升产品的成熟度。

从航天产品开发过程的角度而言，我们关注的是航天产品的立项、定义、设计、生产、测试、试验、完善、验证与评价等活动的管理和控制要素。产品开发阶段的工作重点是产品的功能基线、研制（分配）基线和生产（产品）基线等 3 个重要基线的形成和确定，以及设计、工艺、过程控制 3 类关键特性的识别、控制与鉴定。

航天产品立项和定义过程中，主要是研究新原理、新技术、新材料、新工艺、新型元器件及新装置，突破关键技术，试制产品样机，为工程研制打基础、上水平提供技术储备。这个阶段也常常被称为预先研究阶段，主要以部件、组件等单机产品和分系统级集成产品开发为主，其阶段成果形式一般为原理样机，产品成熟度达到 1 级。

原理样机试制并测试合格后，转入工程样机和飞行产品研制阶段，实际工程中也常常称为工程研制阶段。这个阶段是由航天部门运行系统工程方法开展产品的方案设计、初样研制、正样研制。对于改型或改进型的产品，这个阶段的某些环节可以适当合并。工程研制阶段的成果是可以飞行及应用的最终产品，产品成熟度达到 3 级。

基于航天产品从无到有，成熟度逐步提升的过程，航天产品开发的流程如下。

产品的开发，首先要收集用户的需求，汇总来源不同的任务要求，经过分析确定产品型谱中需要开发的新产品；接着根据产品的需求规格和单位的资源以及技术储备情况，梳理技术树，确定需要攻克的关键技术，完成原理样机的研制，协同开展结构、可靠性预计，同步开展工艺方案、测试方案的设计。在完成原理样机验证，满足所有功能需求，且性能基本满足设计要求后，可开始工程样机的设计。同步开始可靠性设计验证、工艺设计、调试测试详细设计、工装设计等工作。通过全部功能、性能和环境试验并通过验收和评审后，可转入产品验证阶段，即飞行阶段。飞行试验通过后，根据产品成熟情况和后续需求等情况，适时开展产品定型工作，成为真正的现货产品。因此新产品的开发流程可以划分为 4 个阶段，如图 5—1所示。

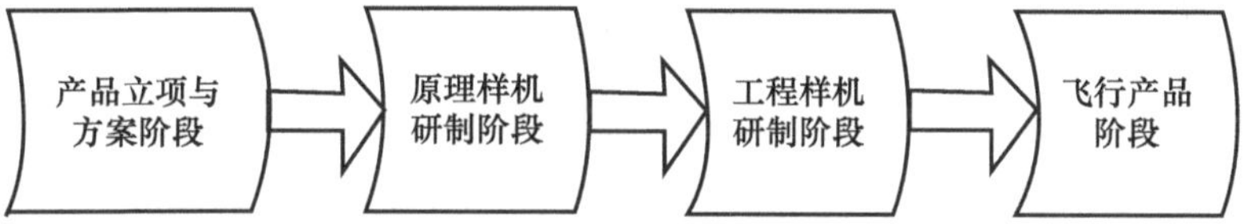

图 5—1　产品开发流程阶段的划分

图 5—2 是产品开发的总体流程，该流程图表示出产品开发活动的逻辑关系，在实际工作中，有些活动的开展及遵循这样的逻辑关系，各活动之间又可能存在一定程度的并行和迭代。在产品开发过程中，还有些活动贯穿整个流程，从一开始一直到全部工作结束都需要关注和实施，包括计划管理、质量控制等。

5.3　航天产品开发详细过程

5.3.1　产品立项与方案阶段

新产品开发的最终目的是推向市场，是为了应用，新产品开发的立项也与市场和应用需求的变化息息相关。要进行产品开发的原因可能会有两种，一种是主动式的，就是在企业已规划好的产品型谱中，选取应用急需或市场应用前景明确的产品进行开发；一种是被动式的，是对那种市场需求迫切，甚至即将有满足需求的新产品出现，而企业自身发展规划或型谱规划中尚未纳入的新产品进行开发。对于前一种，企业要减少立项审查环节，利用自身的技术储备，抓住机遇，抢占先机；对于后一种情况，则需

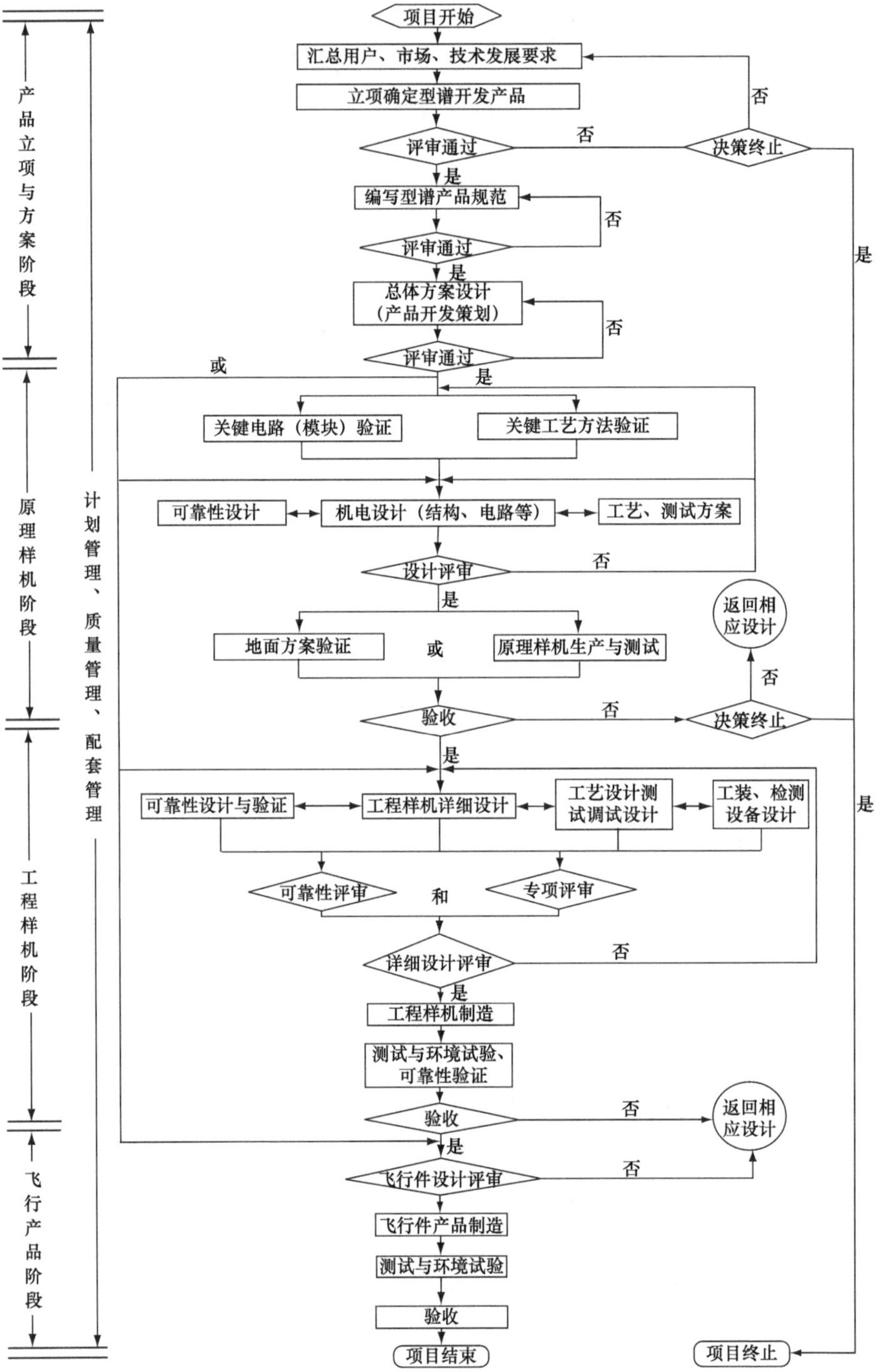

图 5－2　产品开发总体流程

要进行必要的论证，确实涉及自身发展和市场占有率的产品，要补充完善企业型谱规划，加紧协调资源，迅速组织力量，争取抢占新的市场。

无论哪种立项原因，新产品开发的立项阶段，主要是详细分析用户需求、设计产品开发方案、制定产品开发计划。本阶段主要工作是收集用户的需求，汇总来源不同的任务要求，与国外对标并结合专业发展，根据现有的资源和技术储备，确定产品型谱中下一代产品开发目标，确定产品的开发路线和方案，编制产品规范，完成产品开发策划。

5.3.1.1　立项与方案阶段工作过程

（1）用户需求详细分析

本阶段主要是收集用户的需求，汇总来源不同的任务要求，与国外对标并结合专业发展，确定产品的发展路线。根据现有的资源和技术储备，确定产品型谱中下一代产品开发目标，编制产品规范。

（2）产品开发方案设计

根据产品开发的需求和目标，设计详细、可行的技术方案，明确采用的具体原理、方法，可以通过多方案的比较分析，制定具体、可行的技术实施途径，要清晰描述产品结构、系统组成、功能模块接口、加工工艺、测试方法等，开展安全性、可靠性设计，尤其是关键技术、关键部件的实现途径要具体、可行。产品开发的详细方案设计将指导后续具体产品开发的全过程。产品开发方案要在论证后确认的描述产品功能特性、接口特性等产品功能基线的基础上，对产品的功能特性、接口特性、技术状态项目的接口要求、附加的设计约束条件等研制（分配）基线进行确认。

在新产品开发方案设计时，要多方案比较，主要为了降低风险、寻求最佳解决途径。产品开发的详细技术方案要经过充分论证，并请行业内专家进行技术把关，确保方案合理可行。当然，由于新产品的特殊性及不确定性，在产品开发过程中可以适当调整技术途径和技术措施，但是原则上不应该出现颠覆性的问题。

技术方案的审查要点主要包括：

1）用户使用要求、技术指标的满足程度；

2）整体方案的系统可行性；

3）系统中模块间接口的合理性；

4）成熟技术集成程度；

5）新技术的实现可能性；

6）可靠性、安全性等。

根据产品类型的不同，还会有工艺可行性、元器件可获得性、产品可生产性，以及特殊要求和特殊技术实施的可行性评价或专题评审。

(3) 产品开发策划

产品开发策划就是依据研制任务要求，通过工作分解结构（WBS），将整个研制周期内的工作细化到每个活动中，精细编排技术流程和计划流程，对技术、进度、每个活动的输入输出、资源配置、经费分解等进行合理安排，确定过程控制关键项、关键件和关键节点，为实施过程的计划、质量、资源等管理和控制做好先期安排和计划。

产品开发策划的关键是：

1) 找到产品开发过程的主线，提出有效的计划管理、资源配置等措施，设置有效的阶段关口控制点，以保证主线控制有效，进展顺畅；

2) 识别出短线过程和关键项，制定有效的控制与保障措施，避免在进度上、质量上影响全局；

3) 做好风险分析和对策预案，避免实施过程中遇到时措手不及。

5.3.1.2　立项与方案阶段输入与输出

立项与方案阶段的输入是升级换代需求、产品型谱、不同任务需求。

立项与方案阶段的输出是产品开发设计方案、开发产品规范。

5.3.2　原理样机阶段

本阶段主要是根据产品规范的要求、单位的资源以及技术储备情况，梳理产品技术树，确定需要攻克的关键技术，完成原理样机的研制，但尚未按飞行条件进行地面考核。本阶段侧重于技术开发，主要是为掌握某项关键技术而专门开发的可对工作原理进行验证的样机。本阶段的重点是进行任务分析，制定实现方案，开展原理样机设计、调试、试验。原理样机阶段研制的产品应达到1级产品成熟度。

5.3.2.1　原理样机的研制过程

(1) 任务详细分析

首先要充分了解产品规范提出的功能、性能、运行要求（如长期连续工作、或短期工作、或断续工作）以及所处的环境（辐射环境、温度环境、力学环境）等。过去有些设计人员只注意功能、性能要求，而在这一阶段不太注意运行环境。运行环境对设计影响很大。

(2) 制定具体研制方案

好的方案是高可靠的基础，也是以后研制工作得以顺利进行的基础。

在制定方案时，要以用最简单的手段完成规定的任务为目标，而不应增加其他目标。要考虑有无成熟的部件或成熟的技术可以利用，在利用成熟部件时要仔细分析，是否能全面满足特定任务的要求。研制方案要注重对风险的识别、分析与预防，应尽量避免使用有风险的技术。比如，在方案选择时，若切换大电流选用一种需要新研制的继电器，那必然给以后的研制带来进度和可靠性方面的风险。研制方案设计中要考虑产品性能、功能测试与试验验证方法及评价标准。

产品具体研制方案要根据产品的特性、应用环境的不同进行全面分析和设计，注重细节对整个方案的影响。比如，是用数字电路还是用模拟电路要权衡各自的利弊。要考虑是否需要主动温控，如设备处于星外环境，或者精度要求很高，可能要考虑采取主动温控。要考虑是否要连续工作，可否断电，能断电休息对器件抗辐射是有好处的。要考虑是否需要冗余设计，是冷备份还是热备份好。在制定方案时，还要考虑作为方案支撑的元器件的抗辐射能力、成熟度、可获得性。

（3）原理样机设计与研制

这一阶段重点是功能、性能的设计、实现。在实现要求的功能、性能时，不要增加其他的过度的目标而影响可靠性。这一阶段在可靠性设计方面应特别注意下列几项：

1）元器件选择。要充分了解所选元器件的性能、特点、抗辐射能力、成熟度等，应选择成熟、高质量等级、易获得的元器件，应尽量选用原来已有类似飞行经验的元器件。对以前从未用过的元器件（尤其是正在攻关或试制的元器件）要慎重选用，认真分析其抗辐射能力、高质量等级的可获得性，因为这类元器件很可能出现问题而影响进度。在元器件选用方面还有一个重要问题就是要压缩品种，品种少意味着在元器件上的花费会减少，而且容易集中精力做好质量保证工作，在碰到元器件失效或急需时，容易调剂，不会严重影响进度。

2）元器件的使用。应按生产厂的规范正确使用，要了解元器件的静电敏感度等级，对敏感度高的要有相应的保护网络进行保护，在使用时要考虑规定的参数降额（如电压、电流、功耗、频率等）

3）初步电磁兼容性设计。正确接地、走线，采取必要的滤波和屏蔽措施。不采取必要的电磁兼容性措施，电性能试验是无法达到预期目的的。

4）初步的散热措施和初步的完善产品的故障模式与影响分析，防止单点故障。

这一阶段工作做得好，可以为今后的顺利研制（保证质量、进度和节省经费）创造有利条件。如果工作做得不好，留下隐患就需要到后阶段解决，问题暴露得越晚则纠正的代价越大。

（4）原理样机测试与验证

原理样机的测试与验证主要包括性能测试和功能测试。原理样机要根据设计方案和技术指标要求制定测试和验证方案，测试项目要具有覆盖性，对原理样机的原理性能、功能实现等进行指标测量、功能测试，必要时通过参与系统的联试，验证原理的可行性和研制的可实现性。

5.3.2.2　原理样机产品完成标志与质量控制要点

（1）原理样机产品的评价要素与完成标准

原理样机产品的评价要素与完成标准包括以下几个方面。

1）产品组成与设计方案完全一致；设计的主要内容一般包括产品组成和指标分解、尺寸、质量、功耗、外观、结构及机械接口、电气及其接口、热及其接口、产品外部接口、工艺设计、软件设计等。

2）通过原理性能测试，性能指标满足产品规范要求。

3）通过功能测试，功能指标满足产品规范要求。

4）对其质量、功耗、体积等可适当放宽要求。

5）接口状态：机械、电性能等接口满足产品规范要求。

6）地面考核试验：一般不要求。

7）原材料、元器件设计与选用：一般不作具体要求，可采用商用产品；需要时，选用的原材料、元器件要考虑空间环境下可替代性和可实现性。

8）可靠性：一般不作要求。

（2）质量控制要点

原理样机研制的质量控制要点包括以下几个方面。

1）进行了多方案比较并确定最终方案，方案设计正确、合理、可行。

2）方案满足技术指标（包括可靠性、维修性、安全性、电磁兼容性等）要求的程度及其依据的分析、计算以及试验（或演示）等工作。

3）可靠性预计的合理性。

4）技术状态基线确定情况，成熟的模块和技术是否得到充分的应用，新研产品与型谱符合情况。

5）拟采用的新技术、新工艺、新设备的必要性、可行性。

6）所进行的关键技术分析论证充分，关键技术和攻关项目的解决途径合理、可行。

7）测试试验方案的合理性、可行性。

8）进行风险识别和分析，提出的预防措施可以将风险控制在可接受的范围内。

5.3.2.3　形成的产品数据包

原理样机产品形成的产品数据包详见表 5—1。

表 5—1　原理样机产品数据包

序号	文件名称	主要内容	备注
一、设计类文件			
1	产品规范	产品性能、功能、工作原理及组成，机、电、热接口，抗辐射能力，EMC 试验项目（机械产品无此项） 可靠性设计（可靠性指标：电子产品、机电产品统用总失效率（单位 fit），机械产品可靠性指标安全裕度）、环境适应性条件、基频要求及鉴定验收条件	
2	产品设计全套图样		
3	产品设计报告	机电设计报告、可靠性报告	视具体产品而定
4	试验大纲		
5	产品试验/测试报告		
6	电子元器件配套表及原材料清单	元器件、原材料、标准件、外协外购件	
7	……		
二、过程类文件			
1	工作程序记录表、跟踪表		
2	各类评审证明书	包括设计、工艺、可靠性等各种类型	
3	……		
三、工艺类文件			
1	测试细则	详细描述每项测试方法、测试设备、连接图（标明设备型号）、操作步骤、测试结果记录表	
2	工艺文件		视具体产品而定
3	工装设计文件及其制造规程		视具体产品而定
4	……		

续表

序号	文件名称	主要内容	备注
四、管理类、产品保证类			
1	产品技术流程		
2	产品计划流程		
3	验收细则		
4	生产过程质量跟踪文件数据包	含机械加工质量跟踪卡、调试质量跟踪卡、喷漆质量跟踪卡、产品出所检验记录表、关键工序控制卡等	
5	评审证明书	含设计、工艺、试验、产品质量、质量问题归零、技术状态更改情况等	
6	……		

5.3.2.4 完成标志

原理样机产品完成标志有以下几点。

1）关键技术基本解决，原理得到验证；

2）重大、关键的工艺方案基本确定；

3）产品达到1级成熟度要求。

5.3.3 工程样机阶段

本阶段在原理样机产品的基础上，按飞行条件进行地面考核，使功能和性能满足产品规范的要求。这一阶段是设计的关键阶段，是产品真正的实现阶段，设计工作要完整地考虑产品的功能、性能、质量、加工、装配、检验、测试及维修等全部因素，才能最大限度地缩短研制周期、保证产品质量，确保产品的开发成功。必须在研发流程设计时，把需要考虑的因素增加进去，确保设计师在设计阶段完成全部设计内容，充分考虑产品全生命周期内的需求，详细工艺设计、测试细则的编写和工装设备包括测试设备的设计与制造都必须在这阶段完成。工程样机阶段研制的产品应达到2级产品成熟度。

5.3.3.1 工程样机研制过程

工程样机研制的过程是一个模块化、组合化的研制过程。本阶段重点进行组合化（模块化）设计、全面可靠性设计与验证。

产品组合化（模块化）方法是一种以系统工程理论和方法为基础的产品开发模式。组合化（模块化）是在对一定范围内的不同产品进行功能分析和分解的基础上，划分并设计、生产出一系列通用模块或标准模块，然后从这些模块中选取相应的模块并补充新设计的专用模块和零部件一起进行相应的组合，以构成满足各种不同需要的产品的一种标准化产品开发形式。

组合化（模块化）的概念可以用图 5－3 表示。

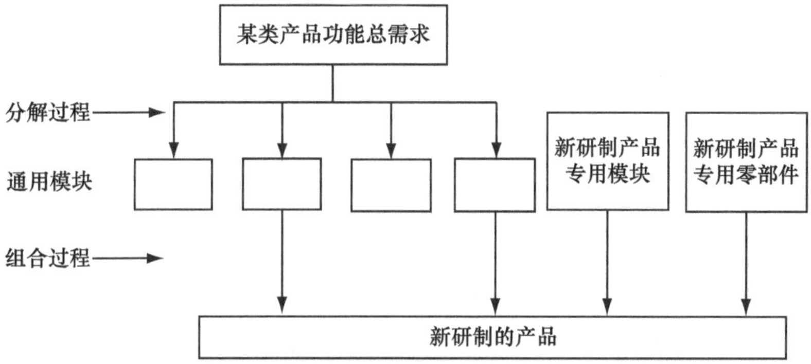

图 5－3　组合化（模块化）概念

由上述可见，组合化（模块化）应具有 3 个基本内涵：必须具有一定数量模块的模块系统；应用系统的分解、组合原理；最终应能满足各种不同的需要。

产品组合化（模块化）包括两个过程：建立模块系统和组合形成产品。

(1) 建立模块系统

模块系统的建立过程见图 5－4。

① 确定需求

产品组合化（模块化）的目的是以品种和规格尽可能少的模块，组合成品种和规格尽可能多的产品，以及满足用户各种多样化的需求。因此，首先要做好需求分析，在此基础上，确定各种组合化（模块化）产品主要技术性能的范围，作为模块设计的依据。

② 功能分析和分解

模块是产品的组成部分，是为满足某类产品部分功能的需要而存在的。所以，在划分模块之前，首先应对某类产品的功能进行分析和分解。

通过功能分析和分解所建立的模块系统，必须在一定的范围内能够组合成满足各种不同需求的产品。因此，对某类产品所进行的功能分析必须全面、科学、合理，所提出的方案要符合发展趋势，具有长远的生命力或

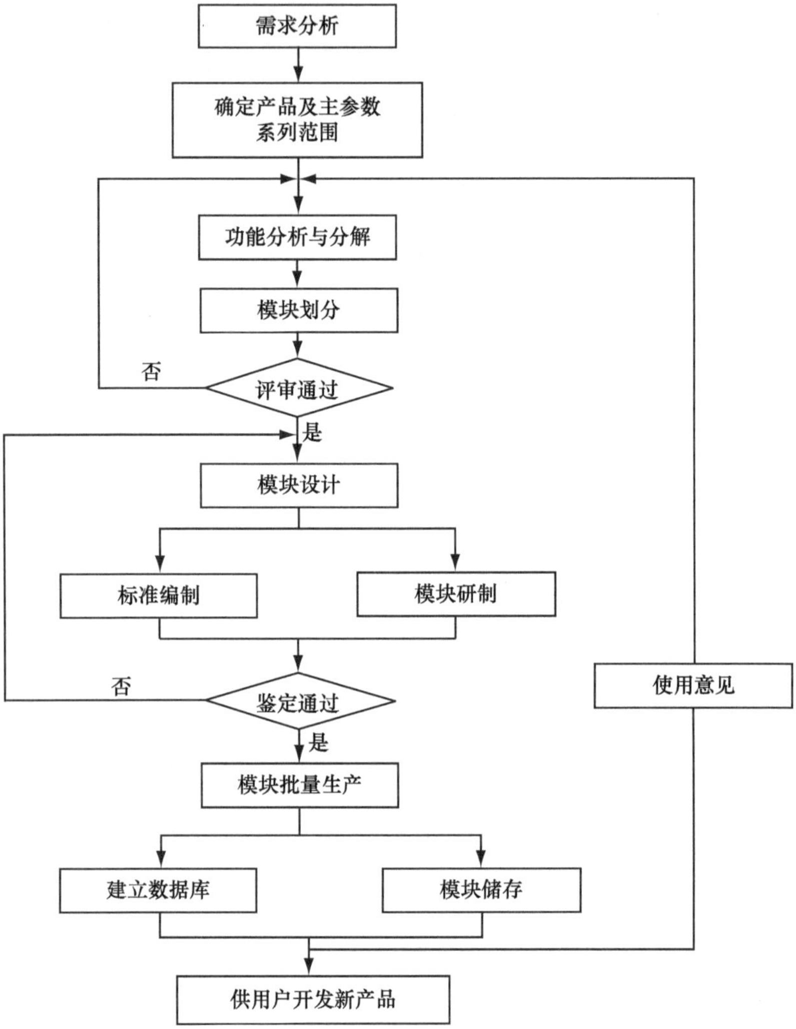

图 5—4　模块系统建立过程

存在价值，而且经济可行。

③ 模块划分

模块划分是模块设计的基础。模块划分是否合理，对模块化产品的性能、外观以及模块的通用化程度和成本都有很大的影响。所以模块的划分是一个很重要的环节。

模块的划分应以功能分析和分解的结果为基础。划分的模块应具有独立的功能和结构；具有很强的通用性；具有很好的组合性，能以优先种类的模块组合成大量的、满足各种不同需求的不同产品。除此之外，还需考虑模块的大小或粗细以及稳定性、先进性和经济性。

模块的大小或粗细应根据功能分解，模块使用、管理的方便，技术经济效益等方面的因素纵横权衡确定，一般为组件级或部件级。

模块必须具有稳定性，即模块的变化应是最少的，应具有很强的生命力，不会因科学技术的发展而被过早地淘汰或要在结构上发生很大的变化。为此，可将变化可能较大的作为独立的模块，以适应新的变化。

模块应具有先进性，充分考虑采用新技术和新工艺的可能性。

④ 模块设计和开发

模块的开发程序和要求与其他产品和部件一样，要经过设计、加工、试验、鉴定等程序，保证达到预定要求。

模块的设计除了要满足预定的功能外，要着重考虑它的通用性，要特别注意它和所有其他相关模块或专用零部件的组合能力或连接能力，以及它需要传递的功能及其相关的物理性能参数。

模块的设计要经过评审，以审查所设计的模块能否组成符合总功能要求的系统或产品，保证总功能不欠缺，不冗余，还要评审模块组合的可能性、方便性。

为了将产品组合化（模块化）的总体要求和模块划分和开发的结果固定下来，作为模块制造、试验、验收的依据，应编制通用模块的标准或规范。模块的研制和其标准、规范的编制是一个互相支持、互相补充的过程，通过制定和完善规范，指导研制。

(2) 组合形成新产品

通过组合过程，由通用模块、专用模块和专用零部件进行组合形成新产品。组合过程的主要程序和要求说明如图 5—5 所示。

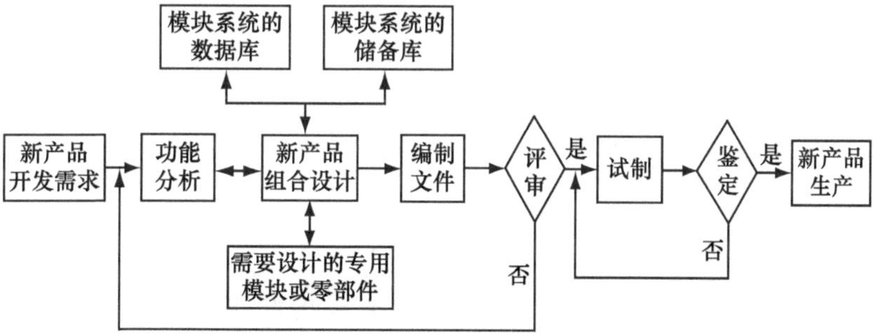

图 5—5　组合形成新产品的过程

① 功能分析和分解

与模块系统的形成过程相似。所不同的是，除考虑需求之外，还要考虑模块系统中已有的功能，以便为组合时尽量多用已有的模块、少用专用模块和零部件打下基础。实际上功能分析与分解、组合设计、模块选用、专用模块和零部件设计等活动是一个反复迭代的过程，也是一个反复综合、协调、权衡的过程。

② 可靠性设计

根据在轨和在研的航天产品发生故障的统计分析，超过60%的故障涉及到电子产品的固有可靠性，加强产品可靠性设计是产品工程化的重要手段，可靠性设计主要包括如下内容：

1）电磁兼容性设计（印制板、机壳、电缆、屏蔽、滤波等）；

2）结构设计；

3）热设计；

4）元器件降额分析；

5）容差设计和最坏情况分析；

6）抗辐射设计，对个别裕度不够或不满足要求的元器件开展详细分析，并采取必要的措施；

7）详细的完善产品的故障模式与影响分析；

8）可靠性预计（应力法）。

一个航天产品，尤其是电子产品的机壳（外包装）设计对保证产品可靠性是非常重要的。在进行机壳结构设计时，要结合热设计、电磁兼容性设计、抗辐射设计一起考虑，即所谓进行机、电、热一体化设计。机壳设计除必须考虑抗力学环境、可维修性等主要因素外，还要考虑机壳承担的下列任务：

1）作为通向整星的热传输通道（传导、辐射，主要是传导），将设备工作时产生的热排出去；

2）为内部电路提供屏蔽保护，使其不受外部电路干扰，能在星上与其他设备兼容工作；

3）为内部的元器件提供辐射屏蔽保护。

机壳既然承担了这么多的功能，因此产品的设计人员必须参与机壳的结构设计，使其满足机、电、热、抗辐射设计要求。

③ 可靠性验证

根据不同的验证对象，选取检查验证、演示验证、分析验证、试验验证等验证方法中的一种或几种进行验证，具体验证方法参见5.2.3.6节“1＋6＋2”可靠性设计中的可靠性验证。

④ 地面环境模拟试验

工程样机产品功能和性能检验与验证的最主要方式是进行产品地面环境模拟试验。在地面对产品未来应用所遇到的各种空间环境进行模拟，让产品在模拟的空间环境下工作，对其功能、性能等进行测试，以判断该产品对空间环境的适应性和功能性能的满足度。

典型的空间环境模拟试验包括力学试验、空间热环境试验、电磁兼容性试验、空间抗辐照试验等。工程样机的试验矩阵一般根据产品特性的不同，选取对其功能和性能会产生影响的试验内容进行，试验的量级也须根据样机的研制状态进行选定，一般有摸底试验、鉴定级试验等。即将进入工程应用的样机必须进行鉴定级试验，要强调鉴定试验的充分性，项目、工况覆盖性、拉偏等，必要时开展可靠性、寿命验证等。

组部件级鉴定试验矩阵见表5－2。

5.3.3.2 工程样机产品完成标志与质量控制要点

(1) 工程样机产品评价要素与完成标准

工程样机产品评价要素与完成标准包括以下几个方面。

1) 产品设计内容齐全，组成与设计方案完全一致；设计的主要内容一般包括产品组成和指标分解、尺寸、质量、功耗、外观、结构及机械接口、电气及其接口、热及其接口、产品外部接口、工艺设计、软件设计等。

2) 通过性能测试，性能指标满足产品规范要求。

3) 通过功能测试，功能指标满足产品规范要求。

4) 质量、功耗、体积等满足产品规范要求。

5) 接口状态：机械、电、热等性能接口满足产品规范要求。

6) 地面考核试验要求：根据需要，通过规定的力学、热真空、热平衡、电性能测试等地面环境模拟的鉴定级试验。

7) 原材料、元器件设计与选用：一般要求选择不低于工业级或军用级产品，选用的原材料、元器件要求通过相应的环境试验考核。

8) 可靠性：产品通过相关的可靠性、寿命分析与试验考核验收，满足产品规范要求。

(2) 质量控制要点

工程样机研制过程质量控制点包括以下几点。

表 5－2　组件鉴定试验基线

试验类型	建议试验顺序	电工电子组件	天线	机械活动组件	太阳电池阵	蓄电池	阀门或推进组件	压力容器或部件	推力器	热学组件	光学组件	结构组件
检查④	1	R①	R	R	R	R	R	R	R	R	R	R
功能④	2	R	R	R	R	R	R	R	R	R	R	ER
检漏⑤	3，6，12	ER②	—③	R	—	R	R	R	R	R	—	—
冲击	4	R	ER⑦	ER⑦	ER⑦	ER⑦	ER⑦	ER	ER⑦	ER⑦	ER⑦	ER
振动	5	R	R⑧	R	R⑧	R	R	R	R	R	R⑧	ER⑩
声	5	ER	R⑧	—	R⑧	—	—	—	—	—	R⑧	—
加速度	7	ER	ER	ER	ER	ER	—	ER	—	—	ER	R
热循环	8	R	ER	ER	ER	ER	ER	ER	ER	ER	ER	—
热真空	9	R	R	R	R	R	R	R	R	R	R	—
气候	10	ER	ER	ER	ER	ER	ER	ER	ER	ER	ER	ER
检验压力⑥	11	ER	—	ER	—	R	R	R	R	ER	—	—
电磁兼容	13	R	R	ER	ER	ER	ER	ER	ER	ER	ER	—
寿命	15	ER	ER	R	ER	R	R	ER⑨	R	ER	ER	ER⑪
爆破压力⑥	16	ER	—	—	—	R	ER	R	ER	ER	—	—
磁	14	ER	—	—	—	—	—	—	—	—	—	—

①“R”表示“要求的”试验，是要求必作的试验，因为试验是有效的而且作的概率很高。

②“ER”表示“经评价要求的”试验，是根据产品的具体研制情况来选择作的试验，因为试验一般不是很有效，而且作的概率较低。“经评价要求的”试验应根据情况逐项分析来作出评估。如果经过评估证明一项“经评价要求的”试验是有效的，“经评价要求的”试验就成为“要求的”试验。

③“—”表示“不要求的”试验，是不需要作的试验，因为试验是不起作用的，因此作的概率极低。

④如可行，每次试验前后都要求进行，包括需要的特殊试验。

⑤对密封或充压组件要求作。

⑥当组件是充压的，要求作。

⑦当最大期望冲击响应谱以 g 值表示超过 0.8 倍的频率数值（Hz），要求作。

⑧声或振动要求作一项，另一项任选。

⑨对压力部件，除波纹管和其他柔性流体装置或管路，寿命试验是任选的。

⑩如结构件有低的疲劳余量，或不作静强度鉴定试验，要求作。

⑪对充压结构，要求作压力循环试验。

1）产品的组成合理，原理正确；设计中考虑了以往型谱中同类型产品暴露的技术问题，并采取了有效的纠正和预防措施。

2）采用的设计准则、规范和标准正确、完整。

3）产品的功能和性能指标满足产品规范要求；分析、计算依据的输入完整有效，建立的模型合理；计算方法和计算结果正确，分析全面。

4）产品的技术接口关系、产品内模块之间的接口关系明确、协调。

5）进行了可靠性、维修性、安全性设计与分析；可靠性模型和可靠性预计正确，预计结果满足任务书要求；可靠性设计验证充分，仿真及设计的试验矩阵合理。

6）单点失效点和关键件识别充分，控制措施合理、可行。

7）确定的测试项目全面，测试时机和条件合理、可行；不可测试项目分类正确，过程控制措施明确、合理可行。

8）选用的工艺合理可行，新工艺制定了详细的工艺鉴定计划。

9）所选元器件、原材料的品种和供货方压缩情况、质量和可靠性情况、采购风险满足项目要求；所选目录外元器件/原材料履行了审批手续。

5.3.3.3　形成的产品数据包

工程样机产品形成的产品数据包详见表 5—3。

表 5—3　工程样机产品数据包

序号	文件名称	主要内容	备注
一、设计类文件			
1	产品规范	产品性能、功能、工作原理及组成，机、电、热接口，抗辐射能力，EMC 试验项目（机械产品无此项） 可靠性设计（可靠性指标：电子产品、机电产品统用总失效率（单位 fit），机械产品可靠性指标安全裕度）、环境适应性条件、基频要求及鉴定验收条件	
2	产品设计全套图样	电子、机电产品应有：结构设计图样，电装图，电路板（含元器件布局）图，电原理总图，电原理分板图和 IDS 表 机械产品应有：零件图、部件图和装配总图；Pro/E 模型	
3	产品设计报告	电子、机电产品应有：详细设计，产品的故障模式及影响分析，元器件降额设计，分析计算，抗力学环境设计分析，热设计分析，静电防护设计，电磁兼容性设计，可靠性指标预估/评估/试验 机械产品应有：详细设计，产品的故障模式及影响分析，抗力学环境设计分析，热设计分析，抗辐射设计分析，可靠性指标安全裕度核算、预估，安全性措施，抗辐射设计工艺要求等 无源产品应有：详细设计，产品的故障模式及影响分析，抗力学环境设计分析，热设计分析及可靠性设计等	视具体产品而定

续表

序号	文件名称	主要内容	备注
4	测试覆盖性分析	列表：加工过程检测项目，整机状态测试项目，环试状态测试项目，出厂检测项目以及相对应的测试方法，说明整机不可以测试项目的原因和可分析控制方法及相应报告	
5	调试细则（装配技术要求）	光机、机电、电子等产品，包括组件与单机，详细描述调试（装配）部位、方法、步骤和结果记录表	
6	特性分析报告		视具体产品而定
7	关键件清单、重要件清单		
8	试验大纲		
9	产品试验/测试报告	电子、机电产品：力学、热、辐射、EMC、ESD壳温测试等 机械产品：力学、热、辐射等	
10	使用说明书	概述（用途、使用要求），技术参数（产品简要或主要参数），工作原理，结构特性，使用步骤，维护、检修和排故注意事项，产品的附件	
11	电子元器件配套表及原材料清单	元器件、原材料、标准件、外协外购件	
12	目录外元器件清单		
13	……		
二、过程类文件			
1	各类评审证明书	包括设计、工艺、可靠性等各种类型	
2	……		
三、工艺类文件			
1	工艺总方案	航天器单机产品工艺总方案编制要求	
2	工艺流程图	航天器单机产品工艺总流程编制要求	
3	工艺文件目录		
4	测试细则	详细描述每项测试方法、测试设备、连接图（标明设备型号）、操作步骤、测试结果记录表	

续表

序号	文件名称	主要内容	备注
5	工艺文件	含零件件加工工艺、部件组装工艺、试验工艺、整机装配工艺、非标设备设计文件及工装文件、特种工艺文件、关键工序目录/工艺规程/控制卡	视具体产品而定
6	工装设计文件及其制造规程		视具体产品而定
7	工艺装备明细表	含检验、检测设备配套文件	
8	材料消耗工艺定额明细表	执行工艺文件	
9	外协件明细表		
10	元器件及材料汇总表		
11	工艺清单		
四、管理类、产品保证类			
1	产品技术流程		
2	产品计划流程		
3	产品保证大纲		
4	产品外协保证要求	外协件技术要求和产品保证要求，外协验收细则	视具体产品而定
5	外购件质量证明	外购产品技术要求、验收细则及相关要求	
6	元器件、原材料采购规范/要求	频率器件（声表面波滤波器、LC 滤波器、HE 系列放大器、功分器、隔离器、VCO、晶体等），特殊元件，特殊原材料等	
7	外协、外购件合格供货方清单		
8	验收细则		
9	生产过程质量跟踪文件数据包	含机械加工质量跟踪卡、调试质量跟踪卡、喷漆质量跟踪卡、产品出所检验记录表、关键工序控制卡等	
10	评审证明书	含设计、工艺、试验、产品质量、质量问题归零、技术状态更改情况等	

5.3.3.4 完成标志

工程样机产品完成标志有以下 3 点。

1）关键技术完全解决；

2）通过鉴定级地面环境模拟试验；

3）产品达到 2 级成熟度要求。

5.3.4 飞行产品阶段

本阶段是在工程样机研制的基础上，固化设计技术状态、工艺文件等，并按固化的技术要求和状态进行生产加工，完成系统的测试和地面试验验证。重点是固化技术状态，研制过程中的质量问题归零。飞行产品阶段研制的产品应达到 3 级产品成熟度。

5.3.4.1 飞行产品阶段研制过程

（1）固化技术状态

在工程样机技术状态的基础上，根据实际飞行应用条件，调整、补充、完善产品研制要求，完善产品规范，细化功能性能技术指标、接口要求，可靠性、安全性、电磁兼容性要求，产品功能特性验证的全部测试和试验（或分析）要求等，确定飞行产品研制基线。固化的飞行产品技术状态，要在后续生产、测试和试验过程中严格控制。同时根据实际应用、测试和试验验证要求，完善产品工艺设计，形成全面配套、满足设计要求的工艺文件，为后续的加工生产与控制提供依据。

（2）飞行产品生产与测试

飞行产品的研制是基于工程样机研制过程、结果并经过改进和完善而进行的。飞行产品的生产制造全过程要按照产品规范和工艺要求进行，技术和质量要受控，以保证最终产品满足应用的文件和规范要求。重点加强产品技术状态控制、生产过程控制以及系统测试的覆盖性。

① 技术状态控制

1）飞行产品的研制是以研制基线为基准，技术状态控制要保证产品的加工生产按照设计和产品规范进行，产品生产全过程的技术状态要基本保持不变，并保证在生产、装配、集成和测试的各阶段，其技术状态得到连续的文件控制；

2）必要的技术状态更改，要遵循“论证充分，各方认可，试验验证，审批完备，落实到位”的控制原则，所有更改都要经过充分论证和评审，都要按照技术状态更改控制的规定进行申请和批准的管理与控制；

3）所有技术状态的偏离或超差都要经过产品技术状态控制委员会的审查和批准。

② 生产过程控制

飞行产品的生产过程严格按照工艺流程进行，确保工作状态受控、文件受控，过程记录真实反映生产状态，确保产品质量。生产过程主要控制内容包括以下几个方面。

1）工艺选用控制，新工艺、关键工艺控制；

2）关键项目、不可测项目、关键件、重要件、关键工序工艺评审及实施过程控制；

3）强制检验点、关键检验点控制；

4）不合格品（项）控制；

5）外协产品关键过程质量控制；

6）产品调试、测试和试验过程控制等。

③ 系统测试的覆盖性

产品的系统性测试是检验产品与产品规范和技术要求的符合度、找出缺陷、指导改进的基本手段。产品测试覆盖性要求飞行产品的测试系统全面、准确，要确保所有可测试项目均进行了充分有效的测试，也要确保不可测试项目在研制过程中质量控制措施落实到位。

产品测试时机包括生产、装配、调试以及试验过程中的测试，测试内容包括接口测试、功能测试、性能测试等，必要时，有些测试内容要在参与分系统、系统联试时进行。

（3）地面环境试验验证

对于飞行产品功能和性能检验与验证的最主要方式是进行产品地面环境模拟试验。典型的空间环境模拟试验包括力学试验、空间热环境试验、电磁兼容性试验、空间抗辐照试验等。试验矩阵一般根据产品特性的不同选取，飞行产品通常按照验收级的试验内容和量级进行试验验证，试验内容和量级也可根据样机的研制状态进行选定。

组部件级验收试验矩阵见表 5－4。

（4）验收交付与飞行试验

飞行产品交付使用前，要进行产品的验收。飞行产品的验收应按照产品规范和相关设计技术文件等进行，以单机产品为例，通常要完成如下工作。

表 5—4　组件验收试验基线

试验类型	建议试验顺序	电工电子组件	天线	机械活动组件	太阳电池阵	蓄电池	阀门或推进组件	压力容器或部件	推力器	热学组件	光学组件	结构组件
检查④	1	R①	R	R	R	R	R	R	R	R	R	R
功能④	3	R	R	R	R	R	R	R	R	R	R	R
检漏⑥	4，7，12	ER②	—③	R	—	R	R	R	R	ER	—	—
冲击	5	ER⑦	ER	ER	—	ER	ER	—	ER	—	ER	—
振动	6	R	R⑧	R	R⑧	R⑪	R	R	R	R	ER⑨	—
声	6	ER	R⑧	—	R⑧	—	—	—	—	—	—	—
热循环	8	R	ER	ER	ER	ER	ER	—	ER	ER	ER	—
热真空	9	R⑤	R	R⑩	R	R⑪	R	ER	R	R	R	—
磨合	2	—	—	R	—	—	R	—	R	—	—	—
检验压力	10	—	—	ER	—	R	R	R	ER	—	—	—
检验载荷	11	—	ER	ER	—	—	ER	ER	ER	ER	ER	ER⑨
电磁兼容	13	ER	ER	—	ER	ER	ER	—	—	—	—	—
磁	14	ER	—	—	—	—	—	—	—	—	—	—

①“R”表示“要求的”试验，是要求必作的试验，因为试验是有效的而且作的概率很高。

②“ER”表示“经评价要求的”试验，是根据产品的具体研制情况来选择作的试验，因为试验一般不是很有效，而且作的概率较低。“经评价要求的”试验应根据情况逐项分析来作出评估。如果经过评估证明一项“经评价要求的”试验是有效的，“经评价要求的”试验就成为“要求的”试验。

③“—”表示“不要求的”试验，是不需要作的试验，因为试验是不起作用的，因此作的概率极低。

④如可行，每次试验前后都要求进行，包括需要的特殊试验。

⑤对密封的或低功率部件选作。

⑥只对密封的或充压组件要求作。

⑦冲压值高时要求作。

⑧声或振动要求作一项，视何者更合适，另一项任选。

⑨如使用粘接结构或复合材料结构，要求作此试验。

⑩运载器的液压部件除外。

⑪试验后不能再充电的蓄电池不要求作。

1）产品状态及接口检查：包括对产品的标识、外观、机械接口、热接口、电接口、人—机接口、质量等进行检查；

2）产品性能指标检查：依据产品研制规范和测试大纲等要求，对产品功能指标、性能指标、电磁兼容性、光学性能、机械性能、减振器、密封件有效期，以及通电测试的安全性、热接口、电接口、光学性能及其他应检项目的符合性进行检查；

3）产品数据包及符合性检查：对验收产品的完整性、有效性和提交文件的完整性、协调性、正确性，产品质量与可靠性过程管理的充分性和符合性等进行检查；

4）其他项目：工艺件及各种保护罩、保护插头、产品多余物，测试的覆盖性，试验的正确性和试验结果的符合性等。

必要时，可以通过分系统或系统联试，对单机产品无法测试或考核的项目进行综合分析和考核确认。

验收合格的产品方能参与后续的系统集成研制和飞行应用。

5.3.4.2　飞行产品完成标志和质量控制点

（1）飞行产品评价要素与完成标准

飞行产品评价要素与完成标准包括以下几个方面。

1）产品设计内容齐全，组成与设计方案完全一致；设计的主要内容一般包括产品组成和指标分解、尺寸、质量、功耗、外观、结构及机械接口、电气及其接口、热及其接口、产品外部接口、工艺设计、软件设计等。

2）通过性能测试，性能指标满足产品规范要求。

3）通过功能测试，功能指标满足产品规范要求。

4）质量、功耗、体积等满足产品规范要求。

5）接口状态：机械、电、热等性能接口满足产品规范要求。

6）地面考核试验要求：根据需要，通过规定的力学、热真空、热平衡、电性能测试等地面环境模拟的验收级试验。

7）原材料、元器件设计与选用：一般要求选择选用目录内的产品，所选产品应技术先进、工艺成熟、质量可靠、产品定型、批量生产、供货稳定，目录外产品选择必须经过充分论证，选用的原材料、元器件要求通过相应的环境试验考核。

8）可靠性：产品通过可靠性、寿命分析与试验考核验收，满足产品规范要求。

(2) 质量控制点

飞行产品研制过程质量控制点包括以下几点。

1) 对单机工程样机阶段的超差项进行了分析，需要在飞行件设计中进行调整或优化的指标已得到确认，产品功能和性能满足产品规范要求。

2) 产品技术接口关系、产品内模块之间的接口关系明确、协调，并得到验证。

3) 前一阶段评审待办事项落实情况及评审后的重大设计更改。

4) 工程样机阶段所规定的各项试验验证情况，采用的新工艺、新器材鉴定结果满足要求。

5) 技术状态基线控制情况，根据工程样机阶段质量问题归零情况、技术问题处理情况和技术状态更改情况，将有效的解决措施落实到正样产品相关的文件和图样上，更改验证充分有效，已经批准的更改落实到位。

6) 对于工程样机阶段过程中其他同类型单机或电路模块暴露的技术问题进行了举一反三。

7) 进行了可靠性、维修性、安全性设计与分析。

8) 单点失效点和关键件识别充分，控制措施合理、可行。

9) 确定的测试项目全面、合理，测试时机和条件合理、可行；不可测试项目分类正确，过程控制措施明确、合理、可行。

10) 所选目录外元器件/原材料审批情况，是否存在原材料、元器件的变更情况，对代用和新补充的元器件履行了相关审批手续。

11) 对由于飞行件元器件使用状态变化引起产品在降额、抗力学、耐辐照、热分析、防静电环节方面的相应变化进行了仔细的分析和验证。

5.3.4.3　形成的产品数据包

飞行产品形成的产品数据包详见表5—5。

表5—5　飞行产品数据包

序号	文件名称	主要内容	备注
一、设计类文件			
1	产品规范	产品性能、功能、工作原理及组成，机、电、热接口，抗辐射能力，EMC试验项目（机械产品无此项） 可靠性设计（可靠性指标：电子产品、机电产品统用总失效率（单位fit），机械产品可靠性指标安全裕度）、环境适应性条件、基频要求及鉴定验收条件	

续表

序号	文件名称	主要内容	备注
2	产品设计全套图样	电子、机电产品应有：结构设计图样，电装图，电路板（含元器件布局）图，电原理总图，电原理分板图和 IDS 表 机械产品应有：零件图、部件图和装配总图；Pro/E 模型	
3	产品设计报告	电子、机电产品应有：详细设计，产品的故障模式及影响分析，元器件降额设计，分析计算，抗力学环境设计分析，热设计分析，静电防护设计，电磁兼容性设计，可靠性指标预估/评估/试验 机械产品应有：详细设计，产品的故障模式及影响分析，抗力学环境设计分析，热设计分析，抗辐射设计分析，可靠性指标安全裕度核算、预估，安全性措施，抗辐射设计工艺要求等 无源产品应有：详细设计，产品的故障模式及影响分析，抗力学环境设计分析，热设计分析及可靠性设计等	视具体产品而定
4	测试覆盖性分析	列表：加工过程检测项目，整机状态测试项目，环试状态测试项目，出厂检测项目以及相对应的测试方法，说明整机不可以测试项目的原因和可分析控制方法及相应报告	
5	调试细则（装配技术要求）	光机、机电、电子等产品，包括组件与单机，详细描述调试（装配）部位、方法、步骤和结果记录表	
6	特性分析报告		视具体产品而定
7	关键件清单、重要件清单		
8	试验大纲		
9	产品试验/测试报告	电子、机电产品：力学、热等 机械产品：力学、热等	
10	使用说明书	概述（用途、使用要求），技术参数（产品简要或主要参数），工作原理，结构特性，使用步骤，维护、检修和排故注意事项，产品的附件	

续表

序号	文件名称	主要内容	备注
11	电子元器件配套表及原材料清单	元器件、原材料、标准件、外协外购件	
12	目录外元器件清单		
13	……		
二、过程类文件			
1	产品复核复审过程记录	复查的内容、发现的问题	
2	工作程序记录表，跟踪卡		
3	各类评审证明书	包括设计、工艺、可靠性等各种类型	
4	……		
三、工艺类文件			
1	工艺总方案	航天器单机产品工艺总方案编制要求	
2	工艺流程图	航天器单机产品工艺总流程编制要求	
3	工艺文件目录		
4	测试细则	详细描述每项测试方法、测试设备、连接图(标明设备型号)、操作步骤、测试结果记录表	
5	工艺文件	含零件加工工艺、部件组装工艺、试验工艺、整机装配工艺、非标设备设计文件及工装文件、特种工艺文件、关键工序目录/工艺规程/控制卡等	视具体产品而定
6	工装设计文件及其制造规程		视具体产品而定
7	工艺装备明细表	含检验、检测设备配套文件	
8	材料消耗工艺定额明细表	执行工艺文件	
9	外协件明细表		
10	元器件及材料汇总表		
11	工艺清单		
12	……		
四、管理类、产品保证类			
1	产品技术流程		
2	产品计划流程		
3	产品保证大纲		
4	产品外协保证要求	外协件技术要求和产品保证要求，外协验收细则	视具体产品而定

续表

序号	文件名称	主要内容	备注
5	外购件质量证明	外购产品技术要求、验收细则及相关要求	
6	元器件、原材料采购规范/要求	频率器件（声表面波滤波器、LC 滤波器、HE 系列放大器、功分器、隔离器、VCO、晶体等）、特殊元件、特殊原材料等	
7	外协、外购件合格供货方清单		
8	验收细则		
9	生产过程质量跟踪文件数据包	含机械加工质量跟踪卡、调试质量跟踪卡、喷漆质量跟踪卡、产品出所检验记录表、关键工序控制卡等	
10	评审证明书	含设计、工艺、试验、产品质量、质量问题归零、技术状态更改情况等	
11	……		

5.3.4.4　完成标志

飞行产品完成标志有以下 2 点：

1）设备正常飞行运行，交付用户使用；

2）产品达到 3 级成熟度要求。

5.4　航天产品开发案例

星载行波管放大器作为目前星载通信设备的重要有源部件，其主要功能是对下行的微波传输信号进行功率放大，具有单级放大倍数高、带宽宽、效率高、可承受的工作环境温度高等特点，被广泛应用于各类通信、导航、遥感等卫星系统中。根据应用目的可分为通信、数传用连续波型行波管放大器，雷达类应用的脉冲型行波管放大器（Pulse Traveling Wave Tube Amplifier，PTWTA）。其中连续波型行波管放大器根据系统对于设备非线性指标要求的不同又可分为普通行波管放大器（Traveling Wave Tube Amplifier，TWTA）和线性化行波管放大器（Linearizer Traveling Wave Tube Amplifier，LTWTA）。详细分类如图 5－6 所示。

普通行波管放大器由行波管（Traveling Wave Tube，TWT）、行波管电源（Electric Power Condition，EPC）两部分组成，如图5－7所示。

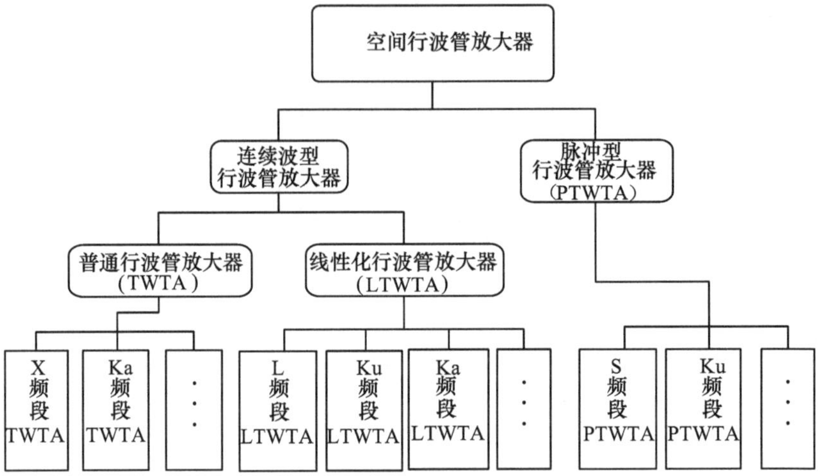

图 5－6　行波管放大器分类

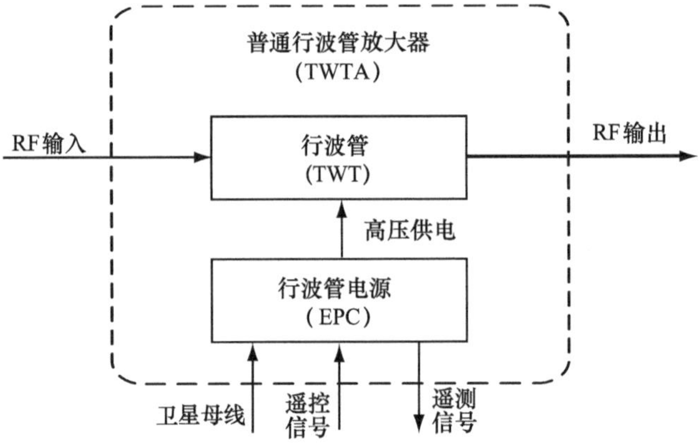

图 5－7　普通行波管放大器组成框图

线性化行波管放大器通常由行波管、行波管电源（EPC）以及线性化通道放大器（Linearizer Channel Amplifier，LCAMP）3 部分组成，如图 5－8所示。

5.4.1　项目立项

1）需求分析。根据中长期远景规划及目前承担的型号任务，分析 2020 年前通信卫星、导航卫星、遥感卫星、侦察卫星和科学试验卫星等对行波管放大器的需求情况，并对所需行波管放大器的类型进行了统计和分析，需求量上千台，主要集中在 L 频段、X 频段、Ku 频段和 Ka 频段。

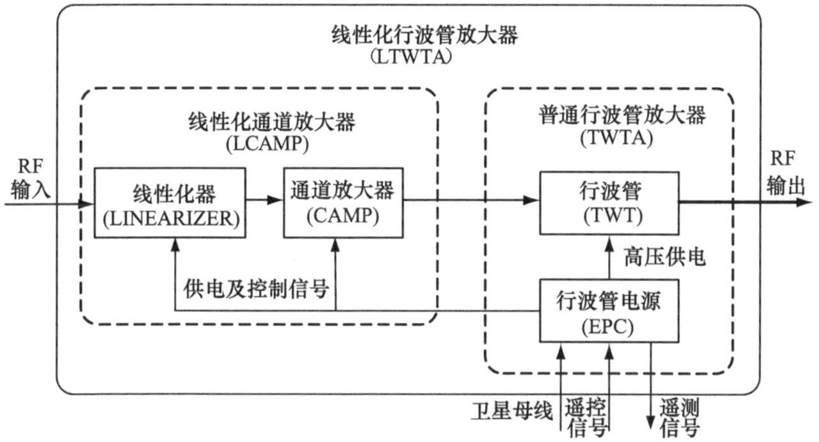

图 5—8　线性化行波管放大器组成框图

2）技术发展趋势分析。随着技术的发展，卫星通信对行波管放大器产品的性能要求主要表现在宽频带、高频段、高效率、长寿命等方面。

3）国际对标比对分析。分析我国的基础，比对国际先进水平，我国的差距主要在效率和寿命两个方面。

4）开发原则。急用先行，以典型产品带动型谱化建设，形成产业能力。在已突破关键技术的基础上针对未来应用需求完善产品系列；建设产品验证平台，提高产品可靠性并形成标准规范，最终形成产业能力。

在上述 4 方面工作的基础上，再结合行波管放大器型谱初步确定开发 Ku 频段线性化行波管放大器，并以此从立项的必要性、技术的先进性、关键技术解决途径的可行性、保障条件的可实施性以及经费需求等方面编写综合立项报告，提交决策层决策，确定 Ku 频段线性化行波管放大器研制立项。

5.4.2　原理样机研制

这一阶段重点是梳理关键技术完成攻关，完成功能、性能的设计、实现。在产品设计方案阶段，开始贯彻模块化设计思想。设计团队主要由整机设计师、模块设计师、可靠性设计师、工艺师、产品工程师共同组成。产品设计以整机产品经理为首对整机进行多种方案设计的比较以确定最优设计方案。确定主要功能模块组成和技术要求，对分机中涉及到的模块进行指标分解，梳理出标准模块、通用模块、相似模块和专用模块。如果不可避免地涉及到新型模块电路，那么必须对模块设计师下发任务书，并且进行充分的沟通和交流，同时考虑到后续的通用性，由以模块产品经理为首的设计团队进行模块的设计、验证，将最终的设计结果提交整机设计团队，从而最终完成整机的设计工作。设计流程如图 5－9 所示。

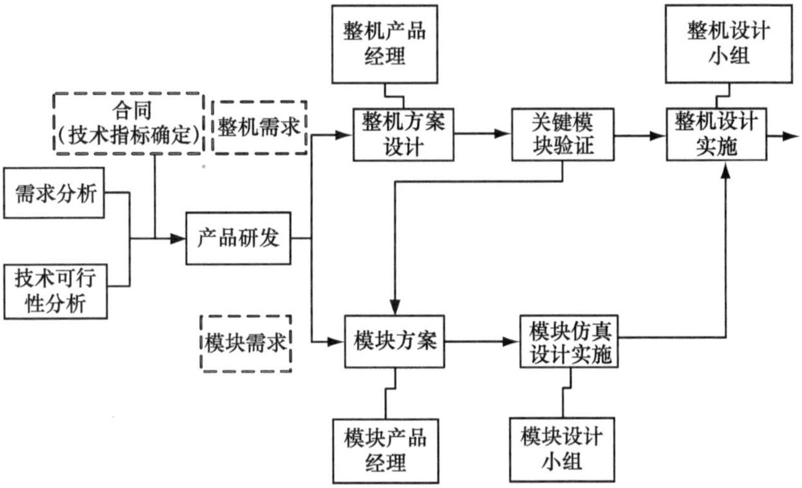

图 5－9　行波管放大器设计流程

首先对行波管放大器所涉及的技术及现有技术基础进行梳理，形成行波管放大器技术树（如图 5－10 所示），再根据单机功能模块组成，确定需要进行攻关的模块，验证关键技术的可行性。空间用行波管电源有多路的数千伏的高压输出，高压的处理是空间用行波管放大器高可靠、长寿命的保证。我们以行波管电源为例，关键技术主要在高压和低压两个模块上。原理样机以此为重点开展研究开发，验证其整机的功能性能。

同时需要做好原材料、元器件选用，应选择后续可获得高等级的元器件，做好元器件品种的压缩，初步进行电磁兼容性设计、完善产品的故障模式与影响分析以及初步的散热设计等工作。

5.4.3　工程样机研制

这一阶段是设计的关键阶段，是产品真正的实现阶段，设计工作要完整地考虑产品的功能、性能、质量、加工、装配、检验、测试及维修等全部因素。本阶段重点进行组合化（模块化）设计、全面可靠性设计与验证。

我们以电源研制为例，在原理样机阶段完成了电源原理样机的研制，

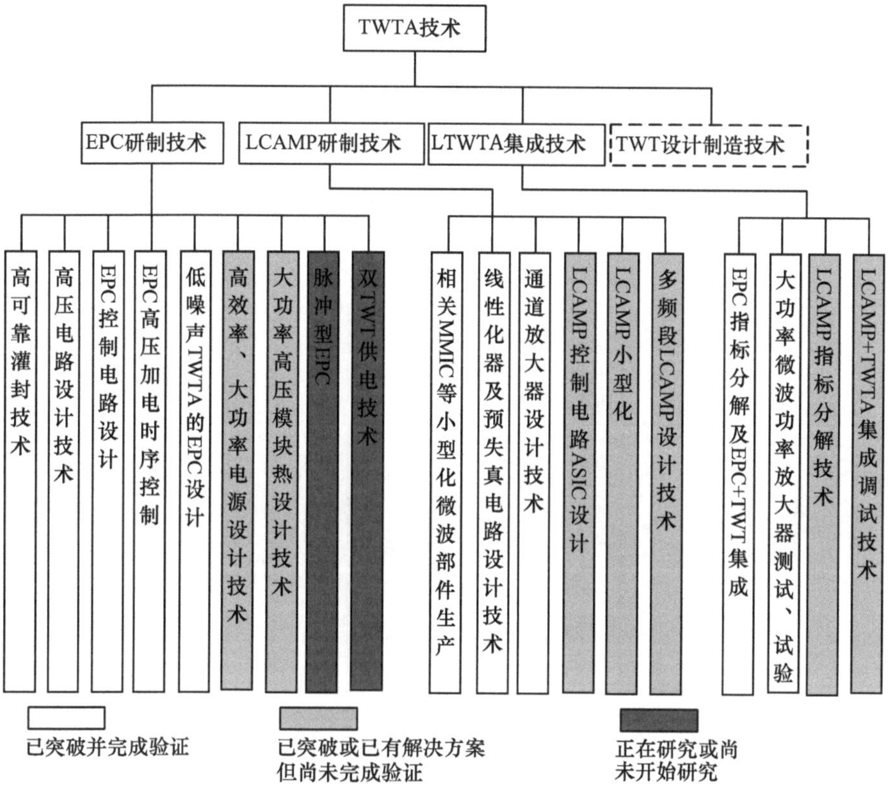

图 5—10　行波管放大器技术树

主要电路分为高压电路、低压电路两部分，但电性能不稳定、调试难度大、产品体积大。依据模块化设计思路，按照通用化的要求，对高压电路设计技术进行了详细分析，对不需调试的高压变压器、整流滤波电路等集中设计为独立模块，大大压缩了高压功率模块的体积；对于控制电路复杂但模块内部电压相对较低的阳压模块单独进行灌封，既便于调试又利于压缩模块体积，从而最终确定了高压模块、阳压模块、低压模块的结构构成(如图 5—11 所示)。

1）通用模块。高压模块、阳压模块。电路设计不发生变化，根据不同要求，对电路所需元器件进行适应性更改，就能够满足要求。

2）专用模块。低压模块。电路与卫星母线电压、行波管输出功率、普通行波管放大器工作方式有密切关系，根据不同的要求设计不同电路。

3）专用零部件。高压模块中的高压骨架。高压骨架的开槽数、槽间距都与行波管参数有密切的关系，每个行波管的参数都不一致，因此为专

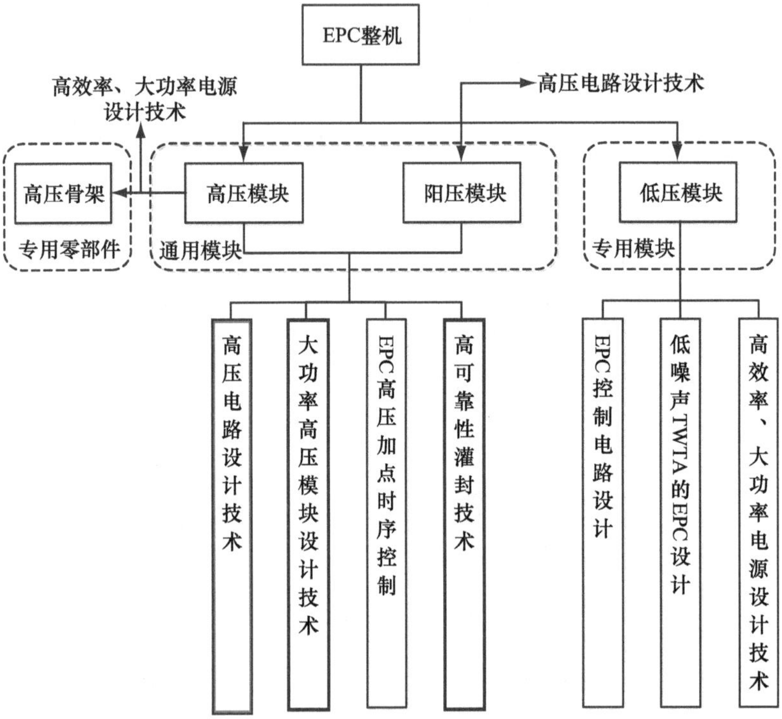

图 5－11　空间行波管放大器电源模块构成图

用零部件。

在工程样机这一阶段全面进行产品特性分析、完善产品的故障模式与影响分析、热设计、元器件降额设计、抗力学环境设计、电磁兼容性设计、抗辐射设计、静电防护设计，以及容差设计和最坏情况分析等可靠性设计，分析可靠性薄弱环节及采取的措施。

例如，在完善产品的故障模式与影响分析中发现行波管高压加电过程中会出现较大的螺流峰，远远超过正常工作中的螺流值，电源设计的螺流过流保护电路起作用，可能造成电源的高压加电失败，影响行波管放大器的正常工作。以此分析设计了专门的电路，从而确保行波管的正常加电，保证正常工作，提高了可靠性。

产品制造过程中元器件、原材料是基础，工艺是保证。对梳理出来的目录外元器件或低等级元器件要制定保证要求和实施方案，按实施方案进行考核，通过了考核方可应用到飞行产品中。对新使用的环氧树脂等未经过飞行验证的新材料，必须按航天型号产品材料鉴定有关要求进行材料鉴定，验证其准确性及空间环境的符合性。对未经飞行试验验证的高压灌封等新工艺按航天型号产品工艺鉴定有关要求进行专项试验以完成工艺鉴定，并形成鉴定报告，鉴定报告中必须对技术指标的符合性、试验方案的正确性进行说明，确保试验结论的有效性和可靠性。通过这一系列对元器件、原材料、工艺的考核和鉴定，为生产制造奠定了基础，初步到达航天产品生产的要求。

根据行波管放大器可应用不同卫星，在升空、在轨等过程中承受的环境各异，上天产品的不可维修性等特点，制定了通用行波管放大器的可靠性考核规范（含环境试验），以验证设计、工艺的可靠性。通过验证解决了真空下高压放电、高压电路板走线干扰、真空下低压部件局部过热等问题，提高了产品的可靠性。

在研制过程中形成的每一份设计文件、工艺文件、试验记录等按设计类、工艺类、过程类以及管理保证类进行分类归档形成产品数据包。

5.4.4　飞行产品研制

在工程样机通过了所有可靠性考核试验以及新材料、新工艺鉴定后，固化目前的设计技术状态和工艺技术状态。并按固化的技术要求和状态进行生产加工，完成系统的测试和地面试验验证后交付分系统集成。

在产品生产与测试过程中主要注意技术状态控制。必要的技术状态更改要遵循“论证充分，各方认可，试验验证，审批完备，落实到位”的控制原则，所有更改都要经过充分论证和评审，都要按照技术状态更改控制的规定进行申请和批准的管理与控制。作好生产过程控制，生产过程严格按照工艺流程进行，确保工作状态受控、文件受控，过程记录真实反映生产状态，确保产品质量。做好测试覆盖性分析，产品测试覆盖性要求飞行产品的测试系统全面、准确，要确保所有可测量项目均进行了充分有效的测试，也要确保不可测试项目在研制过程中质量控制措施落实到位。产品测试包括生产、装配、调试以及试验过程中的测试，测试内容包括接口测试、功能测试、性能测试等，必要时，有些测试内容要在参与分系统、系统联试时进行。

参考文献

[1] 郭宝柱．中国航天与系统工程［J］．航天工业管理，2003（6）．

[2] 郭宝柱．再谈系统工程方法［J］．航天工业管理，2007（5）．

[3] 国防科工委军标编写组．运载器和航天器试验要求 GJB 1027A－2005［S］．国防科工委，2006．

[4] （加）罗伯特·G·库珀．新产品开发流程管理［M］．青铜器软件公司，译．北京：电子工业出版社，2010．

[5] 栾恩杰．国防科技名词大典：航天［M］．北京：航空工业出版社，2002．

[6] 栾恩杰．航天系统工程运行［M］．北京：中国宇航出版社，2010．

[7] 任君卿，周根然，张明宝．新产品开发［M］．2 版．北京：科学出版社，2009．

[8] 吴伟仁．军工制造业数字化［M］．北京：原子能出版社，2005．

[9] 袁家军．神舟飞船系统工程管理［M］．北京：机械工业出版社，2006．

[10] 袁清珂．现代设计方法与产品开发［M］．北京：电子工业出版社，2010．

第6章　航天产品定型

6.1　概述

6.1.1　航天产品定型的基本概念

航天产品定型是指在航天产品完成全部研制工作的基础上，依据产品成熟度理论，通过考核验证，确认其达到可以定型的成熟度等级条件要求，并履行相应手续固化技术状态，支持后续型号选用和产品重复生产的活动。

航天产品定型作为产品成熟度等级从5级向6级跨越的技术和管理活动，是从研制、试用产品向成熟现货产品转变的关键步骤，是产品成熟度提升过程的重要里程碑，标志着产品从研发、培育向生产、应用的转变。航天产品定型表明产品满足规定的技术要求、具有良好的质量可靠性，可作为现货产品供用户放心选用。

航天产品定型的基础是开展产品成熟度培育工作，产品成熟度培育作为产品从研发向定型转变的重要阶段，是通过开展飞行考核验证，并根据飞行验证结果实施产品改进与数据包完善的重要活动。因此，在工程研制和应用过程中，开展产品成熟度培育，有利于指导和推动产品定型，对于航天型号选用产品时的权衡和比较具有重要作用和现实意义。

6.1.2　国内外产品定型情况简述

6.1.2.1　国外卫星公用平台系列化发展情况

尽管国外航天发达国家没有明确的产品定型活动，但对于从研制向生产转移过程的风险问题已早有认识。20世纪80年代，美国国防部在分析武器装备采办问题时就明确指出，采办项目的首要问题存在于“从研制向生产的转移过程”。为有效识别和预防这一过程中的风险，美国国防部于1984年颁布了指令DOD4245．7《从研制到生产的转移》和配套的指导性手册DOD4245．7—M，将设计、试验和生产相关技术评定作为控制风险的重要手段。美国航空航天局在阿波罗工程的总结中，认为在保证系统成功的系统工程管理经验中，最为关键的就是“技术状态控制”与“故障报告、分析和纠正措施系统（FRACAS)”，其中的技术状态控制中就包括有设计定型、工艺定型的技术与工作规程的要求。由此可见，国外航天发达国家对产品定型的相关工作还是非常重视的。而美、欧各国在公用平台基础上的单机系列化、专业化以及现货产品（OTS）的研制和应用，在一定程度上体现了对成熟的定型产品的管理。

自1995年以来，美国航空航天局和欧洲空间局特别强调了对现货产品的管理，在一定程度上就是对成熟的定型产品的管理。无论是在其质量保证大纲、可靠性保证大纲还是软件产品保证大纲等要求中，都有专门的章节论述现货产品的问题。

6.1.2.2 国内武器装备定型工作开展情况

早在20世纪70～80年代，中国就开始开展武器装备的定型工作，多年来，武器装备定型工作取得了大量技术成果，在保证部队装备质量、降低装备研制生产成本、缩短装备研制生产周期等方面产生了显著的军事和经济效益。例如，国内军用飞机的产品定型管理模式通常是新型号军用飞机研制过程由军方提出要求，经可行性论证投标选定研制单位，由设计部门整合研制，制造部门生产原型机，试飞部门验证试飞。然后，定型委员会组织设计定型审查组审查，提出审查报告，最后办理设计定型；转入批量生产前，与设计定型一样，由定型委员会办理生产定型手续。只有完成设计定型，方可转入生产定型；同时，只有完成定型工作，飞机才可交付使用。

军用飞机的设计定型条件包括：

1）定型样品（原型机）进行了鉴定性试飞，证明关键技术问题已经解决，性能达到要求；

2）审查核定的技术状态已冻结；

3）定型样品（原型机）数量满足要求；

4）具备定型试验所需的技术文件和图样。

6.1.2.3 国内航天产品定型工作开展情况

21世纪之前，航天领域长期处于低密度发射状态，试验多、商业应用少。因此，在型号研制中一直存在着重研制、轻生产的观念，认为航天器应用在不断变化，即使是同一个类型的航天器（如卫星等），各星之间轨道、平台、特别是有效载荷差别很大，没有必要像导弹武器那样开展定型工作。

进入21世纪，随着航天器产品系列型谱建设的快速推进，市场需求快速增长，气象、通信卫星，特别是导航卫星需求旺盛，陆续有了批产任务。航天器逐步形成了以系列型谱为指导、技术相对成熟、质量稳定、可供航天器设计选用的“现货产品”，使得航天器型号的定型工作成为可能，也彻底扭转了航天器产品不需要定型的观念。

为应对需求转型，从 2005 年起，中国航天实施了“航天产品型谱建设”和“航天产品定型推进工程”工作，开展了航天产品定型工作的先期探索、研究和实践。

在实施“航天产品定型推进工程”工作以来，有关部门制定并发布了航天单机产品定型工作指南、航天产品规范编制指南、航天单机产品成熟度定级规定等文件，开展了卫星重点产品和运载火箭重点产品的定型策划，卫星单机和运载火箭单机产品院级定型和卫星公用平台产品规范制定等工作。

6.1.2.4　航天产品定型与常规武器装备定型的区别

航天产品定型，虽然与常规武器装备定型的目的一样，都是要规范和固化装备产品技术状态，为产品的优质、高效、稳定、快速、重复生产提供条件，但两者有所不同。具体表现为以下几点。

（1）重点不同

常规武器装备定型的对象是交付部队使用的整套装备。航天产品定型的对象重点依次为单机、平台和整星、整箭。

（2）定型时间不同

常规武器装备定型是研制过程中的一个阶段，在正式列装部队之前，常规装备必须定型。航天产品研制过程中没有定型阶段，首发星即正式装备。通过单机和中间产品的定型，整合和规范几十年来形成的航天基础产品，与型号研制过程没有直接联系。

（3）试验考核方式不同

常规武器装备定型的依据是装备研制总要求和研制合同中规定的战术技术指标，考核的途径是定型试验，试验的方式主要是外场试验和使用试验。

航天产品定型是依据面向未来应用需求的航天定型标准，采用飞行考核（成熟度培育）、地面模拟环境试验、仿真、分析、评估等活动相结合的方式进行（主要是寿命、可靠性考核）。

（4）成果管理和应用方式不同

常规武器装备定型的成果相对研制任务固定，支持装备订购、批产和交付部队，航天产品定型是定型成果支持新型号研制的选用。

6.1.3 航天产品定型的原则、目的与作用

6.1.3.1 航天产品定型的原则

航天产品定型的原则主要有以下几点。

1）充分借鉴武器定型的相关经验；

2）突出航天产品定型的需求和技术特点；

3）以单机作为定型对象，优先选择型谱产品；

4）重点完善产品数据包，必要时补充开展试验验证；

5）设计定型、工艺定型和过程控制定型同时启动，先后完成。

6.1.3.2 航天产品定型的目的和作用

航天产品定型的目的和作用主要体现在以下几个方面。

（1）固化技术状态，稳定产品质量

在对现有产品技术状态清理的基础上，充分继承已发射型号的成功经验和成果，并对经过成功飞行验证的产品进行固化，控制定型产品技术状态，保证产品质量稳定、一致性好，满足型号研制越来越高的“好、快、省”要求。

（2）缩短研制周期，提高研制效益

定型后的产品将直接投产，减少同类产品重复研制，可大量节省类似产品研制、试验所需的时间、经费、资源和人力，提高工程建设经费和资源的使用效率。

（3）促进从研制向应用的转型

为促进航天系统按照“好、快、省”的要求实现产业化、规模化的科学发展，实现从科研探索试验向连续稳定为主应用模式转变的需求，必须通过定型促进航天产品由科研向生产转型。

（4）为改进研制管理模式奠定基础

通过在产品工程过程中增加产品定型阶段，完善产品研制过程，在传统航天型号研制流程基础上，创新航天型号的研制管理模式，丰富系统工程管理理论。

6.2　航天产品定型的内容和方法

6.2.1　航天产品定型的依据

应将拟定型产品的产品规范作为产品定型的基本依据。产品规范约束了产品的各项技术要求以及验证要求，为产品采购、验收提供统一标准是产品生产验收的重要依据。通过产品技术文件的固化实现不同时间、不同地点、不同人员生产出符合同一标准的产品。

产品规范是规定航天型谱产品应符合的要求及其符合性检验等内容的规范性文件。编制产品规范的目的是在规范中将产品的实际使用需求、用户要求转化为指导产品研制生产的设计研发要求，并替代传统型号研制任务书。产品规范的审查工作应作为型谱产品定型审查工作之一；由相应主管部门组织进行单独审查，通过审查后，该产品方可定型。

产品规范中规定的产品功能性能要求，应是通用性的要求，而不是某单一型号的任务要求；同时应是以现有技术水平能够达到的要求。航天产品型谱规划中的每个规格产品均应编制型谱产品规范，作为产品制造验收的基本依据，也是定型产品选用的基本条件。

航天产品型谱中的成熟度等级达到 2 级及以上的产品均应编制产品规范；在产品成熟度等级认定时，应按有关标准和文件的要求，对现有产品规范的适用性和有效性进行确认，并作为产品成熟度等级评定的依据之一。

产品规范的编制应遵照以下原则。

1）一致性原则。产品规范中规定的产品主要功能、性能指标应与该产品型谱规定的相应指标保持一致。

2）全面性原则。除型谱规定的主要功能、性能指标外，产品规范应全面描述产品技术指标和要求，为产品鉴定、评价、选用、采购、验收等活动提供完整的技术标准。

3）可检性原则。产品规范中规定的技术指标和要求必须是可检查、可验证的；针对每项要求，必须给出可操作的、有效的具体验证方法以及合格评定准则。

4）符合性原则。产品规范中的技术内容必须满足现有的标准、规范及相关管理文件的要求，产品规范的编制格式和基本要求应符合有关标准的相关规定。

产品规范的编制或修订过程应伴随航天型谱产品的研发、成熟度培育、定型和更新换代等工作同步实施。

产品规范中应对产品的能力边界、适用范围有明确的规定，如产品的适用环境范围，功能、性能、接口及使用范围等。产品规范在型谱研究报告的基础上针对每个产品进行细化扩展。

6.2.2 航天产品定型的条件

航天产品的定型分为三级定型、二级定型和一级定型。

6.2.2.1 三级定型产品的定型条件

对于拟定型的航天产品，产品研制单位应确认其满足以下基本条件，方可开展定型（成熟度 6 级）相关工作。

1）满足产品成熟度 5 级定级条件。

2）产品技术文件完善齐套，工艺和过程控制文件能保证产品重复生产，满足定型要求。

3）产品经过质量分析，对所有在研、飞行相关质量问题的归零工作进行了复查。

4）产品已通过环境适应性、极限能力、性能拉偏、寿命与可靠性等试验考核。

5）产品数据包中对多次飞行的产品基础数据进行了分析和要求值的固化；对产品关键特性参数的多次实测数据进行了分析，对要求值和检验验证方法进行了固化；固化了功能和性能指标。

6）产品数据包中补充了定型过程中进一步开展的试验验证形成的数据，形成最大环境适应性数据和极限能力数据。

7）产品数据包中补充了产品研制、成熟度提升过程中所有更改、增加及验证结果数据。

8）产品数据包中固化了产品生产及飞行数据记录项、比对要求及表格格式。

9）确定了要建立成功数据包络线的参数，形成信息化的数据库，开始积累各项数据。

10）利用已开展的地面和飞行考核数据，进行了产品可靠性评估。

11）按规定履行了相关定型程序，并由主管部门批准三级定型。

6.2.2.2 二级定型产品的定型条件

对于拟定型的航天产品，产品研制单位应确认其满足以下基本条件，方可开展定型（成熟度 7 级）相关工作。

1）满足产品成熟度 6 级定级条件。

2）定型文件经小批量生产验证，能够保证产品一致、质量稳定。

3）在三级定型产品基础上，又经过 3 次成功飞行试验考核，其中卫星单机单次飞行考核时间应不低于 2 年（设计寿命低于 2 年的按照实际设计寿命考核），考核期间工作正常。

4）至少经过 1 次实际飞行全寿命考核。

5）地面考核和飞行工作期间，产品未发生描述的重大质量问题或严重质量问题，出现的质量问题已经完成归零。

6）产品数据包中进一步补充了 3 次飞行产品的基础数据、关键特性实测数据、功能和性能地面及飞行实测数据。

7）作为质量问题归零的措施，针对 6 级成熟度定级后出现的质量问题，补充、修改、完善了产品数据包中的相关数据。

8）根据重复生产和多次飞行考核数据记录、比对的实际情况，对固化的产品生产及飞行数据记录项、比对要求及表格格式进行了持续改进。

9）统计历次飞行成功产品的关键特性参数实测值，并结合成功地面试验结果形成成功数据包络线，对于与飞行环境密切相关的产品，还要形成环境条件参数成功数据包络线。

10）根据增加的地面和飞行考核数据，更新了产品可靠性评估结果。

11）按规定履行了相关定型程序，并由主管部门批准二级定型。

6.2.2.3　一级定型产品的定型条件

1）满足产品成熟度 7 级定级条件。

2）在二级定型产品基础上，又经过 2 次以上成功飞行试验考核，其中卫星单机单次飞行考核时间应不低于 2 年（设计寿命低于 2 年的按照实际设计寿命考核），考核期间工作正常。

3）产品数据包中进一步补充了 2 次飞行产品的基础数据、关键特性实测数据、功能和性能地面及飞行实测数据。

4）作为质量问题归零的措施，针对 7 级成熟度定级后出现的质量问题，补充、修改、完善了产品数据包中的相关数据。

5）根据积累的地面和飞行实测数据，进一步修订了成功数据包络线。

6）细化完善产品数据包中的关键特性参数，偏差控制在 6σ 以内，达到精细化要求。

7）根据应用情况，进一步对产品数据包中生产及飞行数据记录项、比对要求及表格格式进行改进。

8）根据增加的地面和飞行考核数据，修订了产品可靠性评估结果，产品可靠度评估值在 0.7 置信度条件下不小于 0.99。

9）按规定履行了相关定型程序，并由主管部门批准一级定型。

6.2.3 航天产品定型策划

航天产品定型前，应梳理产品定型需补充开展的设计、工艺、产品保证和过程控制、产品数据包等方面的相关工作，形成航天产品定型的策划报告，其主要内容有以下几点。

(1) 产品名称与产品代号

完整描述该产品的名称和代号，产品名称不宜过长，产品代号应与型谱简表的产品代号保持一致，且与附件所提供的定型材料中的相关内容一一对应。

(2) 产品研制任务来源和应用背景需求

描述该产品的研制任务来源、拟应用的领域和背景型号、未来应用的数量需求等。

(3) 产品用途、组成及主要技术指标

描述该产品的组成结构、用途，含产品原理或组成示意图，给出产品主要技术指标，包括额定值和极限值等。

(4) 产品研制应用情况

描述该产品的整个研制和应用历程。

(5) 产品技术状态基线说明

确定拟定型产品的技术状态基线。

(6) 初始识别的产品成熟度

依据航天行业标准，说明产品成熟度定级条件满足情况、已有的数据包项目、目前达到的产品成熟度等级。

(7) 需补充开展的工作项目

对照标准中产品成熟度 6 级条件，确定拟定型产品还需开展的工作项目，包括需补充开展的设计、工艺、产品保证和过程控制、产品数据包等相关工作项目和补充试验验证工作项目。

(8) 计划安排

具体产品需补充开展的工作项目计划。

6.2.4　航天产品定型的成熟度培育

航天产品定型的成熟度培育是指将完成地面研制和验证的产品，投入实际型号任务，开展飞行考核验证，产品成熟度达到 3 级后，根据飞行验证结果实施产品改进与数据包完善，不断提升产品质量、可靠性和可应用程度的过程，为形成“性能优良、可靠性高、适应性强、质量稳定、经济性好”的现货产品创造条件。

在本阶段，产品成熟度依据飞行考核的程度，划分为两个等级：一次飞行考核产品（产品成熟度 4 级）和多次飞行考核产品（产品成熟度 5 级）。

6.2.4.1　产品成熟度从 3 级到 4 级的培育

按照航天产品成熟度快速提升的“W”模型（参见本书 2.2.1 节），用户和采购方要求通过研制人员反复迭代的设计、分析、评价、权衡、决策和优化活动，逐级向下细化为各组成部分的技术要求，并通过研制活动转化形成实物产品，再经过逐级验证、交付，并在高一级进行组装和集成，最终完成整个系统的研制和验证并交付用户。产品按照飞行要求的实际工作状态通过地面考核，证明满足实际飞行任务要求，并按规定条件通过了验收级试验，在满足产品成熟度 3 级定级条件的基础上，开展产品成熟度 3 级到 4 级培育工作，主要包括以下几个方面。

（1）产品现状评估

① 设计评估

1）设计验证。通过 1 次成功飞行试验考核，产品的设计满足实际飞行任务要求。通过飞行试验考核结果，对产品的设计进行了改进和完善，补充了产品可靠性设计分析工作。

产品的全部设计文件经过了 1 次成功飞行试验考核验证，相关技术成果进行了细化、量化。产品飞行监测参数指标与产品规范规定的指标要求一致，满足实际飞行任务要求。

2）产品能力验证。对 1 次成功飞行试验考核（其中卫星单机单次飞行考核时间应不低于 2 年）情况进行分析和评估，识别产品薄弱环节。

按照策划的飞行试验大纲实施数据监测，并与规定的指标要求进行比对分析，数据比对结果应能够表明产品在飞行考核期间工作正常。

② 工艺评估

产品工艺文件在 1 次成功飞行考核的基础上细化、量化，产品工艺满足设计要求，具备保证重复、稳定生产的能力。

根据实际飞行考核和设计改进情况，对产品工艺设计进行了完善，同时补充了工艺更改所需的相关文件。

③ 产品保证和过程控制

飞行试验中发生的所有质量问题均已按照有关规定完成归零；根据飞行考核和改进情况，细化完善产品保证文件；补充开展产品保证工作文件和记录。

根据飞行考核和产品改进活动，对后续产品生产和应用等阶段产品数据包项目清单、模板、记录要求和相应的指标要求进行了验证和完善。完成了产品功能性能参数的飞行实测数据与地面实测数据的比对分析，并根据实际情况对有关数据项进行补充完善。

(2) 薄弱环节改进

针对1次成功飞行试验考核识别出的薄弱环节开展分析，进行设计改进、补充试验验证、工艺细化完善、过程控制数据包细化、量化等工作，并对改进工作有效性进行验证。

(3) 改进情况总结

各研制单位对产品1次成功飞行试验考核评估和薄弱环节改进工作情况进行总结，对相关成果进行固化。

6.2.4.2 产品成熟度从4级到5级的培育

工程实践表明，由于航天工程系统在任务要求、运行模式和运行环境等方面的特殊性，以及航天工程研制的探索性、先进性、复杂性、高风险性等4个突出特点，经历完整的“V”字模型开发过程所形成的航天产品仍然不能达到令人满意的成熟程度。航天产品必须经历“W”模型过程，通过反复迭代和深化完善才能实现成熟度提升。

在“W”模型的两次“V”过程中，后一次“V”过程是在产品飞行数据监测和比对分析基础上，对前一次“V”过程结果的确认和完善，是根据产品应用验证和改进完善程度，对3类关键特性再识别、再设计、再验证的过程，是设计、工艺和过程控制量化、细化和规范化的过程，将使产品成熟程度在前一过程基础上得到提升，直至满足航天产品的高性能、高质量、高可靠要求。

产品通过1次成功飞行试验考核，在满足产品成熟度4级定级条件的基础上，开展产品成熟度从4级到5级的培育。主要工作包括以下几个方面。

(1) 产品现状评估

① 设计评估

1) 设计验证。利用 3 次以上成功飞行试验考核结果，完善了产品研制技术要求，细化了产品的功能性能指标要求等；利用 3 次以上成功飞行试验考核结果，对产品设计进行改进，补充完善了相关技术成果。

产品经 3 次以上成功飞行试验考核，飞行监测参数指标包络线满足规定的指标要求，证明产品满足实际飞行任务要求。同时补充了设计更改所需的相关文件。

2) 产品能力验证。对 3 次以上成功飞行试验考核（其中卫星单机单次飞行考核时间应不低于 2 年，设计寿命低于 2 年的按照实际设计寿命考核）情况进行分析和评估，识别产品薄弱环节。

飞行考核期间发生的质量问题，不影响型号后续飞行试验任务的完成。

按照策划的飞行试验大纲、方案和规程实施数据监测，并与规定的指标要求进行比对分析，数据比对结果应能够表明产品在飞行考核期间工作正常。

② 工艺评估

产品工艺经至少 3 次以上成功飞行考核验证和寿命考核验证，满足设计要求，并可保证重复、稳定生产。

在至少 3 次以上成功飞行考核验证和寿命考核验证的基础上，同时补充了工艺更改所需的相关文件。

③ 产品保证和过程控制

结合飞行考核情况，对有关产品保证文件进行了完善。飞行试验中发生的所有质量问题均已按照有关规定完成归零。

根据飞行考核和改进情况，细化完善了产品保证文件；补充了开展产品保证工作文件和记录。

产品数据包中增加了飞行试验考核，包括 3 次以上成功飞行试验考核的实测数据记录；飞行数据记录项要求、记录格式及考核参考指标等经多次实际应用验证并完善。产品基础数据、产品关键特性数据、产品功能性能数据等经过 3 次以上成功飞行试验考核。

对产品生产和应用等阶段产品数据，包括项目清单、模板、记录要求和相应的指标要求等进行了验证和完善。完成了产品功能性能参数的飞行实测数据与地面实测数据的比对分析，对成功数据包络分析进行了策划，并根据实际情况对有关数据项进行补充完善。

(2) 薄弱环节改进

针对至少 3 次成功飞行试验考核识别出的薄弱环节开展分析，进行设计改进、补充试验验证、工艺细化完善、过程控制数据包细化量化等工作，并对改进工作有效性进行验证。

(3) 改进情况总结

各研制单位对产品至少 3 次成功飞行试验考核评估和薄弱环节改进工作情况进行总结，对相关成果进行固化。

6.2.5 航天产品定型的准备

对于拟定型的航天产品（产品成熟度已达 5 级），研制单位完成产品定型的内容主要是通过应用航天产品的快速成熟模型——“W”模型，开展从 5 级产品成熟度等级到 6 级产品成熟度等级的跨越，主要包括以下几个方面。

(1) 设计定型准备

1) 产品数据包清单的复查；

2) 进行产品设计、接口、状态的复核；

3) 可靠性和环境适应性设计、分析复查；

4) 技术状态更改和质量问题归零的落实情况复核；

5)“三单”落实情况复核；

6) 设计的工艺性和工艺性设计改进意见落实情况审查；

7) 关键检验点和强制检验点的设置复查；

8) 地面试验充分性复核和补充考核；

9) 对生产阶段质量与可靠性数据包数据项的要求及模板进行复查；

10) 复查出的薄弱环节改进，数据包的完善等；

11) 设计关键特性识别、确定及其验证的充分性；

12) 关键设计人员的能力水平及作用发挥。

(2) 工艺定型准备

1) 工艺文件与设计文件的协调性复核；

2) 工艺过程可操作、可量化、可检测、可重复等验证情况复核；

3) 生产阶段质量与可靠性数据包要求的验证情况复核；

4) 生产阶段历史问题清理；

5) 复查出的薄弱环节改进；

6）工艺文件固化，生产阶段质量与可靠性数据包完善；

7）生产阶段“不同时间、不同地点、不同人员”生产出产品的一致性情况复核；

8）工艺关键特性的识别、确定及其验证的充分性；

9）关键工艺人员的能力水平及作用发挥。

（3）过程控制定型准备

1）复查产品生产中的检验、不合格审查、超差处理等过程控制的要求、表格等产品保证类文件的齐全性、正确性；

2）复查产品生产过程控制的要求、表格等产品保证类文件的应用、验证情况；

3）复查出的薄弱环节改进；

4）固化过程控制的产品保证要求等文件；

5）产品质量控制点设置的合理性及其控制要求的有效性和精细化程度；

6）过程控制关键特性的识别、确定的合理性、充分性；

7）关键过程控制人员的能力水平及作用发挥。

定型后的产品成熟度等级的继续提升（产品成熟度 7 级、8 级），由研制单位按照产品成熟度评定标准，依据产品成熟度 7 级和 8 级的评定条件，开展较高级别产品定型工作。

6.3　航天产品定型步骤

航天产品定型工作的流程应按照定型试验、定型申请、定型审查和定型审批等 4 个步骤开展。

6.3.1　航天产品定型试验

航天产品定型试验主要以航天单机产品为重点，航天单机产品定型试验是在地面研制试验和飞行验证的基础上，通过补充开展必要的地面试验，考核产品是否达到产品规范规定的指标要求，并核查确认产品的能力范围和使用限制条件。

对于产品在前期已完成的研制试验和飞行考核项目，如其试验条件覆盖定型试验的相关要求，在对相应的证实材料进行审查和确认后，可不在定型试验中重复安排相同的试验项目。

航天产品定型试验必须严格按照定型试验大纲组织实施。组织实施定型试验过程中，需要调整或者修改定型试验大纲的，必须按照有关权限和程序办理，并经定型机构再次批准并备案后，方可实施。

对于经梳理确认的现有产品，由于其在前期研制、应用中未开展相关试验，应在定型时对产品补充进行环境适应性、极限能力与性能拉偏、寿命与可靠性试验等工作。对于按照型谱规划和专业产品研发模式研制的新产品，则需要在研制全过程按照型谱规划的适用范围和经确认的产品规范，逐级开展环境适应性、极限能力与性能拉偏、寿命与可靠性试验，可根据产品已开展相关工作的情况，确定需补充的试验项目和要求。

航天单机产品定型试验主要包括环境适应性、极限能力与性能拉偏、寿命与可靠性等3类试验，应根据具体产品规范和相关要求制定相应产品定型试验大纲。航天产品定型应进行定型试验，以确认产品与规定技术要求的符合程度。

产品应在完成研制和成熟度培育的基础上，按有关要求单独策划并实施定型试验。对于产品在前期已完成的研制试验和飞行考核项目，如其试验条件覆盖定型试验的相关要求，在对相应的证实材料进行审查和确认后，可不在定型试验中重复安排相同的试验项目。

6.3.1.1 环境适应性试验

环境适应性试验有如下相关要点。

1）环境适应性试验主要是考核产品在生命周期内对所经历的自然环境和诱发工作环境的综合适应能力。

自然环境是指产品在生命周期内经历的各种外部客观环境条件，如温度环境、湿度环境、空间辐照环境等。

诱发工作环境是指产品在生命周期内各种工作模式所引发的环境条件，如内部热环境，飞行力学环境（如振动、冲击、过载），电磁环境，噪声环境等。

2）应根据产品规范确定产品的寿命剖面、任务剖面，梳理产品经历的环境条件和持续时间，作为制定环境试验条件的依据。

3）应考虑未来多型号选用情况下的环境条件包络，选择最恶劣的情况开展试验，以验证产品环境适应性，并将验证确认的产品环境适应能力写入产品规范和产品使用说明书，支持后续的产品选用。

4）应采取适当的带载环境试验方式，以确认产品在所试验的环境条件下能够正常工作。

5）应根据具体产品特点和实际情况，确定开展单项环境试验或综合环境试验，并按照有关标准和产品规范中的要求，确定环境试验量级和试验方案。

6.3.1.2　极限能力与性能拉偏试验

极限能力与性能拉偏试验有如下相关要点。

1）极限能力与性能拉偏试验主要是考核产品在产品规范规定的边界条件下的工作特性，从而验证产品是否满足产品规范描述能力范围要求。

2）应依据产品规范中的主要功能性能要求和产品数据包中关键特性的相关要求，确定需开展极限能力验证的特性和参数，如承力结构产品的力学性能、电源变换产品的电性能等。

3）应依据产品规范和产品实际应用需求，确定极限能力考核的上下边界，并根据试验结果修订产品规范中产品功能、性能的额定值和极限值，作为后续产品选用的依据。

4）应在梳理、总结产品以往研制试验和飞行考核情况的基础上，开展极限能力与性能拉偏试验方案设计，并考虑多因素试验方案的优化，以提高试验的有效性和效率。

6.3.1.3　寿命与可靠性试验验证

寿命与可靠性试验验证有如下相关要点。

1）寿命与可靠性试验验证要求主要是依据产品规范的要求，考核产品有效工作寿命和（或）产品可靠性水平，为产品后续的选用提供寿命和（或）可靠性方面的技术依据。

2）寿命试验与验证

· 应根据具体产品类型和特点制定寿命试验方案，确定开展 1∶1 的寿命试验、加速寿命试验或其他寿命试验方法，验证产品能否满足产品规范规定的有效工作寿命要求。

· 寿命试验可与飞行考核结合开展，对于已完成全寿命考核的产品可不单独安排寿命试验。

· 对于不具备寿命试验条件的产品，可根据已有数据和信息，考虑采用寿命仿真、分析和演示等综合方法，制定并实施寿命验证方案，评估产品的有效工作寿命。

3）可靠性试验与验证

· 定型试验中的可靠性试验主要用于评定产品设计的固有可靠性水平是否达到产品规范规定的要求。

·对于具备条件的产品，可依据可靠性鉴定试验的相关标准和要求，开展定型试验中的可靠性试验。

·由于航天单机产品的特殊性，通常情况下，不宜单独利用统计试验方法直接验证产品的可靠性。应充分考虑航天产品特点，采用失效模式分析—裕度试验方法，或者地面模拟环境试验、仿真、分析、演示、评审等活动相综合的方法，制定可靠性验证方案，验证产品可靠性。

·为增加信息量，减少可靠性验证对产品子样的需求，产品可靠性验证方案应充分利用以往研制、飞行相关试验数据，并尽可能结合环境适应性试验、极限能力与性能拉偏试验等活动开展。

4）应将验证确认的产品寿命指标、可靠性指标、典型故障模式及其发生概率等列入产品规范和产品使用说明书，以支持后续产品的选用和管理。

6.3.2　航天产品定型申请

航天产品研制单位在完成定型相关工作后，应对产品前期研制和试验工作进行全面总结，编写航天产品定型申请报告，其主要内容如下所列。

（1）产品名称与产品代号

完整描述该产品的名称和代号，产品名称不宜过长，产品代号应与型谱简表的产品代号保持一致，且与附件所提供的定型材料中的相关内容一一对应。

（2）产品研制任务来源和应用背景需求

描述该产品的研制任务来源、拟应用的领域和背景型号、未来应用的数量需求等。

（3）产品用途、组成及主要技术指标

描述该产品的组成结构、用途，含产品原理或组成示意图，给出产品主要技术指标，包括额定值和极限值等。

（4）产品研制应用情况

描述该产品的整个研制和应用历程。

（5）地面研制试验情况

描述该产品地面试验验证的内容、方法、验证情况以及地面试验数据的获取、处理与比对分析结果等。

（6）飞行验证情况

描述该产品飞行试验考核的内容、方法、验证情况以及飞行试验数据的获取、处理与比对分析结果等。

(7) 定型试验情况

描述该产品定型试验的内容、方法、验证情况以及定型试验数据的获取、处理与比对分析结果等。

(8) 产品定型准备工作总结情况

描述该产品满足产品成熟度 5 级条件的情况说明，设计、工艺、产品保证和过程控制、数据包复核复查情况说明以及完成的产品标志或工作标志等。

(9) 存在的主要问题及解决情况

归纳该产品以往研制、试验、应用中暴露的主要问题，并针对每一问题说明解决的技术途径、解决措施的有效性验证情况以及解决的时间和负责解决的单位。

定型办公室接受相关申请材料后，应进行定型申请登记，并出具定型申请受理通知书，即完成定型申请过程。

6.3.3 航天产品定型审查

6.3.3.1 定型审查的目的

定型审查的目的是确认产品是否符合定型标准和产品规范的要求，进而给出产品能否定型的结论性意见。

6.3.3.2 定型审查的依据

航天产品定型审查的依据是产品规范和定型相关技术标准，定型委员会根据定型办公室和定型专家组提出的审查意见和定型试验结果，审批确定产品能否定型。

6.3.3.3 定型审查的组织

产品定型审查工作由定型办公室组织实施，按照形式审查和技术审查逐步实施。

6.3.3.4 定型审查的内容

定型审查的内容是产品定型申请时提交的全部定型资料，按照有关规定，航天产品定型审查分为形式审查和技术审查两个步骤。

产品定型中的形式审查主要是对所提供材料的齐套性、完整性和规范性进行审查。

1) 齐套性。所提供的定型材料的项目应符合产品技术文件的齐套性要求，覆盖产品设计、生产、试验及过程控制等各个方面。

2) 完整性。所提供的定型材料的内容必须完整、清晰，没有省略、缺失或含糊不清的内容。

3）规范性。所提供的定型材料的项目，以及各项资料的内容、形式等均应满足相关标准规范和航天产品定型管理的有关要求，包括产品设计、工艺、研究试验文件相关标准的要求。

在完成上述审查工作的基础上，技术审查主要是对所提供材料的正确性、符合性和有效性进行审查。

1）正确性。所提供的定型材料的技术内容应正确无误，表述方式满足相关标准和文件的要求。

2）符合性。所提供的定型材料应能够提供充分的证据，表明拟定型产品符合产品规范以及产品定型的有关要求。

3）有效性。所提供的定型材料应能够有效支持拟定型产品后续的重复稳定生产、工程选用与采购、技术状态控制等各项活动。

6.3.3.5 定型审查的方式

形式审查工作的重点是依据相关标准规范，对申请单位提交的产品定型材料的齐套性、完整性和规范性进行审查。

形式审查合格的产品定型申请材料，由定型办公室报送定型专家组进行技术审查；形式审查不符合要求的产品定型申请材料，应向产品研制单位提出咨询和改进意见，由产品研制单位对材料进行补充和完善，并提交定型办公室实施复审。质询复审不合格的，应由定型办公室退回定型申请，说明理由，并终止定型程序。

定型专家组实施技术审查的重点是依据相关标准规范，对产品与定型标准的符合程度实施全面审查。定型专家组对申请定型产品实施技术审查后，应形成定型技术审查结论意见，以明确产品是否通过了技术审查。

通过技术审查的产品，由定型办公室报送定型委员会进行审议；对于未通过技术审查的产品，应向申请单位提出质询和改进意见，由申请单位对材料进行补充和完善，并提交定型办公室和专家组实施复审。质询复审不合格的，应由定型办公室退回定型申请，说明理由，并终止定型程序。

6.3.4 航天产品定型批准

定型委员会依据定型办公室和定型专家组提出的审查意见和定型试验结果，审批确定产品能否定型，对于不符合定型条件的，提出后续工作要求，连同原报送审批资料一并退回。

定型后的产品成熟度等级的提升（产品成熟度由 6 级向 7 级、8 级的提升)，由研制单位提出申请，按照本程序重新组织较高级别产品定型。

6.4　航天产品定型管理

航天产品定型工作的管理流程如图 6－1 所示。

6.4.1　航天产品定型的组织管理

航天产品定型工作应由定型机构和产品研制单位共同实施完成。航天产品定型机构主要包括航天产品定型委员会和航天产品定型管理办公室。

定型委员会对航天产品的定型工作实行统一领导。定型办公室受定型领导小组和定型委员会领导，负责具体承办航天产品定型工作的相关事务，为强化航天产品定型工作的技术管理能力，在定型办公室设立定型专家组，按照相关要求承担航天产品定型的技术审查工作，并提出质询意见。

航天产品研制单位作为产品定型的申请方，负责按定型机构提出的要求和相关工作规范，完成定型所需各项工作，并提供相关证明材料和保障条件，支持完成产品的全部定型工作。

6.4.2　航天产品定型的应用管理

定型机构应编制并发布定型产品目录，并根据实际情况及时进行更新和版本升级，作为定型产品应用管理的重要依据。型号研制应依据定型产品目录及相关文件，优先选用定型产品。新研型号应将定型产品选用情况作为型号审查的重要内容之一。

型号选用定型产品时，应开展产品适应性分析，并在此基础上，确定需开展的补充试验验证、技术状态更改等工作项目，确保满足型号研制任务要求。对于根据型号要求需实施技术状态更改的产品，应执行型号技术状态管理的有关要求。

6.4.3　航天产品定型的标识与归档管理

航天单机产品一经定型应当正式命名，产品完成定型后的文件原则上用“D”进行标记，对于定型后的产品成熟度等级提升，用“D－等级数字”的形式区分表示。其中三级定型（产品成熟度 6 级）为“D－3”，二级定型（产品成熟度 7 级）为“D－2”，一级定型（产品成熟度 8 级）

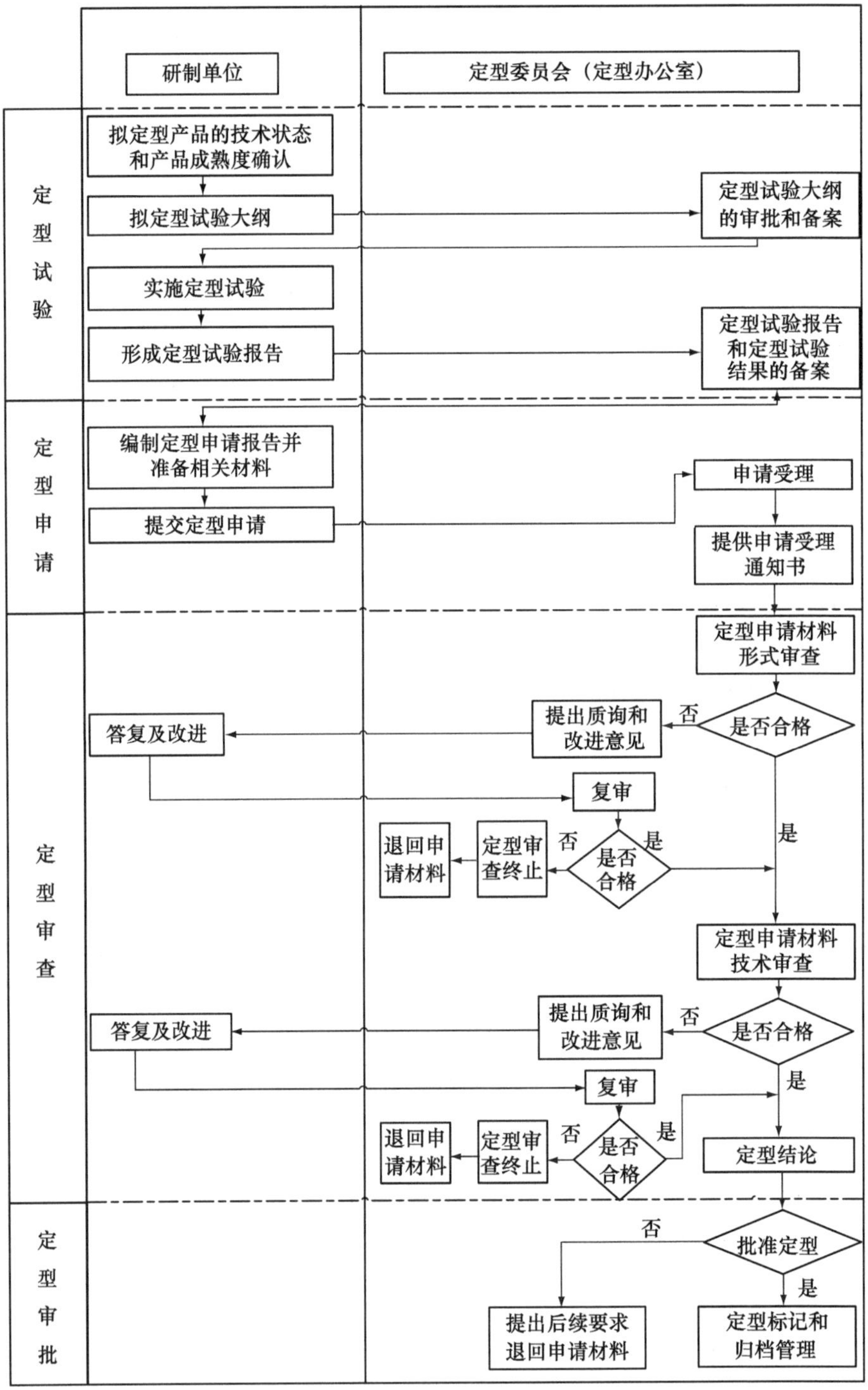

图 6—1　产品定型工作的管理流程图

为“D－1”。

定型文件只用于产品生产和型号选用。定型文件作为发生重大技术质量问题时查证产品设计、生产情况的依据。持有定型文件的单位负有保守国家军事秘密、技术秘密、知识产权的责任和义务，如有违反，依据国家有关法律、法规追究其责任。

参 考 文 献

[1] 浦传彬，张越梅．军用飞机定型和民用飞机取证［J］．航空工业论坛，2008（2）．

[2] 王卫东，周海京，周凯，等．优化系统工程模型 转变型号研制管理模式（上）［J］．航天工业管理，2009（7）．

[3] 王卫东，周海京，周凯，等．优化系统工程模型 转变型号研制管理模式（下）［J］．航天工业管理，2009（8）．

[4] 袁家军．航天产品成熟度研究［J］．航天器工程，2011，20（1）．

[5] DoD4245．7．从研制到生产的转移［S］，1984．

第 7 章　航天产品生产线建设

7.1　概述

随着航天产品越来越呈现出任务多、周期短、质量与可靠性要求高的特点，传统的研制生产模式已经不能满足新形势的要求，必须由单机研制向批生产转变，开展生产线建设，逐步构建适应多任务、多项目和批生产要求的产品生产体系，以实现产品规模化的可持续发展。同时生产线建设和定型产品的上线应用，推动定型产品在应用过程中不断迭代深化，成熟度快速提升。

7.1.1　生产模式基本概念

生产模式是指企业体制、经营、管理、生产组织和技术系统的形态和运作的结合。从更狭义的角度看，生产模式就是一种有关制造过程和制造系统建立和运行的模式。

生产线是指按产品专业化原则，负责完成某种产品的全部制造工作所需的人员、物料、设备、环境等各种生产要素的集合。

7.1.2　生产模式发展历程

生产过程的运行、制造系统的体系结构以及管理与控制的优化等均受到生产模式的制约，必须遵循生产模式确定的规律。因此，对生产模式进行深入研究对于建立先进的制造系统具有重要意义。

生产模式与生产发展水平及市场需求相联系，具有鲜明的时代性。工业化时代的大批量生产模式以提供廉价的产品为主要目的；信息化时代的柔性生产模式、精益生产模式、敏捷制造模式等是以快速满足顾客的多样化需求为主要目的；未来发展趋势是知识化时代的绿色制造生产模式，以产品全生命周期中利于环境保护、减少能源消耗为主要目的。从早期的小批量生产开始，生产模式的发展与演变大致可以分为以下 3 个阶段。

（1）单件小批量生产替代手工作坊式生产模式

早期的生产基本是用简单的工具在手工作坊里进行，随着蒸汽机、纺织机及火车的出现，工厂大量出现，以纺织、钢铁、造船、化工等为代表的现代工业生产方式基本建立，新技术不断涌现，但产品更新换代慢。至20世纪初，在工业制造中开始使用电力，制造设备广泛使用皮带式流水线，提高了生产效率。

(2) 大规模定制生产替代单件小批量生产模式

第一次世界大战后，美国人亨利·福特根据E·惠特尼提出的“互换性原理”和“大批量生产”概念以及泰勒的“科学管理”、吉尔布雷斯的“时间—动作”原理，创造了“流水线、大批量生产方式”。批生产方式的出现，引发了人类社会生产方式和制造方式一场空前的革命，引起了全世界的关注。第二次世界大战后，大批量生产方式空前繁荣。时至今日，大规模定制生产仍是很多生产企业中普遍推崇的具有主导性的生产模式。

(3) 多品种小批量柔性生产替代大规模定制生产模式

随着社会经济的快速发展，多元化、个性化的需求开始凸显，为满足快速变化的市场多元化需求，实施多品种、少批量、富有柔性、低成本的先进生产模式成为必然趋势，形成了一系列基于柔性生产模式的先进制造技术与管理方法，主要有成组技术（GT）、独立制造岛（AMT）、计算机集成制造系统（CIMS）、智能制造（IMS）、精益生产（LP）、虚拟制造（VM）、制造资源计划（MRPII）、公司资源计划（ERP）等。

其中，精益生产在美国航空航天领域得到了较好的应用；20世纪70年代美国麻省理工学院的国际汽车组织在日本“丰田生产方式”的基础上提出了“精益生产方式”的概念；90年代中期美国麻省理工学院斯隆学院在美国空军和飞机生产商的支持下，提出了精益飞机首创计划，其研究成果“精益企业模型”已在美国航空工业中推广应用，显著降低航空生产成本、缩短产品开发和生产周期、改进质量和减少浪费，提高了美国航空工业的水平。

7.1.3　国外典型航空航天产品生产模式简介

从20世纪90年代至今，国外各大航空航天企业都面临着如何缩短研制周期、降低成本、快速对市场做出响应等问题，而这些问题都源于当时的生产模式与市场的适应程度不够匹配，于是这些大企业都在积极地对生产模式进行革新。通过运用柔性生产、组批生产、精益生产、敏捷制造等各种先进生产模式，大大缩短了产品研制的周期，降低了产品生命周期费用，增强了产品的多样化和个性化。下面以美国波音公司为例对生产模式革新进行介绍。

1989 年以前，波音公司主要以新产品研制为主，生产量不大。1989 年开始出现生产批量，生产任务在连年递增。1997 年是波音公司的转折年，任务出现爆炸性增长，从 1996 年的 218 架猛增至 515 架，物资供应滞后、设备不能满足要求、人员短缺等问题集中爆发，生产管理陷于混乱，最终导致 1997 年波音公司没有全面完成任务，支付了高额赔付金，出现了 20 亿美元的亏损。

正是因为缺少批量生产的应对策略，导致在生产任务连年递增的情况下，出现了利润连年下滑，甚至亏损。针对被动局面，波音公司提出用先进的管理思想和科学的手段解决出现的问题。

解决问题的核心就是再造飞机制造流程，突破研制生产和批量生产的“瓶颈”。再造飞机制造流程的中心思想是把波音公司作为一个制造整体来考虑，认为新飞机的研制生产和批量生产都是飞机制造流程的有机组成部分，飞机生产分为基本与稳定的生产、有客户选项的生产、新设计的生产 3 种。波音公司把新设计的生产看做新的或者需要特殊设计的生产过程，并且只体现工程设计和计划改进，生产过程与前两种没有区别。管理思想的转变带来具体管理方法、管理手段和技术支撑措施等一系列变化。

在数字化支撑技术方面，波音公司采用数字化建模技术实现了波音 777 的无纸化设计，解决了数字化设计问题。波音公司还实施了并行产品工程，重点解决了设计与制造之间的数字化协同问题。随后又实施了飞机构型控制与制造资源管理，重点解决生产制造过程中存在的问题。通过实施三大数字化工程，为实现飞机制造流程再造的战略目标提供了有力的技术支撑。

生产管理模式方面，波音公司充分采用流水生产的概念，构建关键零部件生产线，取得了超乎想象的效果：原来每个月完成 2 架波音 737－700 型飞机的零部件生产任务都困难，改进后在人员精简的情况下每月能完成 23 架的生产任务。

波音公司的经历令人思路顿开，其“管理＋数字化＋流水线”的思路指出了解决问题的方向：开展生产线建设，加强数字化技术支撑，推动制造模式变革。

因此，借鉴国外先进航空航天企业的实践经验，对生产系统进行总体设计，逐步对生产模式进行改造，是当前航空航天制造业的发展趋势。通过实施先进的生产模式，提高产品的设计、制造和管理水平，对于逐步缩小与国际先进企业的差距，提高中国航空航天工业企业的竞争力尤为重要。

7.1.4　航天产品生产特点

生产模式与生产技术水平相匹配是保证在生产过程中各项生产要素协调的前提条件，因此，有必要对航天产品生产特点进行分析，选择合适的生产模式。

航天器在严苛空间环境下飞行和工作，对产品的技术指标要求很高，必须进行充分的研究和试验。同时航天产品还具有研制周期长、零部件种类繁多、生产批量不大的特点，这些对航天器的设计、制造以及结构材料和电子元器件选用提出了苛刻的要求。航天产品生产主要有以下 3 个方面的特点。

1）航天产品研制生产为多品种单件或小批量生产，随着“多型号并举、产研并重”的任务形势不断深化，呈现出典型的“多品种、变批量”生产特点。

2）航天产品研制周期缩短以及以快速研制为目标，导致型号生产由研制到生产的转换加快，这对生产线重构提出了快速切换的要求。

3）型号产品中存在大量的关键件生产，保证其生产质量和任务进度要求是型号生产的关注点。

通过以上分析，发现制约航天企业实施批生产模式转变的关键因素在于产能不足和工艺不稳定，影响了部分关键零部件的生产、调试和环境试验。因此，航天产品生产的关键是针对这些瓶颈环节采取措施，稳定工艺状态，提高生产能力，减少浪费，缩短交货周期，降低库存，同时能够满足客户个性化需求。

因此，开展航天产品生产线建设是从根本上解决研制和批生产的矛盾，大幅度提升整体制造能力是实现高起点、高水平跨越式可持续发展的关键，也是航天产品集成制造系统顶层设计要研究的关键问题。

7.1.5　航天产品生产线建设的原则

生产线的建设应充分考虑到航天产品的生产特点，瞄准国际先进生产组织模式，以定型产品的相关技术文件为生产线建设的依据，逐步构建面向产品的专业化生产系统，强化过程控制，提升航天产品生产线的生产能力和质量保证能力，稳定、高效地重复生产合格产品，应遵循以下 5 条原则。

（1）专业化原则

生产线建设应以专业产品为主线，适当考虑同类专业产品的生产需求，尽可能淡化具体航天型号研制特征。

（2）精细化原则

生产线建设应通过细化生产操作规程、量化质量控制措施等活动，严格控制生产过程，保证产品质量的稳定性、一致性。

（3）适应性原则

生产线应适应“多品种、小批量”的生产模式，并能够通过对生产单元进行适当调整和重构，满足一定范围内的需求或技术变化。

（4）经济性原则

利用最少的生产资源，满足生产线建设的需求。

（5）科学性原则

应在综合权衡的基础上，优化各要素资源配置，并通过必要考核验证活动，保证生产线建设的合理性。

7.1.6　航天产品生产线建设模式的选择

典型的生产线建设模式主要分为产品导向型（如汽车生产线）、工艺导向型（如化工、制药生产线）、模块组合化柔性生产单元 3 种，从具体实现方式来看可分为刚性生产线、柔性制造系统、集成制造系统、单元制造系统，对上述生产制造系统进行分析比较，得到的结果见表 7—1。

表 7—1　不同制造系统的分析比较

	刚性生产	柔性制造	集成制造	单元制造
投资费用	高	中	高	低
原有设备利用率	低	低	低	高
柔性	低	高	中	中
生产效率	高	中	高	高
物流效率	高	中	高	中

从表 7—1 可以得出以下结论。

1）刚性生产线从产品、设备到工人操作都实行标准化，建立固定节拍流水生产线，实现高效率与低成本；刚性生产线将生产过程分得很细，对于提高生产率和保证产品质量具有重要意义，但系统柔性差，生产准备时间长，投资大。显然这种刚性的生产线不适应航天产品生产需要。

2）柔性制造系统投资大，控制和管理困难，其柔性被限制在一定范围内，在机械加工之外的铸造、装配等领域很难实施，也不是理想的解决方案。

3）集成制造系统与柔性制造系统具有同样的问题，同时还有刚性生产线的弊端，也不适应航天产品生产需要。

4）单元制造系统将某一类零件集中在一起加工，将加工这类零件所需要的机械设备集中在一起，从而缩短了物流路线，提高了生产效率和加工质量，简化了生产管理，同时避免了投资过大、管理复杂等问题。

单元制造最重要的一条就是“让产品流动起来可以大幅提高生产效率”，或者说“一流动就活”。产品流动以及作业人数的弹性化、物流供应的准时化，将有效排除传统生产方式存在的诸多浪费，同时可以大大缩短生产周期，创造出高效率、低成本、高品质、少库存、能快速应对任务变化的生产系统，可以有效解决航天产品批量生产问题。

同时，根据波音公司“新飞机研制和批量生产都是飞机制造过程的有机组成部分”的观点，航天产品的研制和批生产可以集中在同一个制造单元内实现，以改变产品研制与批生产分离的状况，在研制阶段就充分暴露生产中可能遇到的问题，在批生产时保证稳定的工艺状态。

因此，选择模块组合化柔性生产单元的建设模式，建立单元制造系统，采用准流水线的作业方式是适应航天产品生产特点和要求的，是在没有大量投资情况下大幅提升生产效率的最佳解决方案。

7.2 航天产品生产线组成与建设要求

生产线的设计建造是运用科学的方法和手段对产品生产相关的人员队伍、仪器设备、生产设施及过程控制等要素进行合理配置，使其形成一个协调、高效、经济的生产运作系统。

7.2.1 生产线的组成

生产线就是与实现规定的生产目标有关的全部生产要素的集合体，是生产过程与管理过程有机结合的整体。其中，生产过程提供将资源转换成产品或服务的功能；管理过程提供为生产过程制定目标和计划，并对计划的实施进行组织和控制，是不断适应动态变化的环境的功能。产品生产线由岗位人员、仪器设备、配套物资、技术方法、环境设施、信息化和管理制度 7 个方面组成。

（1）岗位人员

岗位人员是指保证生产流程正常运行所需的岗位设置和职责分工，以及具有具备相应资质和数量的人员，包括操作人员（含试验、测试和检验人员）、生产管理人员、设备维护人员、物流控制人员、工艺人员等。

（2）仪器设备

仪器设备是指按照规定要求完成生产流程所需的全部设备和工具，及其布局和配套数量。设备和工具包括加工装配设备、专用工装设备、测试设备、检测设备、产品转运防护设备、生产信息采集处理工具及配套的软件工具等。

（3）配套物资

配套物资是指保证生产线正常运行所需的各种元器件、原材料和消耗品（如制冷剂、润滑剂、设备的备品备件等）。

（4）技术方法

技术方法是指依据生产要求制定、用于指导产品生产操作过程的各类技术文件，包括标准、规范、规程和岗位作业指导书等。

（5）环境设施

环境设施是指达到生产要求所必需的环境保障设施，包括场地建筑设施（如厂房、库房）、环境控制设施（如空调、风淋设施）、安全防护设施（如消防、防静电设施）以及资源供给设施（如水、电、气供应设施）等。

（6）信息化

信息化是指保证生产信息及时、准确采集、传递所必需的覆盖生产管理全过程的信息传递渠道，包括生产计划管理系统、质量管理信息系统等。

（7）管理制度

管理制度是指描述生产线运行管理的基本要求和方法，用于组织、协调生产线相关要素，一般包括总则和各要素的管理文件、规范等，如生产线说明书、质量管理要求、设备管理规定、生产信息管理制度等。

7.2.2　生产线建设的主要要求

为保证生产线各要素和各环节协调有序地运行，达到预期目标，生产线建设应满足以下 7 个方面的要求。

(1) 生产线定位准确

把产品生产线作为一个制造整体来考虑，批生产、在研产品、预研产品生产均应使用同一条生产线，在产品研制初期就充分考虑批生产的要求，并逐步淡化型号色彩，按照产品组织批生产。

例如，某企业热管生产线集热管产品研发和生产于一体，便于型号对产品的需求规划及时传达到生产队伍，利于生产线的计划使用、维护及人员的调配等；生产一线发现的问题能够及时反馈到研发及设计师队伍，有利于产品的成熟度提升；新产品的研发、产品的更新换代能够在生产线上得到快速实施和验证。

(2) 生产组织形式合理

生产线应建立动态响应的制造执行控制系统，具有模块化的设备配置与布局，能够适应多品种、小批量生产，可以满足对快速响应目标的需求。零件生产按工艺布局，针对批生产瓶颈的产品组建制造单元，对一类零部件集中生产，大幅度提高零部件生产效率；部件装配和整机总装按产品布局，针对关键产品组建装配单元和整机总装、调试、测试单元，提升产品批生产能力。

例如，某企业航天压力容器生产线在零件生产阶段按照零件生产特点，运用成组技术组织批量生产，设置货架式零件库；在产品装配组焊阶段，以产品为对象，从货架式零件库领取合格的零部件进行相应产品的组装组焊，组焊完成后将合格的产品放入产品库，最后按需求计划进行出库。

(3) 生产范围界面清晰

针对大多科研院所产品研制生产的实际情况，按照“两头在内、中间在外、关键在手”的原则，把握核心，适当外协，重点把握关键产品和关键技术，一般产品和工艺过程，可在有效控制采购及验收活动的基础上，采用委托、协作等方式组织实施。

(4) 生产流程优化

生产流程应通过科学的方法进行优化，保证生产流程顺畅，减少不必要的浪费。根据定型产品工艺文件的工艺流程调整工艺路线图和工艺布局，以便于组织生产。工艺路线的布局和技术流程，应按“工艺八步法”实施（在7.3节中将有详细描述）。

1) 确定产品零件族；

2) 优化工艺流程；

3）绘制工艺路线图；

4）绘制综合工艺顺序图；

5）计算工序负荷；

6）确定工序数量和排列；

7）绘制工艺布局平面图；

8）绘制生产流程图。

（5）工艺文件精细化

要正确理解工艺的内涵，改变过去工艺主要是零部件加工和装配的观念，工艺应涵盖产品加工、装配、调试、测试、环境试验、应用全过程，重点应放在装配、调试、测试环节上，全面解决涉及产品组批生产的各类工艺问题，同时按照“可操作、可量化、可检测、可重复”的要求，对工艺文件进行精细化管理，提高产品的生产质量、生产效率。

例如，某企业推力器产品生产线针对电磁阀衔铁铆接工艺进行了细化和优化，选取了合适的机床转速、钻头切削角度、润滑方式，设计了专用工装，提高了生产效率和合格率，每批次 75 件衔铁铆接周期由原来的 10 天变成现在的 2.5 天，合格率由原来的 75%提高到现在的 95%。

（6）生产信息流通高效

各类生产信息流转畅通高效，能够及时、真实地记录产品生产全过程的各类信息，并准确地传递到相关组织和人员，从而及时、可靠、合适地对生产线活动进行控制和调节，实现生产全过程的信息化管理。

（7）投入产出比合理

在生产线建设完成后，应该分析生产线建成后所产生的效益，生产线建成一年后，要验证生产线建线前后的产能、周期、质量，进行成本复查。

7.2.3　生产线建设的基本流程

生产线建设分为现有生产线改造和新生产线建设两种：现有生产线改造的重点是针对现有生产能力的瓶颈和薄弱环节实施改进和强化措施；新生产线建设的重点则是围绕产能建设目标系统规划并建立符合要求的生产线。围绕“稳定、高效地重复生产合格产品”的目标，产品生产线建设工作主要包括以下两个方面。

1）通过分析生产需求、优化生产流程、改进资源配置、完善规章制度，从成本、效率和产能 3 方面提升产品生产过程的总体效能；

2）通过梳理生产工艺、完善操作文件、识别关键环节、强化监控手段，有针对性地加强过程控制，提高产品生产的质量保证能力。

航天产品生产线建设包括生产线建设策划、生产线建造、生产线认证、生产线运行评估 4 个基本流程。具体工作实施流程如图 7－1 所示。

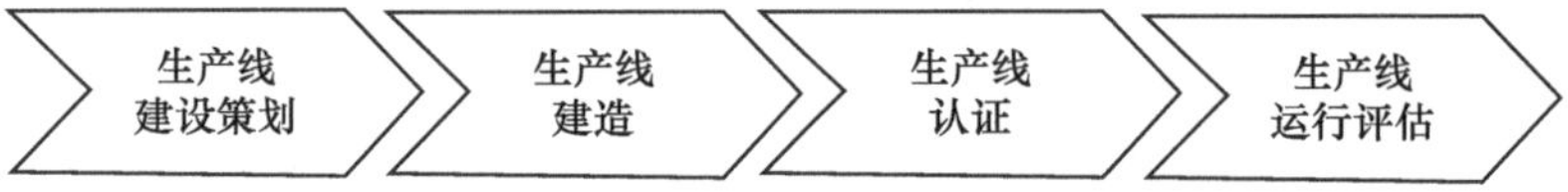

图 7－1　航天产品生产线建设基本流程

7.3　航天产品生产线建设策划

为了保证生产线按照正确的方向进行建设，少走弯路，在生产线建设之初就要以高效地生产出质量稳定、一致的产品为目标，结合本单位的实际，瞄准国际先进生产组织模式，对生产线建设进行综合策划，最终形成用于指导生产线建设的实施方案。

7.3.1　生产线建设策划内容

生产线建设单位应充分考虑航天产品特点，准确把握和理解产品研制全过程的功能和特性，运用生产流程优化的具体方法，从生产线定位、布局方式、管理模式等方面进行系统策划，把重点放在装配、调试、测试、环境试验上，全面提升生产线生产能力和产品质量，策划流程和内容如图 7－2 所示。

生产线建设策划应首先进行需求分析，以目前及将来一段时间（如 3～5 年）内产品的需求量为依据，对产品功能、预期产量与产值及质量要求等进行分析，明确生产线建设的目标，然后从以下 7 个方面进行详细策划。

1）岗位和人员配置方案。根据生产流程需要，确定保证生产线正常运行的相应岗位设置及其人员配置要求；同时，根据生产岗位需求，制定有针对性的人员培训和资质认证要求。

2）仪器设备配置方案。以产品定型文件为依据，确定生产流程、设备及其布局，尽可能地提高生产线的适应性。针对专业产品类别相同或相近的生产线，可以考虑建成多产品共用的“混合式布局”形式——在充分识别共性工艺环节的基础上，将完成相同或相似工艺的资源集中起来，形

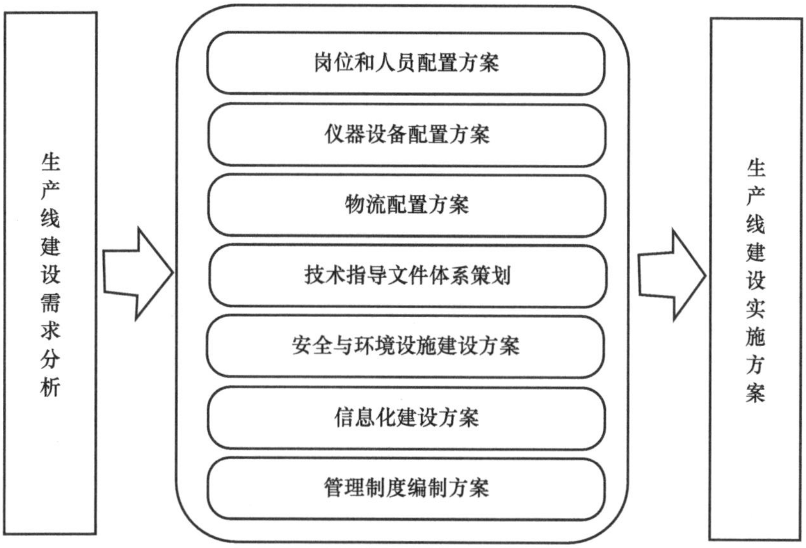

图7－2　生产线建设策划流程和内容

成公用生产单元；同时，针对不同产品补充个性生产单元，以满足产品特定工艺要求。

3）物流配置方案。明确保证生产线正常运行所需的各种元器件、原材料和消耗品，如制冷剂、润滑剂、设备的备品备件等的配置方案及产品的贮存和转运要求，应注意战略的风险分析及储备。

4）技术指导文件体系策划。针对不同岗位的工作内容和要求，分别制定相应的技术指导文件，建设方案应提供所需编制的技术指导文件清单，如操作规程、岗位作业指导书等，并明确用途。

5）安全与环境设施建设方案。根据产品生产要求、设备及人员的配备情况，确定场地及其附属设施的建设方案，应注意安全防护、某些特种工艺对生产环境、资源供给以及环境保护等方面的特殊要求。

6）信息化建设方案。策划适合于生产线的信息管理系统，合理设置信息采集范围、内容、方式等，明确生产管理信息管理与控制流程，实现工艺、质量、物资、生产系统的一体化应用。

7）管理制度编制方案。应制定用于管理和维护生产线固有能力的全部规章制度，一般包括总则和各要素的管理文件、标准、规范等，如生产线说明书、质量管理要求、设备管理要求、安全生产及环境控制管理要求、队伍配置要求和元器件、原材料管理要求等。

在生产线建设策划工作结束后，应形成生产线建设实施方案作为生产线建造的依据，具体要求见表7—2。

表7—2 生产线建设实施方案编制要素及要求

序号	项目	要素	子要素	策划要求	备注
1	概述	项目来源		简述生产线建设背景	
		生产线简介	生产对象	生产线生产的主要产品	
			生产线定位	简述生产线在产品研制过程中服务的阶段，说明输入及输出	
			建线前生产能力	简要分析建线前生产能力及生产周期	
			任务需求	通过对未来任务需求的分析，论证建设生产线的必要性和迫切性	
2	建设内容	工艺问题解决	历史问题复查	生产线存在问题是否已全部解决，不存在需攻克的工艺难点	
			基线选取	选取生产线典型产品作为建设生产线的基线产品	
			优化并固化工艺流程	对工艺流程进行分析，选取最优工艺路线	
		生产流程优化	生产流程的工时负荷	按产品分别绘制生产计划流程图，要求每一个工步都要说明工时定额（以小时为单位），计算每个产品的生产周期	
			工时运行负荷分析	对产品工时负荷进行分析，找出制约生产能力的瓶颈所在	
			对生产流程统筹考虑并进行优化	将线上同时生产的多个产品的工序按并行工程原则进行优化，绘制新的生产流程图，并计算出优化后的工时运行负荷，绘制工时运行负荷图，得出实际的生产周期	
			生产布局	根据新的生产流程图绘制生产布局图	
		安全及环境设施建设	安全设施建设/改造要求	说明生产线技术安全、消防安全等方面的建设和改造要求	
			生产环境要求	说明生产环境的控制要求	
		仪器设备及物流	仪器设备配置要求	分析现有设备配置情况，说明应增加的设备	
			仪器设备管理要求	仪器设备的计量、标定、维保要求	
			产品的贮存和转运	说明生产线物流要求、转运设备、贮存方式及设备等	

续表

序号	项目	要素	子要素	策划要求	备注
2	建设内容	生产线质量保证	生产线产品保证细则	根据产品保证要求制定生产线产品保证细则	
			生产线产品检验规程	根据工艺文件要求合理设置检验点、关键检验点、强制检验点，按照质量体系文件要求明确生产线产品检验规程	
		岗位和人员配置	岗位设置	说明岗位配置要求及目前情况	
			人员配置要求	说明人员配置数量及能力要求	
			人员培训	制定详细的人员培训计划和要求，包括上岗、在岗、复岗培训等	
		信息化建设	质量信息管理	明确生产线质量信息收集、上报的范围、流程和实现方式	
			生产信息管理	明确生产线生产信息收集、上报的范围、流程和实现方式	
		规章制度制定	—	对现有规章制度进行分析，形成管理制度清单	
3	能力预估	目标定位	—	与国内外水平对标	
		投入产出比分析	—	分析比对建成前后的生产周期、成本、生产能力	
4	计划	建设工作计划	—	生产线具体工作计划	
5	其他	保障条件	—	为保证生产线建设顺利开展所必需的其他保障条件	

7.3.2　生产流程优化示例

生产流程的优化是生产线建设策划的核心内容，必须找出产品实现过程的瓶颈环节，进行流程的优化与资源的合理配置，从而实现提高产能的目标。通过对生产过程的梳理，找出不适应生产要求的因素，并对其进行优化。科学地调配各种资源，合理安排投产的批次、数量及投产时间，缩短生产周期，从而使生产能力在尽可能短的时间内得到最大程度的提升。下面以某传动组件的机械加工流程为例对生产流程优化方法——工艺八步法进行详细介绍。

某传动组件由 4 个零件组成，传动组件制造单元内同时有 5 条工艺流程在流动，需要设备排列和辅助工位排列尽量合理，便于生产组织和物料传递。现以 A 零件和 B 零件两个零件进行说明。

7.3.2.1 确定产品零件族

确定制造单元的零件类型和范围，一般有两种情况：一是零件类型和范围非常明确，如传动组件制造单元就是要覆盖各型号的传动组件加工；另一种情况是把本单位的加工任务由几个制造单元承担。

7.3.2.2 优化工艺流程

优化工艺流程是规划单元工艺布局的重要工作，最常用的手段有利用数控设备取代传统设备和增加必要的工装等。工艺流程优化结果能够直接体现在制造单元布局上，一般来说减少一个工序，可以减少一台设备。表 7—3 是传动组件中的摇臂加工流程，流程优化后由原来的 32 个工序减少到 17 个工序，大幅提高传动组件制造单元的生产效率，同时还减少了制造单元的设备数量和生产组织的复杂程度。

表 7—3 传动组件中的摇臂加工流程

零件名称	机加工序数量	工序内容	机床情况
摇臂	32（优化前）	16 个钳工	1 台台钻
		4 个镗加工	2 台磨床
		4 个铣加工	普通铣床
		3 个线切割	1 台线切割机
		2 个镗加工	1 台镗床
		2 个车加工	普通车床
		1 个研磨	1 台普通磨床
	17（优化后）	5 个钳工	1 台台钻
		4 个镗加工	2 台磨床
		4 个铣加工	1 台普通铣床（用于粗加工）
			1 台数控铣床
		1 个镗加工	1 台数控镗床
		1 个线切割	1 台线切割机
		1 个车加工	普通车床
		1 个研磨	1 台普通车床

7.3.2.3　绘制工艺路线图

绘制工艺路线图是制造单元工艺布局的重要内容，也是生产组织的重要依据。在优化工艺流程的基础上，把各零件工艺路线中的工序进行标号并按工艺路线绘出各零件的工艺路线图。图 7—3 和图 7—4 是 A 零件和 B

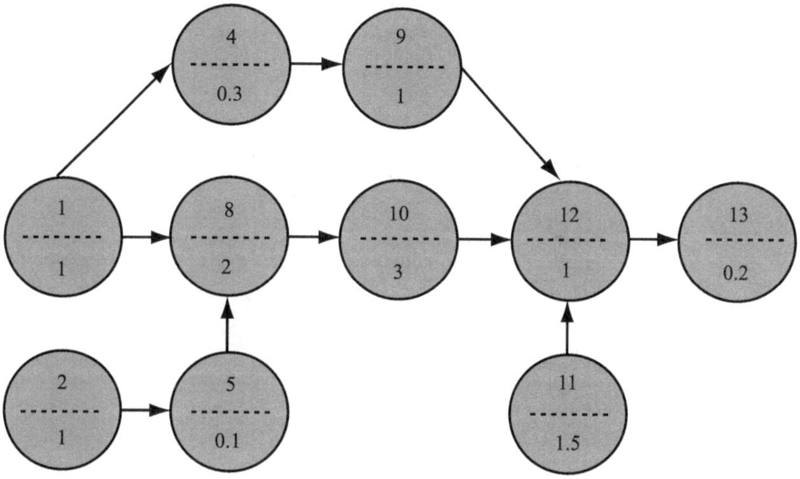

图 7—3　A 零件的工艺路线图

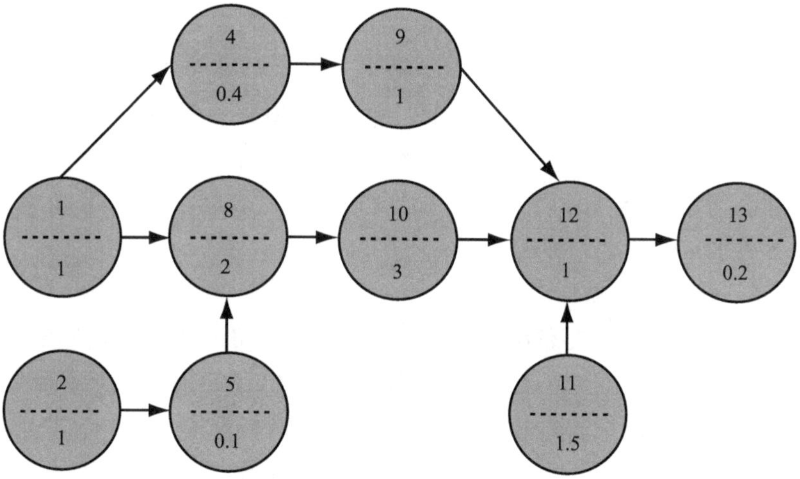

图 7—4　B 零件的工艺路线图

零件两个零件的工艺路线图。图 7—5 是 A 零件和 B 零件两个零件的优化工艺路线图，图中的圆圈表示工序，如钳工工序或者检验工序等，工序编号写在圈内偏上位置，不同的流程在使用同一台设备、同一个钳工工序或者同一个检验工序时，工序编号相同。在圈内偏下位置写入工序的准结工时，形成带工时的零件工艺路线图。

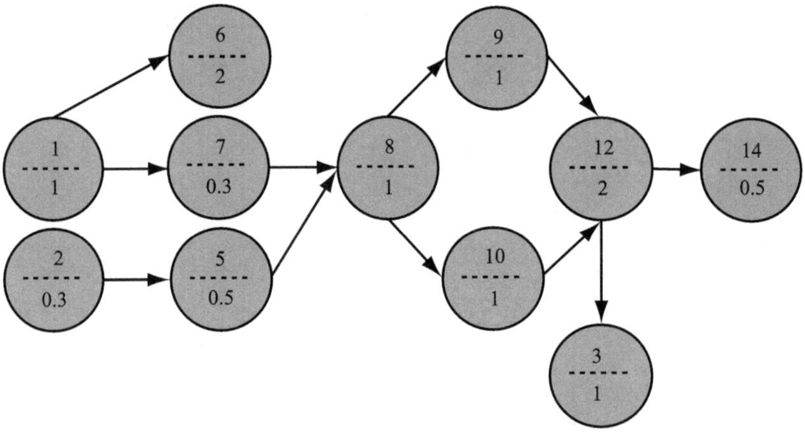

图 7－5　A 零件和 B 零件两个零件的优化工艺路线图

7.3.2.4　绘制综合工艺顺序图

绘制综合工艺顺序图有两个目的，一是初步汇总单元需要的设备，二是得到各设备或者工序的年工作时间，为计算工序负荷提供数据。

首先把单元内所有零件的工艺路线图合并得到综合工艺顺序图，包含所有工序内容，再把未来一段时间的零件年平均产量乘上工时填入相应工序的圈内。如果该工序是几个流程合用，则数据要相加。经调查，该传动组件近几年将保持每年 A 零件 50 件和 B 零件 30 件的需求量，合并工序的工时是 A 零件和 B 零件两个零件在该工序的工时之和。图 7－6 是 A 零件和 B 零件的综合工艺顺序图。

7.3.2.5　计算工序负荷

根据 A 零件和 B 零件综合工艺顺序图可以绘制工序负荷图（图7－7），从图中可以看出，8，10，12 工序负荷较重，这 3 个工序是 3 台关键设备，A 零件和 B 零件两个流程都要使用。在 3 个负荷较重的工序中，10 工序可以考虑增加 1 台设备以提高能力。8 工序和 12 工序如果是普通设备，可以考虑用数控设备替代，以提高效率，否则可以考虑增加工装以提高零件装夹速度。图中 3，4，5，7，13，14 工序负荷较低，其中 3，4，5 工序分别是钳工打孔、划线等不使用设备或者使用台钻等简单设备的工序，可以保留。7 工序是中转工序，必须保留。14 工序是整理，也可以保留。13 工序是精车，由于负荷太低，可以考虑外协解决，节省 1 台车床。通过上述分

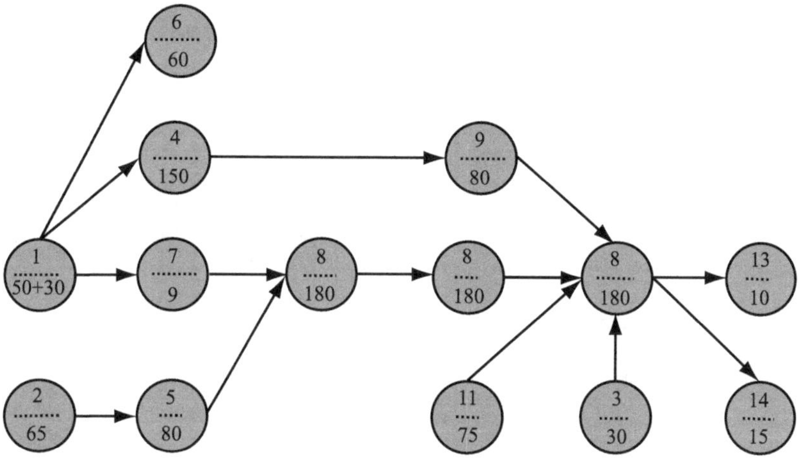

图7—6　A零件和B零件的综合工艺顺序图

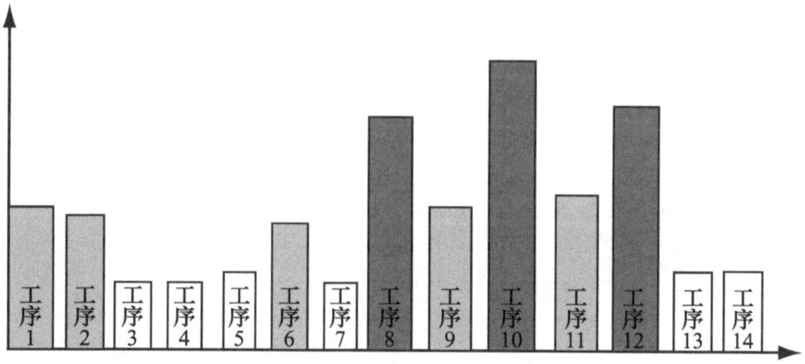

图7—7　根据A零件和B零件综合顺序图绘制的工序负荷图

析，可以得到如图7—8所示的根据A零件和B零件优化工艺路线后绘制的工序负荷图。

7.3.2.6　确定工序数量和排列

通过工序负荷计算，确定增加1台设备，加强10工序的能力，减少1台车床，把13工序改为外协，设备数量就确定了。

单元内的工序不一定严格按照工艺流程排列，其实考虑更多的是按加工性质进行排列，如粗加工工序放在一起，精加工工序放在一起等。

7.3.2.7　绘制工艺布局平面图

绘制单元工艺布局平面图如图7—9所示。

图中箭头线是物流路径，×—1—1工序是粗车，靠近原材料区便于取料；×—1—4是粗车完成送热处理回来后的简单处理工序，灰尘较大，所以靠近粗车和原材料区；×—1—3，×—1—6，×—1—10是钳工、铣工、

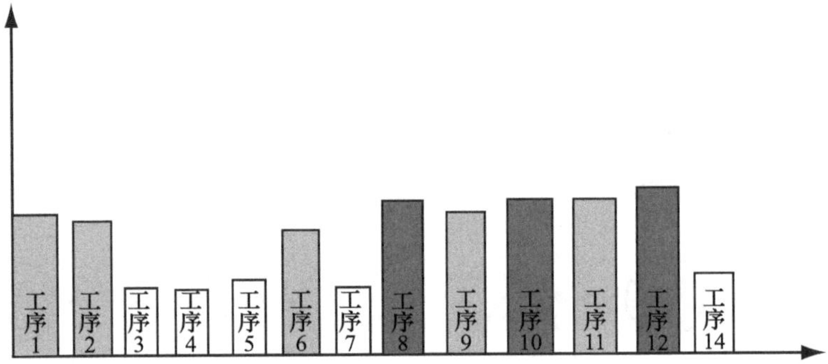

图 7－8　根据 A 零件和 B 零件优化工艺路线后绘制的工序负荷图

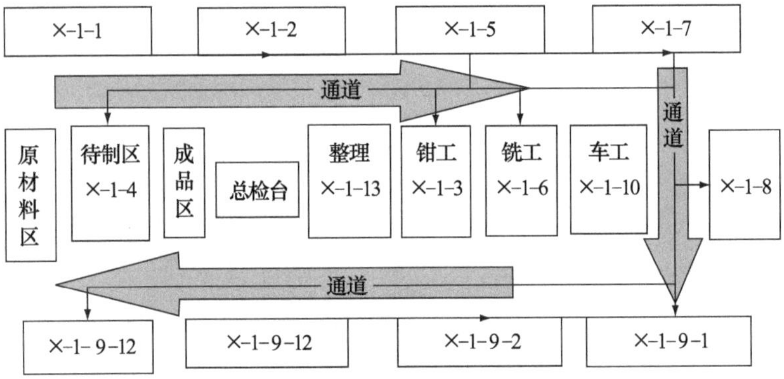

图 7－9　A 零件和 B 零件制造单元的工序排列图

车工工序，集中放置在通道内；×－1－13 是整理工序，整理完毕交检验，所以靠近总检台；产品总检后进入成品区等待交付，所以总检台靠近成品区。工序布置没有绝对的合理，只能在矛盾中寻找相对的平衡。

7.3.2.8　绘制生产流程图

最后需要根据最终的单元工艺布局方案调整第三步产生的工艺路线图。原工艺路线图中的工序号现在已经没有意义了，需要改成现在的工序号，便于集中入库供组织生产时使用。在得到制造单元工艺布局平面图之后，还可以采用流水线仿真软件或者单元仿真软件对制造单元进行数字化仿真，进一步检查工艺布局的合理性，避免实施过程中的反复。

7.4　航天产品生产线建造

生产线建造过程是依据生产线建设实施方案，完成岗位和人员配置、仪器设备配置、物流保障建设、技术指导文件完善与配置、安全与环境设施建设、信息化建设及管理制度制定等工作，并进行试运行，验证是否满足生产线建设目标要求，具体流程和内容见图7—10。

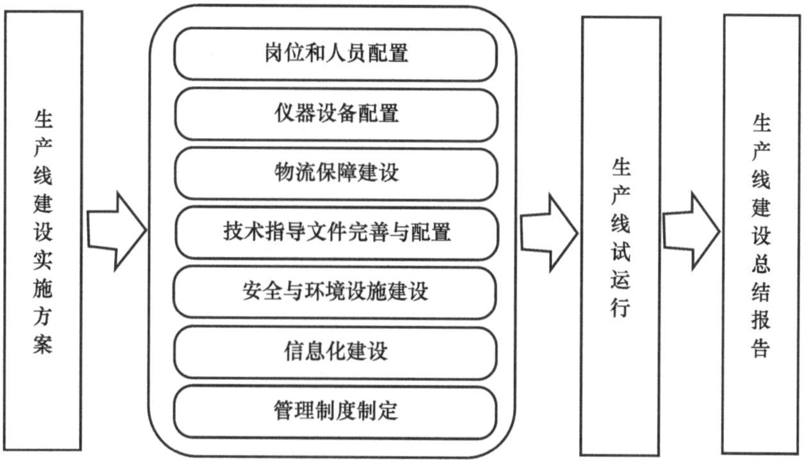

图 7—10　生产线建造流程和内容

7.4.1　生产线岗位和人员配置

生产线岗位和人员配置主要包括生产线定员、员工培训管理等工作，应根据产品方案、生产规模和建设进度设计和进行定员，按照要求和建设进度有计划地配备和培训各类人员，避免无计划过多、过早地招收和使用员工。

生产线定员的工作流程包括分析阶段、定岗阶段、定员阶段和完成阶段，具体流程见图 7—11。生产线定员应当以生产线当前和近期生产发展为主要依据，采用先进工艺技术，改善劳动组织和生产组织，实行先进合理的劳动定额、充分挖掘劳动潜力，既保证满足生产的需要，又避免窝工浪费。

在航天产品生产线建设时，应重点解决设计、生产队伍的分离，改变研究室、实验室出产品的状况。应按生产线上主要产品设置产品首席专家，明确设计人员、测试人员、试验人员、工艺人员、装配人员的分工，实现设计、测试、装配等队伍分离。同时，要明确产品首席的职责，充分发挥产品首席的作用；为加强生产线产品保证能力，设置生产线产品保证工程师；加强工艺师队伍，设置产品工艺师、专业工艺师、现场工艺师等，有效地保证产品的生产质量。

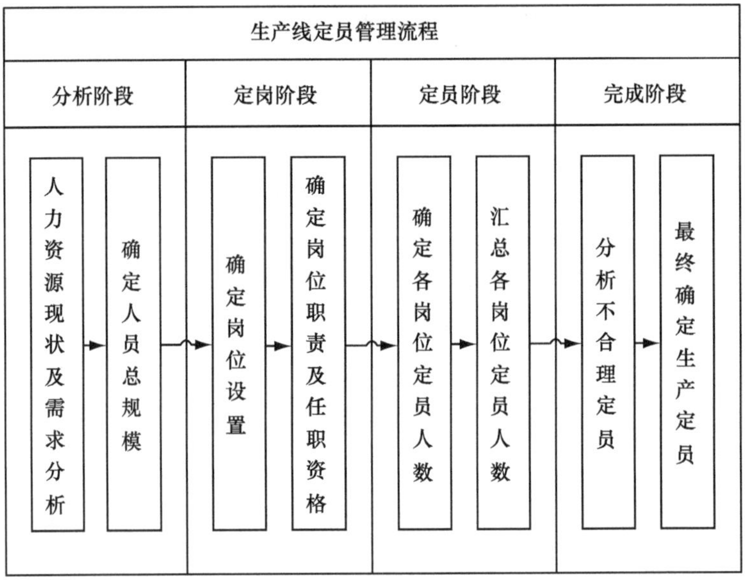

图 7—11　生产线定员管理流程

生产线员工培训内容包括新员工上岗培训、“一专多能”的在岗培训、安全教育培训等多方面内容，应根据生产线岗位实际需要制定详细的生产线培训计划书，使新员工能够尽快满足上岗条件，使在岗人员的技术和技能水平得到持续提升。生产线岗位和人员配置要求见表 7—4。

表 7—4　生产线岗位和人员配置要求

序号	要　素	目　　标
1	岗位设置	岗位设置科学合理，专业化分工明确，完成分离
2	岗位说明书	岗位职责清晰 任职资格要求细化、明确，应包括学历、知识、经验、技能、行为、成果等相关要求 岗位输出成果具体
3	岗位操作规程	能够覆盖主要生产岗位 指导性、操作性强
4	岗位培训	岗位培训（知识和经验）要求明确 有岗位培训计划 培训有记录、有考核
5	人员配置	能够提供完整的生产线人员名册 上岗人员均携带上岗证书
		符合持证上岗要求，特殊岗位有关人员有上岗证书 岗位人员的任职资格（技能等级）结构合理，比例均衡，能够承担重要和难度大的任务

7.4.2　生产线仪器设备配置

仪器设备是生产线物质系统的重要组成部分，是生产线正常生产的重要物质与技术保证。设备技术状态的好坏，直接影响所生产的产品数量与质量。生产线仪器设备管理包括设备的选购、设备的安装调试、设备的使用、设备的维护、设备的改造与更新等工作。

设备的选择应坚持“技术上先进、经济上合理、生产上可行”的原则，首先满足生产任务需求，综合考虑设备的生产率、可靠性、维修性、安全性、成套性、节能性、经济性、环保性等主要因素，统筹兼顾，配置合适的仪器设备。同时应做好设备的维护与修理工作，明确设备操作规程和使用环境条件，掌握设备磨损和故障发生规律，制定科学的维护和修理计划，并严格执行。生产线仪器设备配置管理要求见表 7—5。

表 7—5　生产线仪器设备配置要求

序号	要　素	要　求
1	设备管理规定	内容全面，应能够覆盖设备的申请、投产、验收、入库与管理、使用与维护等方面
2	设备管理记录	制定项目全面、内容可追溯的记录表格
3	仪器设备清单	明确用于的工序及用途，技术状态，生产、检定、校准、检查日期
4	设施设备操作规程及维保规范	各种设施设备操作规程、维保规范齐全
5	仪器设备周期检定、校准计划	制定通用仪器设备年度检定计划和月度检定计划 制定专用测试设备年度校准计划和月度校准计划
6	仪器设备应急预案	预案科学、合理、可靠
7	仪器设备配置	仪器设备配置与清单相符 设备、计量仪器检定、校准、检查标识清楚，现场维护保养情况良好
8	测量过程控制管理	测量仪器设备经计量检定、校准合格 测量方法和测量范围按规定要求执行 测量过程的环境条件符合要求
9	工艺装备管理	工艺装备配置与清单相符 在用、自研工艺装备的图样齐套，保存完整 工艺装备标识清楚，现场使用情况良好 工装存放使用符合要求 工装履历表等专用记录表格记录完整全面

7.4.3　生产线物流保障建设

生产线物流管理是保证生产线正常运行，适应市场需求变化、增强生产计划工作的灵活性和抵御原材料和元器件市场变化的关键环节。航天产品生产线物流建设主要包括物资的计划、采购、质量保证、仓储、配套管理以及生产现场产品/半成品的贮存、运输与防护等内容。

由于航天产品工作环境恶劣，对产品可靠性要求高，因此对物资管理特别是元器件方面提出了更高的要求，必须加强仓储设施等基础条件的建设，仓储环境、搬运等条件满足存储物资的技术条件和要求；建立并严格执行物资质量控制制度，对元器件的领用复验、失效、中转贮存等要进行严格管理。

由于航天产品的生产线易受原材料和元器件缺料等因素的影响，需要建立一定量的风险物资的战略储备，在综合考虑库存、质量保证、消耗、起订量等因素的基础上编制各类物资的采购计划。例如，光学遥感器装调生产线就必须提前储备一定量的光学器件，碳承力筒生产线必须储备一定量的碳纤维材料，以抵御缺料带来的风险。

生产线物流保障建设要素及要求见表 7—6。

表 7—6　生产线物流保障建设要求

序号	要　素	要　　求
1	管理制度	各项管理制度应基本包括以下内容： 元器件有效贮存期规定 温度、湿度监测规定 库存产品状态标识管理规定 元器件失效管理相关规定 元器件领用复验管理规定 搬运、包装、防护管理规定
2	库房建设	安全、防盗措施到位 防尘、密闭、防腐蚀措施到位 温、湿度控制措施到位 防静电放电措施到位 不合格/超期元器件的隔离措施到位
3	产品/半成品贮存、周转与防护管理	对静电、水分、冲击、污染等敏感的产品按相关要求进行标识、包装和运输 生产线工位分区标识清楚，产品周转路线明确 产品贮存区（含库房）有明显标识，温度、湿度、洁净度和安全性满足有关要求且记录完整

7.4.4　生产线技术指导文件完善与配置

生产线技术文件体系可以分为生产指导性文件（静态文件）和生产过程文件（随产品流动类文件），应按照建设实施方案进行补充完善和配置，具体分类如图 7—12 所示。

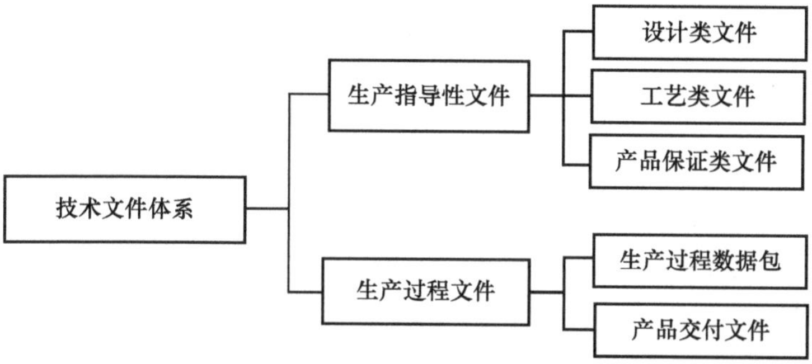

图 7—12　生产线技术文件体系图

生产指导性文件不随产品流转，状态相对固化，保存在各个工位，指导相应的生产操作，文件状态控制严格，变更需要经过技术状态控制委员会审查批准。

生产过程类文件随产品流动和交付，通过标识或编号等进行区别，与产品是一一对应的，保证产品信息的可追溯性。

生产线技术文件的配置应按“清理（对所有定型文件清理）、归类（对所有文件进行归类）、确定（确定在生产线上应用的所需工艺文件和产品保证文件等）、模拟运行（通过模拟运行发现、解决新、旧文件存在衔接问题）、补充（补充完善模拟运行中缺少的文件和表格，完整记录生产中的数据）、流转（产品文件在生产线上正式流转运行）”6 个步骤进行相应工作的梳理、完善，形成管理规范，保证文件配置合理，流转畅通。

7.4.5　生产线安全与环境设施建设

为确保生产线正常生产活动安全进行，防止安全事故发生，保护人身安全，必须加强生产线安全生产管理。航天产品生产线建设应结合产品实际特点，辨识危险源、进行安全风险分析、评估，采取相应防范措施，主要包括安全预防与防护设施建设、安全纪律和规章制度建设等内容，保证生产线设备稳定运行，保证涉及的人员、产品安全。生产线安全生产建设管理要求见表 7—7，生产过程中危险因素分析和风险评价见表 7—8。

表 7—7 生产线安全生产建设管理要求

序号	要 素	要 求
1	安全控制目标	安全控制目标明确
2	生产线危险因素分析	对作业人员、设施设备、作业现场、环境条件等方面的安全状况进行了分析
3	相关人员岗位安全职责	制定相关人员岗位安全职责
4	安全生产规章制度、标准及安全生产操作规程	建立或完善针对生产线的各项安全规章制度、标准、操作规程等
5	安全生产事故应急处置预案	制定安全生产事故应急处置预案
7	生产线现场安全管理	生产线上操作者劳动防护措施落实到位 生产线各项安全措施的落实情况

表 7—8 生产过程中危险因素分析和风险评价

序号	生产过程	存在的危险因素	可造成的危害后果	安全控制措施
1	××工序（工步）	使用酒精、树脂等易燃物质	发生火灾事故……	……
2		现场静电控制不严	损坏元器件……	……
3		……	……	……
4	……	……	……	……

例如，某企业火工装置装配生产线是一条用于专门生产航天器火工装置的生产线，生产过程涉及到火药的贮存和使用，属于爆炸危险品生产线，安全生产工作尤为重要。生产线建设（改造）过程中，全面修订了安全管理规定和操作规程，使危险品作业的风险得到有效控制；开展了危险源辨识和风险分析，并制定了管理程序和控制措施；对火工库房和生产现场进行安全评估，改造贮存环境、电气系统、安全防护设施等，采取必要的防静电和安全防护措施；配备安全监控和消防设施，能够满足爆炸危险品生产要求。

生产线现场是产品的加工地、集散地，环境条件必须满足产品的特殊要求，通常航天产品对环境条件都有洁净度、温度、湿度等特殊要求，必须严格控制。同时，生产现场环境的好坏直接影响操作者的情绪与生产效率，因此必须结合航天产品的实际特点进行生产线环境建设或改造。

例如，某企业航天综合电子设备生产线主要用于航天产品的研制和批生产，电装、调试、测试等生产单元均在净化区完成，其中数管计算机调试间、印制板清洗间、电装间为万级净化间；远置单元、火工品管理器、配电器、小卫星下位机等产品均在10万级净化区完成。净化区生产环境在温度、湿度、照度、洁净度、防静电措施等方面均需满足要求，才能够保证生产过程的有效控制。

再如，某企业圆锥红外地球敏感器生产线上的三坐标测量机是放置在单独的恒温房间内，受原有条件限制，工件则是在常温条件下加工。为保证工件测量精度，工件测量前必须在恒温间内放置 24 小时，才能进行测量，严重影响了生产效率，因此在生产线搬迁改造时，将加工设备和检测设备均放置于恒温房间内，提高了生产效率。

7.4.6　生产线信息化建设

航天产品的特点，决定了产品在生产制造过程中的复杂程度，在生产、装配、调试、测试、试验各阶段中，工序繁多而且复杂，在生产的工艺、计划质量等管理过程中，产生的包括工艺过程、产品质量记录、产品状态、产品性能等生产信息多，必须利用信息化的手段，控制并指引生产制造全过程，从而提高资源利用率、信息传递效率以及保证产品可靠性。

生产线信息化建设包括工艺、质量、物资、生产等信息化系统及其一体化建设，强调信息的快速搜集、透明化、一体化。图 7—13 是某电子产品生产线生产信息管理系统示意图，实现了库存系统、质量系统、工艺管理系统、实验过程管理系统、制造执行系统等综合集成，生产与管理效率大幅提高。

7.4.7　生产线管理制度建设

生产线管理制度体系包括岗位设置、安全生产、环境控制、设备管理、质量控制等一系列的规章制度，在相关要素的建设中应配套完成。本节重点介绍航天产品生产线质量管理方面的规章制度建设的内容和要求。

生产线质量管理应在本单位质量管理体系的指导下，加强生产过程控制和生产过程数据包管理，建立质量问题的快速响应机制和定期的面向产品的质量问题分析机制。生产线质量管理主要包括检验管理、关键工作管理、关键检验点（强制检验点）管理、生产过程数据包管理等，并根据质量体系要求和产品特点制定相应管理办法。

航天产品生产线应建立质量问题快速响应机制。一般来说，产品生产

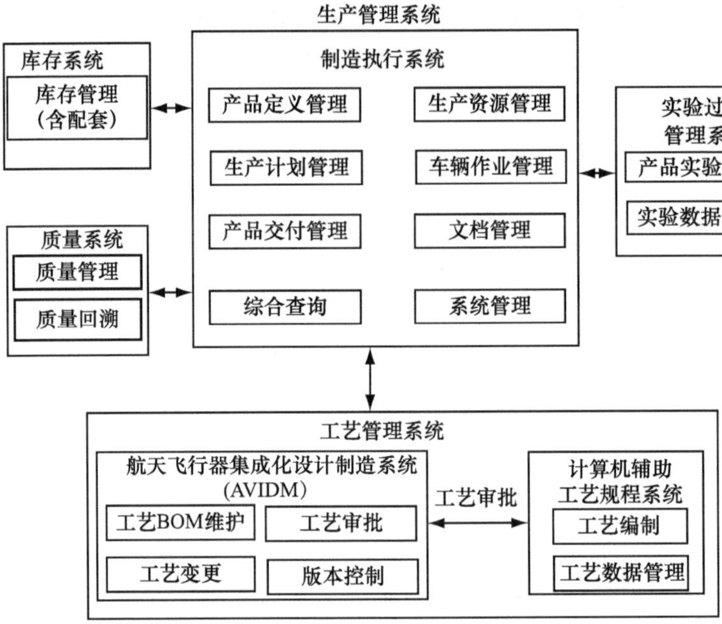

图 7—13　某电子产品生产线生产信息管理系统示意图

过程中发现的质量问题必须认真记录和汇总，及时填写《产品质量问题报告表》，在发现后 12 小时内将报告表送生产线质量管理人员，质量管理人员收到报告表后 24 小时内，上报本单位（部门）及上级单位质量管理人员，及时组织归零。

航天产品生产线建立面向产品的质量问题分析机制。每月由生产线产品保证工程师填写《生产线产品质量问题月度统计报表》，统计生产线产品交付数量、在线数量、质量问题数量、不合格品审理数量、技术问题处理单、更改单、技术通知单、超差单的数量，对每月质量情况进行分析，提出措施建议等。每个季度、半年度，产品首席专家组织开展产品的质量问题分析工作，分析问题根源并提出解决措施，持续改进和提高产品的固有质量与可靠性。

7.5　航天产品生产线认证

生产线建设建造工作完成后，由生产线认证专业组织依据生产线建设方案，围绕建设需求和目标重点考核生产能力和质量保证能力，对建设单位的文件资料和生产现场进行检查，考核生产线建设效果，并给出认证结论。生产线认证流程如图 7—14 所示，主要包括认证准备和申请、制定审查计划、资料审查、现场审查、形成审查结论、报批等 5 个步骤。

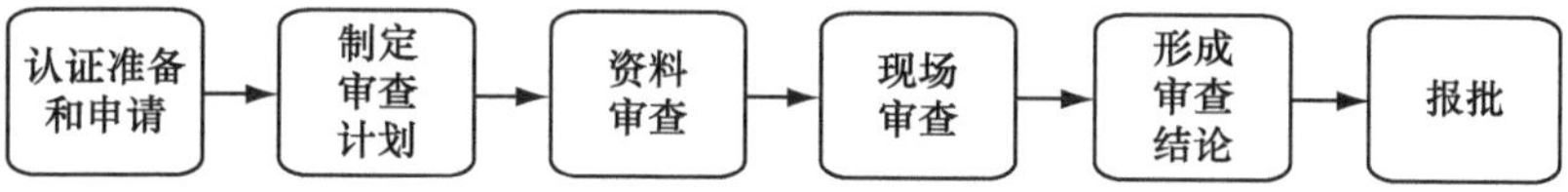

图 7—14　生产线认证工作流程

7.5.1　生产线认证的重点内容

通过对单位提交的文件资料和生产现场的审查，考察生产线质量保证能力和稳定、重复生产能力，并对单位自查结论中的现有生产能力进行评估，确定生产线生产能力是否满足任务需求，同时应考虑生产任务的阶段性特点，侧重考察生产线批次生产能力以及对于任务高峰的应对能力。

7.5.1.1　生产线生产能力

要求生产线资源经过优化，工艺文件可操作、可量化、可检测、可重复，生产线流程和布局合理，人员配置明确并符合岗位职责要求，硬件资源齐全，状态完好，环境达标，信息流和物流顺畅，生产能力能够满足任务需求，策划与实施方案一致。重点审查以下几点：

1）面向生产线配套文件完整、正确；

2）工装状态标识清楚，存放、使用、计量、检定规章制度完备；

3）生产线上的各种标准、规范齐全，能够指导重复生产；

4）产品生产流程合理；

5）各工序用工时负荷均衡；

6）工序和生产布局优化；

7）人员配置符合要求；

8）生产能力（全年、月）评估达标。

7.5.1.2　生产线质量保证能力

保证产品可靠性量化可控，质量记录完整、可追溯、过程清晰，要求生产线所需的人、机、料、法、环等保障条件能有效地保证产品生产质量；生产线物流、生产过程、检验和试验、验收等过程控制有效，各种记录准确完整，质量信息可追溯，产品质量和一致性满足设计要求。重点审查以下几点：

1）面向生产线的质量管理措施有效；

2）各类人员配置合理、规范；

3）物料、元器件的周转、存贮全面合理，措施到位；

4）工装、仪器设备、量具的配置能够满足生产需要；

5）工装、仪器设备、量具均在有效期内，状态良好，定期维护；

6）生产现场环境满足生产要求，环境保护到位；

7）安全生产措施有效，无安全隐患。

7.5.2 生产线认证主要工作流程与要求

生产线认证工作的重点是资料审查和现场审查两部分，分别审查文件资料的指导性和现场对文件的执行情况。

7.5.2.1 资料审查

资料审查是由生产线认证专家对责任单位提交的生产线相关文件进行的审查，审查组结合生产线建设实施方案，重点审查生产线建设总结报告、使用说明书、产品保证文件和工艺规程及操作规范等文件，审查文件是否能够保证生产过程受控，指导产品重复生产。

资料审查结束后，审查组成员应提出生产线资料审查结论并向责任单位反馈审查意见，确定现场审查重点项目。

资料审查流程和内容如图 7—15 所示。

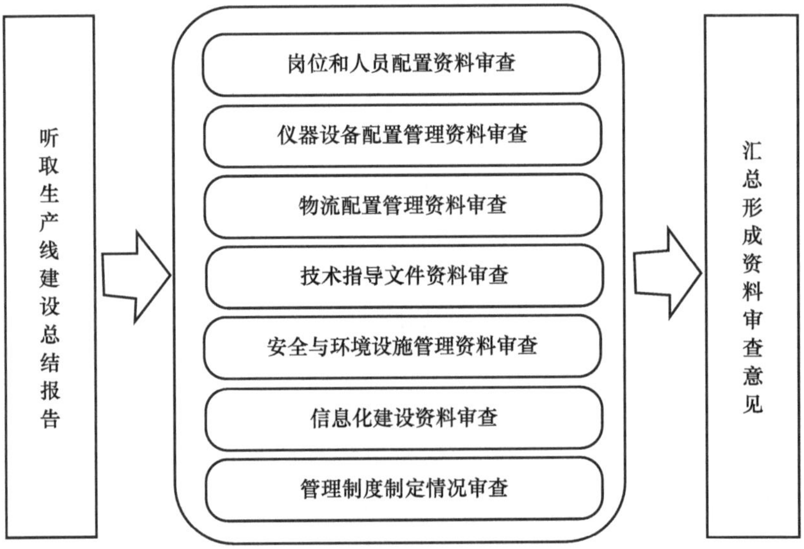

图 7—15 生产线认证资料审查流程和内容

资料审查要求按表 7—9 所示的格式进行。

表7—9　生产线认证资料审查要求

序号	审查项目	审查要求	备查文件
1	生产线综合情况	生产流程经过优化 生产线布局合理 生产能力达到策划目标	生产线建设实施方案 生产线建设总结报告 生产线建设自查结论
2	岗位和人员配置情况	岗位设置要求明确 根据岗位需求制定并实施培训计划	岗位设置及人员配置文件等 特殊岗位有关人员上岗证书 岗位操作规程（或作业指导书） 培训计划及证明材料
3	仪器设备配置管理情况	仪器设备能力满足生产需求 有“仪器设备清单”等明确的工序及用途 各种仪器设备操作规范齐全 有仪器设备工装年度维保周检计划等文件	设施设备操作规程及规范 工装仪器设备清单 设施设备计量及校准报告
4	物流配置管理情况	元器件、原材料的存放、使用有相关的规章制度 元器件、原材料领用的记录卡片完整、符合要求 产品/半成品贮存、周转和防护有明确要求	元器件、原材料管理规章制度 相关工艺文件、产品保证细则等
5	技术指导文件完善情况	各类生产指导类文件齐全，可操作性强，过程类文件模板清楚细化，填写要求明确 各类按岗位配置和随产品流转的文件配置和使用要求清楚	技术指导文件配置清单
6	安全与环境设施管理情况	能够对生产线涉及的所有安全隐患进行分析并有应对措施 能够说明现场环境温度、湿度、清洁度、多余物等环境条件	环境检测报告、安全风险分析及预案等
7	信息化建设情况	信息化系统管理制度齐全 形成了信息化系统操作说明书	相关制度、系统操作说明书
8	管理制度制定情况	规章制度完备 产品实现过程质量跟踪受控 产品数据包数据详实 关键项目、关重件管理规范	产品（质量）保证类文件

7.5.2.2　现场审查

现场审查时针对资料审查的意见和重点，到生产线现场进一步检查，重点从产品生产流程、生产布局、岗位及人员配置情况、仪器设备配置等方面考察生产线具备的生产能力，并从物料控制、生产过程控制和验收控制等方面考察保证产品质量和一致性的能力。

现场审查流程和主要内容如图 7—16 所示。

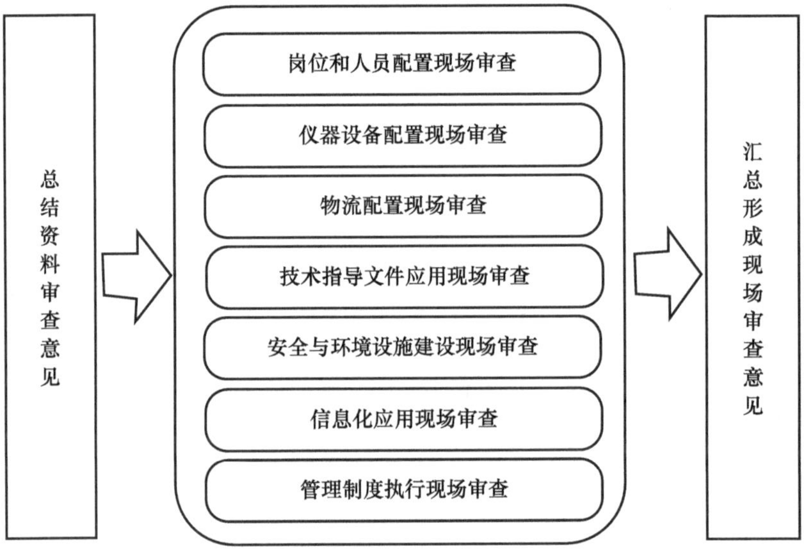

图 7—16　生产线认证现场审查流程和主要内容

现场审查项目及重点见表 7—10。

表 7—10　现场审查项目及重点

序号	审查项目	审查要求
1	生产线综合情况	生产线规模、布局和能力符合建设实施方案要求
2	岗位和人员配置情况	生产线现场人员配置到位 生产线现场人员管理符合相关管理规定
3	仪器设备配置情况	生产线仪器设备配置到位 生产线仪器设备的能力满足需求 设备、计量仪器和工装使用、现场管理遵守相关规定
4	物流配置情况	生产线库房建设和管理符合相关规定 元器件原材料使用、保管符合管理要求 生产线现场物流畅通，产品周转符合规定

续表

序号	审查项目	审查要求
5	技术指导文件应用情况	技术指导文件按照实施方案要求进行现场配置，文件使用、填写和控制符合管理要求
6	安全与环境设施建设情况	生产线现场各种安全措施、劳动防护符合要求 生产线环境控制符合策划要求，记录齐全有效
7	信息化应用情况	信息化系统运行正常，使用规范，生产线信息流通高效
8	管理制度执行情况	质量保证措施落实 生产线现场图样、工艺文件使用规范，流转受控、高效 生产线上各种质量记录文件齐全、有效 生产线上产品状态标示、批次管理清楚

审查组在现场审查结束后，向受审查方通报生产线的综合评价及不符合项的细节，并向认证管理部门提交审查报告。审查结果分为 3 个等级：通过、限期整改通过和不通过。

7.6 航天产品生产线运行评估

生产线运行评估是在生产线取得认证后，重点围绕生产线的稳定运行和持续改进而开展的工作。通过引入生产线评估机制，定期检查生产线的运行状况，同时清理生产线产品及生产过程中产生的问题和暴露的缺陷，及时进行完善和改进，不断推动生产流程的优化和强化生产过程控制，推动生产线持续改进。

7.6.1 生产线运行评估内容

生产线运行评估仍然是围绕生产线生产能力和生产线质量保证能力的提升来开展：通过对生产线生产能力进行评价，找出生产能力与建设目标和型号任务需求之间的差距，并分析导致差距的原因；以生产线质量保证要求为依据，通过对生产线产品质量及现场质量控制情况进行分析与检查，评价生产线质量保证能力，考查生产线在规章制度的制定和实际执行情况两方面是否存在缺陷和漏洞。同时生产线评估重点关注评估改进实施情况。

对生产线运行的评估内容如图 7－17 所示，包括评估改进、运行过程管理和运行结果 3 个部分，其中运行过程管理部分包括人员队伍保证情况、仪器设备管理情况、技术文件管理情况、质量管理情况等内容；运行结果部分包括年度任务完成情况和年度产品质量情况。

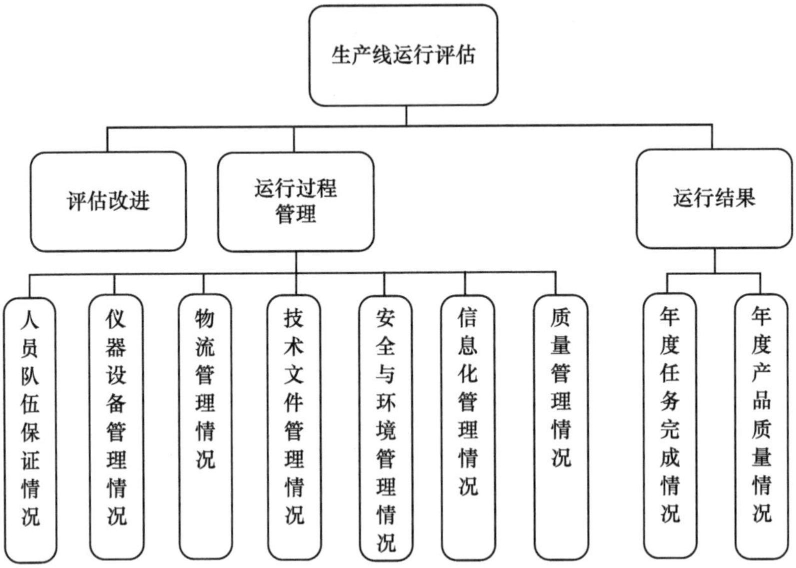

图 7－17　生产线运行评估内容

7.6.2　生产线运行评估过程

生产线管理人员每年定期组织对本生产线进行自查，形成自查报告，说明本生产线自查情况、各要素评分分值及其说明（尤其是对高分或低分分值的说明)，并给出相应的证据。在此基础上，生产线综合管理部门按年度组织相关部门及专家组成评估小组对生产线进行评估，评估结束后现场提出评估改进意见和建议。生产线管理人员组织落实生产线评估改进意见，形成改进工作计划，并实施改进，在次年生产线自查时对改进情况进行检查和说明。

7.6.3　生产线运行评估要素及评估标准设置示例

在生产线运行评估的实际工作中，应对图 7－17 内容进一步细化，尽量采用定量打分的方式进行考核，合理设置子要素及分值，使评估工作规范化，下面以某研究院的生产线运行评估实践为例，说明生产线运行评估要素设置和评估标准，见表 7－11。

表7—11 某研究院生产线年度运行情况评估标准表

序号	评估要素	评估子要素	要　求	分值	备注
一、评估改进（200分）					
1	上一年度评估改进意见	改进工作计划制定情况	针对上一年度评估提出的改进意见，制定切实可行改进工作计划，责任和措施落实	40	
		改进工作计划执行情况	能够按照改进工作计划实施改进	60	
		改进工作效果情况	改进工作完成后，彻底解决了评估发现的问题	100	
二、运行过程管理（500分）					
1	人员队伍保证情况（60分）	生产线人员配置情况	生产线岗位职责与要求明确	8	
			队伍配置健全，人员能力符合岗位需求	10	
			产品队伍实现完全分离	16	
		产品首席专家与产品保证工程师管理情况	相关工作机制完备	8	
			产品首席专家、产品保证工程师对职责理解到位，能够有效发挥作用	8	
		人员培训情况	制定了年度培训计划	5	
			培训（考核）记录与年初策划相符	5	
2	仪器、设备和工装管理（50分）	相关管理制度健全	针对生产线的实际，在仪器设备规章制度基础上，有针对性地制定了生产线仪器设备管理规范	5	
		生产线设备能力符合工艺文件规定，满足生产要求	仪器设备单产能力和质量状况符合产品生产要求	5	
			生产线上仪器设备有应急预案，能够满足任务需求	5	
		设备清单和配置图（表）清楚	生产线管理文件中有设备清单和配置图，并按6S规定在生产线明显处张贴设备清单和配置图	5	
		生产和检验共用设备在进行检验工作前，应首先对设备本身进行计量	明确生产线上生产与检验共用设备清单	4	
			生产与检验共用设备在用于检验前，进行了设备校准，记录可供追溯	5	
		设备（包括配套的仪器仪表）、工装等维护情况	有计量属性的仪器设备有周期检定校准计划	5	
			按计划组织实施，无超周期现象	5	
			仪器设备资产标识清楚，状态控制（“合格”或“完好”标志）有效，检定校准证书清晰、易于识别和检索	4	
		设备等所处的环境符合工艺文件的规定	明确仪器设备对使用环境的要求	2	
			仪器设备使用环境符合仪器设备对使用环境的要求	5	

续表

序号	评估要素	评估子要素	要　求	分值	备注
3	物流管理情况（50分）	物资配套计划及风险管理	有明确、合理的物资配套计划节点要求	2	
			有风险分析和应急控制手段	3	
		原材料和标准紧固件管理	有超期复验管理规定	2	
			原材料和标准紧固件合格证齐全	3	
		元器件领用复检的管理	有元器件领用复验规定	2	
			有元器件领用复验的完整记录（装机合格证、质量等级、有效期和复验情况等信息）	3	
		元器件贮存、装联静电防护措施	有静电防护规定	2	
			有执行防护规定的完整记录	3	
		元器件中转环节的贮存管理	有元器件在中转环节的贮存环境要求	2	
			有完整的贮存环境记录	3	
		失效元器件管理	有失效元器件的管理规定	2	
			有失效元器件的上报记录	3	
		因故引起元器件变更管理	有因故引起元器件变更的管理规定	2	
			有因故引起元器件变更的执行记录	3	
		元器件信息反馈管理	有元器件信息反馈渠道的管理规定	2	
			有元器件信息反馈的执行记录	3	
		产品防护控制	制定了生产线产品搬运、贮存、包装、防护控制管理规定或操作规程	2	
			对静电、水分、冲击、污染等敏感的产品按相关要求进行包装	3	
			生产线各工位分区标识清楚，产品周转路线明确	2	
			产品贮存区（含库房）有明显标识，温湿度、洁净度和安全性满足有关要求且记录完整	3	

续表

序号	评估要素	评估子要素	要　　求	分值	备注
4	技术文件管理情况（60 分）	技术文件管理制度制定情况	制定了齐全的第三层次管理文件	5	
		工艺文件编制规范性	工艺文件编写规范，应做到完整、正确、协调、统一、清晰	5	
			工艺文件齐全，符合工艺文件完整性要求	5	
			工艺文件签署齐全，签署顺序、级别符合要求	5	
			工艺文件的更改符合相关管理规定	5	
		工艺文件指导性	工艺文件指导性强，控性、控形满足要求	5	
			工艺文件应对产品或半成品的包装、贮运、环境控制提出要求	5	
			关键工序工艺文件编制符合相关要求	5	
		生产线文件配置管理情况	设计图样、工艺文件、标准等各类文件齐全	5	
			生产指导文件能够按照工位进行配置	5	
			文件管理符合相关管理规定，文件受控	5	
			文件更改符合相关管理规定	5	
5	安全与环境管理情况（80 分）	安全生产管理情况	针对生产线的实际，制定相关规章制度、安全操作规程	5	
			严格执行相关安全规章制度和操作规程	5	
			开展了危险源辨识和评价工作	3	
			危险源辨识充分、评价结果符合相应风险等级	3	
			针对各级危险源采取了相应的防范措施	4	
			安全生产责任落实到了车间、处室、班组和重要岗位	5	
			针对生产线特点制定了应急处置预案或措施	4	
			应急预案或措施有效且进行了演练	3	
			作业人员均经过安全生产培训后上岗	3	

续表

序号	评估要素	评估子要素	要　　求	分值	备注
5	安全与环境管理情况（80分）	生产现场环境控制	文件中对生产现场环境提出了明确要求	5	
			生产现场环境达到工艺或产品保证文件的要求	5	
			生产现场环境控制记录完整，可追溯	5	
			生产现场符合国家环保规定，污染物排放达标	5	
		防静电控制	形成了完备的三层次防静电管理制度	3	
			防静电区域应有明显标识	1	
			入口应设置静电释放装置或静电检测装置	2	
			操作台、椅、贮存货架等符合防静电相关要求	3	
			防静电设施设备经检定合格并在有效期之内	3	
			现场操作人员应按规定穿着防静电服、佩戴防静电手镯	3	
		产品多余物控制	产保文件明确多余物控制项目	1	
			针对每个项目制定了具体措施	1	
			机械产品在每道工序完成后和装配前进行清洁处理，并加强贮存、转运过程中的洁净管理	2	
			电子产品在元器件、零部件等领取、组装焊接、调试、测试等生产全过程进行多余物控制	2	
			建立了工具清单，标准件领取使用的数量应进行有效控制	2	
			装配现场人员着装应符合规定	2	
6	信息化管理情况（50分）	信息化管理制度建设	制定了齐全的第三层次管理文件	15	
		信息化应用规范情况	按照相关规定进行信息的录入、查询和系统的使用	20	
		信息一体化应用情况	工艺、质量、物资、生产系统一体化应用	15	

续表

序号	评估要素	评估子要素	要　　求	分值	备注
7	质量管理情况（150分）	检验管理情况	制定了齐全的检验管理规章制度	5	
			生产线检验人员能够严格履行把关、预防、监督和报告的职能	7	
			生产线检验点设置合理	7	
			检验依据明确，能够指导检验工作进行	8	
			工序间交接应进行自检、互检	5	
			按规定对不合格品标识、隔离、评价、处置和记录	8	
			能够对生产过程中发生的各类不合格项进行分类、统计、分析	10	
		关键工序、关键（强制）检验点管理情况	根据产品需要制定了关键工序清单	5	
			关键工序标识（工艺、质量记录文件、产品）清楚	5	
			检验项目或指标、合格判据、检验方法和验收手段明确	5	
			关键（强制）检验点过程记录表格设计合理	10	
			关键（强制）检验点过程记录量化、详细、实时有效，并按规定存档	10	
			关键（强制）检验点检验结果应在现场由检验、工艺、设计共同确认并签署	5	
			制定了产品拍照有关要求	5	
			按要求对反映产品重要质量状态的环节留下数码照片	5	
		生产线数据包管理情况	形成了规范的数据包填写模板，明确了填写要求	15	
			质量数据统一管理，存放地点明确，能够及时、准确查阅	10	
			文件更改符合相关管理规定	10	
			内容规范、完整、正确，具有可追溯性	15	

续表

序号	评估要素	评估子要素	要　　求	分值	备注
三、运行结果（300分）					
1	年度任务完成情况（150分）	年度产品交付数量	能够按照型号交付数量需求交付产品（得分＝100×年度交付完成率）	100	
		年度产品按时交付情况	能够按照交付计划交付产品（得分＝50×产品交付按时完成率）	50	
2	年度生产线产品质量情况（150分）	生产线交付产品质量情况	按生产产品数量平均分配70分，发生归零质量问题的产品不得分	70	
		生产线产品交付质量情况	按生产产品数量平均分配40分，因质量问题发生拒收的产品不得分，让步接收产品扣除一半分	40	
		生产线生产过程质量情况	生产过程中每发生一起因生产线原因引起的归零问题扣10分，扣完为止	40	

参考文献

[1] 蒋贵善，王东华，等．生产与运作管理［M］．2版．大连：大连理工大学出版社，1999.

[2] 牛庆锋．宇航产品生产线的建设、认证及运行评估初探［J］．航天工业管理，2010（7）.

第 8 章　航天产品工程信息化

8.1　产品工程信息化概述

信息化当前已经渗透到企业管理的方方面面，在航天企业中，产品工程信息化是充分利用信息技术，开发利用信息资源，促进信息交流和知识共享，提高经济增长质量，推动发展转型的历史进程。无论对于产品管理，还是对于产品研制过程（包括产品设计、制造过程）的支持与管理，信息化都已经是不能缺少的重要工具。对于产品工程，引入信息化手段必将带来较高的产品质量和管理效率，产品工程信息化是产品工程的一个重要组成部分。

因此，航天企业在实施产品工程的同时，信息化系统也必须建立起来。针对产品工程对信息化的需求，产品工程信息化一是要以信息化方法，在产品研制过程中实行计算机辅助设计和制造，达到产品研制过程数字化；二是要以信息化手段，在产品全生命周期内规范产品成熟度管理、产品定型过程，以及对产品信息、产品型谱、产品生产线和产品应用等进行管理（统称为产品管理），实现产品管理一体化。

8.1.1　产品工程信息化的基本概念

关于信息化的表述，在学术界和政府内部做过较长时间的研讨，在不同行业和领域中对信息化的表述也不尽相同。1963 年，日本学者梅棹忠夫在题为《论信息产业》的文章中提出，“信息化是指通信现代化、计算机化和行为合理化的总称”；中国学者认为，“信息化是指人们对现代信息技术的应用达到较高的程度，在全社会范围内实现信息资源的高度共享，推动人的智能潜力和社会物质资源潜力充分发挥，使经济社会向高效、优质方向发展的历史进程”；1997 年召开的首届全国信息化工作会议，对信息化定义为，“信息化是指培育、发展以智能化工具为代表的新的生产力并使之造福于社会的历史过程”；《2006—2020 年国家信息化发展战略》中指出，“信息化是充分利用信息技术，开发利用信息资源，促进信息交流和知识共享，提高经济增长质量，推动经济社会发展转型的历史进程”。由此可见，信息化的内涵包括信息资源的开发、信息网络建设、信息共享和信息技术的应用。

因此，产品工程信息化就是要根据产品工程的需求，研究产品研制过程中设计和工艺的技术特性，挖掘信息资源；利用信息网络，实现产品工程中的过程控制和信息共享；整合软硬件工具，实现信息技术在产品工程中的工具集成和全面应用；用信息化手段，为具有小子样、高性能、高稳定性特点的航天产品的研制和快速成熟提供技术保障。

8.1.2　国内外产品工程信息化发展

产品管理信息化的基础是管理信息系统（Management Information System，MIS），管理信息系统出现于 1954 年，开始阶段以处理单项事务为主，如财务、物资和销售，用以减轻人的重复劳动；1964 年以后，发展到建立以计算机为中心的管理信息系统，如商业、企业和银行事务管理等；1974 年开始，管理信息系统发展为以处理控制为主的信息系统，这一时期有两大成果。

1）典型的、成功的管理信息系统相继出现，如 IBM 公司用 6 年时间，耗费约 1000 人年工作量开发的面向通信的生产信息控制系统（Communication Oriented Production Information and Control System，COPICS），该系统包括 12 个子系统（生产、销售、预测、计划、库存等）；

2）在系统开发上开始用系统分析、设计、实施的观点开发管理信息系统。

现在国内外管理信息系统均已发展成为以提供决策为主的信息系统。

产品研制过程信息化始于 20 世纪 80 年代初期，随着计算机辅助设计（CAD）技术的逐步成熟和广泛应用，使企业出现了大量电子化的设计文档和电子图档，且在数量上呈指数级增长。在此情况下，如何有效地管理这些文档就成为产品管理面对的问题。这种需求，导致了产品设计、制造信息管理技术的出现，形成了管理所有与产品相关过程和所有与产品相关信息的系统——产品数据管理（Product Data Management，PDM）。随后，在应用方面，产品管理中逐步增加了产品结构管理、工作流管理等技术。随着企业竞争的加剧，缩短产品研制时间、降低生产成本已经成为企业所面临的挑战。面对这样的挑战，产品管理中出现了工作流管理和对产品从创建、使用到最终报废等全生命周期的产品数据信息进行管理的概念——产品全生命周期管理（Product Lifecycle Management，PLM）和产品全生命周期管理系统，通过流程自动化手段，将人员管理、财务管理和物资管理纳入产品生产管理中，将管理的范围扩展到企业级。目前，除去对产品生产本身的管理外，现代企业还将产品推广应用的管理内容纳入了产品管理信息化的范畴。

20世纪80～90年代，国外各个产品全生命周期管理系统厂商主要为几个大型的企业提供服务。随着计算机辅助设计的数据管理功能无法满足管理的需要，产品全生命周期管理供应商们开始着手开发独立于计算机辅助设计之外的产品数据管理系统。在这期间，具有现代意义的产品数据管理系统已经形成，比如IBM公司的ProductManager，HP公司的WorkManager，SDRC公司的Metaphase，CV公司的Optegra，Workgroup等。在90年代上半叶，很多软件公司都看到了产品数据管理行业的发展潜力，各种类型的产品数据管理，产品全生命周期管理成熟软件不断出现，目前典型的产品数据管理软件主要有UGS公司的TeamCenter，PTC公司的Windchill，MatrixOne公司的e－Matrix，IBM公司的SmarTeam，SAP公司的mySAP等，产品全生命周期管理软件主要有达索公司的PLM SmarTeam，Siemens公司的PLM Teamcenter Express，Oracle公司的Agile PLM。

与国外产品全生命周期管理软件企业发展类似，国内的产品全生命周期管理软件厂商也是从计算机辅助设计开始起步，但与国外产品全生命周期管理软件供应商从计算机辅助设计到产品数据管理软件的发展路线不同的是，国内的供应商在开发和销售计算机辅助设计的同时，找到了另外一个企业急需而国外产品全生命周期管理软件供应商又不提供的产品——计算机辅助工艺规程（Computer Aided Process Planning，CAPP），国外最早研发计算机辅助工艺规程产品的国家是挪威，典型产品是AUTOPROS。目前国内天河公司、金叶公司的计算机辅助工艺规程产品以及神舟软件公司、英泰、上海思普公司的产品数据管理软件产品等均被国内许多大中型企业选用。

8.1.3 产品工程信息化的目的及意义

产品工程信息化的目的及意义有以下几点。

1）通过对产品研制工具软件的应用，有利于提高设计准确性，提高工艺质量，解决制造精度、制造重复性和高难度曲面加工。

2）通过产品数据管理软件系统积累的产品过程数据，使产品研制过程信息完整保留，有利于产品数据的追溯。

3）通过产品研制过程信息系统，使产品设计制造人员按照规定的流程进行操作，有助于实现产品设计生产规范化。

4）通过产品结构的层级关系（产品结构树），使产品管理者和用户了解产品全貌，有助于产品的统一管理。

5）产品过程数据和产品管理信息生成完善的产品数据包，为产品的快速成熟奠定了基础，通过成熟的产品数据包在产品生产和批生产中的重用，有利于产品质量和稳定性的保证。

6）通过产品成熟度和产品特征信息，为型号设计师选用产品提供依据，促进航天产品在型号中的应用。

其中前 3 项涉及产品研制过程信息化，而对于产品管理信息化来说，后 3 项更为重要。

8.1.4　产品工程信息化的工作内容

产品工程信息化技术是通过一系列网络通信技术、计算机软硬件及制造数控设备的组合，对产品工程信息进行管理。产品工程信息化内容主要包括 3 个层次：第一，应用计算机辅助设计、计算机辅助制造、工艺规划、企业资源计划等软件，通过软件集成、信息集成和产品研制流程的集成，形成集设计、制造和管理于一体的计算机集成制造系统，实现产品设计、生产数据处理的自动化，以及产品研制过程信息化；第二，按照产品工程中对产品的管理要求，在产品数据管理系统中创建产品数据结构，对产品过程数据进行管理，通过产品工程信息化对产品型谱、产品定型、产品成熟度、产品数据库和产品生产线信息进行管理；第三，以产品数据库的形式为用户提供产品信息，为生产单位提供产品再生产的信息资源。这 3 个层次内容的分类组合，构成了产品工程信息化的重要组成部分（见图 8—1）。

产品工程信息化的工作内容有以下几点。

1）建立产品数据库，开发产品检索系统，并与产品数据管理系统进行集成，实现产品信息管理，保证型号系统设计师在运载火箭和航天器型号设计时对产品查询和选用，并为其他用户提供产品信息；

2）产品数据管理系统与计算机辅助设计、计算机辅助工艺规程、计算机辅助制造、企业资源规划和制造执行系统进行软件集成和数据集成，通过产品数据管理系统对设计制造流程的固化，实现新产品研制过程的信息化管理；

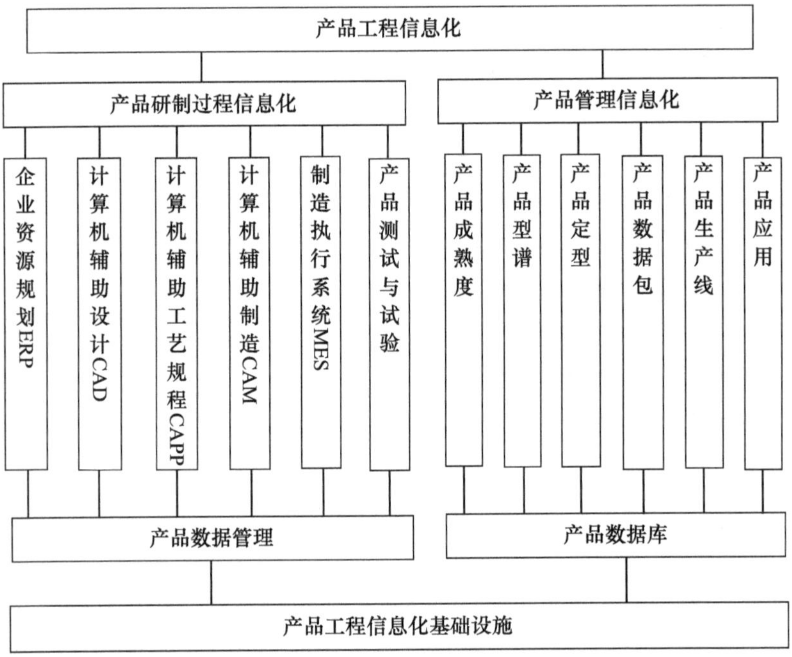

图 8—1　产品工程信息化

3）根据产品型谱特点，构建具有产品管理特征的产品数据管理系统产品结构树，实现产品数据管理系统对产品整体的数据管理；

4）扩展产品数据管理系统，通过产品成熟度等数据管理，实现产品全生命周期管理；

5）抽取产品全生命周期管理系统新产品信息，形成信息同步的产品数据库；

6）收集产品使用信息，为产品应用服务。

8.2　航天产品工程信息化实施的基础

8.2.1　航天产品工程信息化理论基础

8.2.1.1　航天产品全生命周期管理

产品全生命周期管理系统是一整套应用于企业内部或相关企业之间的，支持产品全生命周期信息生成、管理、分发和应用的数据管理系统，它能够集成与产品相关的人力资源、流程、应用系统和信息，是对产品从需求开始，到产品淘汰报废的全生命周期内数据的管理。

产品全生命周期管理又是一种理念，即对产品从创建到使用，再到最终报废等全生命周期的产品数据信息进行管理的理念，是产品数据管理的继承和发展，在产品全生命周期管理理念产生之前，产品数据管理系统只是对产品研制过程的数据和过程的管理。而在产品全生命周期管理理念指导下，产品数据管理系统得到延伸，出现了对产品数据管理的协同式应用和基于协同的产品数据管理系统——CPDM 软件，可以实现研制部门、企业各相关部门和相关企业间对产品数据的协同应用。

产品全生命周期管理有 3 个层面，即产品全生命周期管理领域、产品全生命周期管理理念和产品全生命周期管理软件产品（产品全生命周期管理系统）。而产品全生命周期管理系统的功能是产品数据管理系统的扩展和延伸，产品全生命周期管理软件的核心是产品数据管理软件。

从图 8－2 中可以看出，在航天产品从初次研制到实现快速成熟的过程中，产品全生命周期管理系统完全包含了产品数据管理的全部内容，产品数据管理功能是产品全生命周期管理系统中的一个子集。

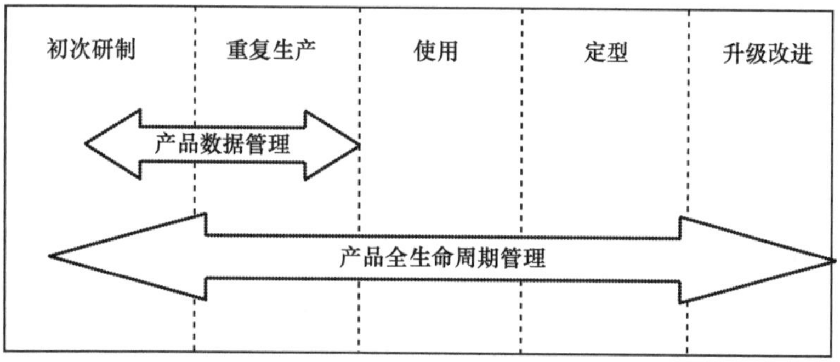

图 8－2　产品全生命周期管理系统是产品数据管理系统的扩展和延伸

由于产品全生命周期管理与产品数据管理的渊源关系，实际上几乎没有一个以“全新”面貌出现的产品全生命周期管理系统厂商。大多数产品全生命周期管理系统厂商均来自产品数据管理系统厂商。一些原产品数据管理系统厂商已经开发了成体系的产品全生命周期管理系统解决方案，成功地实现了产品数据管理系统向产品全生命周期管理系统的转化，如 EDS，IBM 公司等。

航天产品工程信息化按照产品全生命周期管理理念，采用航天飞行器集成化设计制造系统（Aerospace Vehicle Integrated Design and Manufacture，AVIDM）覆盖产品初次研制（用户要求、产品 3 大特性识别与分析、产品设计、试制、验证、交付），产品重复生产和使用（产品3大特性再识别与再分析、产品再设计、再生产、再验证、产品成熟度评定、现货供应），以及产品定型和升级改进（持续改进）等阶段的产品管理全过程。

8.2.1.2 信息管理

信息管理是人类为了有效地开发和利用信息资源，以现代信息技术为手段，对信息资源进行计划、组织和控制，以提高信息利用效率、最大限度地实现信息效用价值为目的的一种活动。现代信息管理一般是通过一套称为管理信息系统的软件来实现的。

管理信息系统是一个以人为主导，利用计算机硬件、软件以及其他办公设备，进行信息的收集、传输、加工、储存、更新和维护，以提高效益和效率为目的，支持企业的高层决策、中层控制、基层运作的集成化人机系统。管理信息系统是管理现代化的集中体现，是技术管理制度在人们思想意识及行为习惯中的现代化融合。管理信息系统是以提供决策为主的信息系统，它的作用体现在辅助分析、规范化管理和节省人力3个方面。

航天产品工程信息化采用管理信息系统对产品型谱、产品成熟度培育、产品定型过程，以及产品信息和产品生产线进行管理，为航天产品批产和产品应用提供决策依据。

8.2.2 计算机网络基础

实现产品工程信息共享离不开计算机网络。计算机网络技术是通信技术与计算机技术相结合的产物。计算机网络是按照网络协议，将分散的、独立的计算机相互连接的集合。

产品工程信息化对网络的基本要求有以下几点：

1）能连接不同类型的计算机；

2）网络结构要尽可能地简单，但要有足够的带宽，能满足计算机之间非常可靠地传送数据的需要；

3）计算机在通信时，必须有迂回路由，当链路或节点被破坏时，迂回路由能使正在进行的通信自动地找到合适的路由；

4）所有的网络节点都同等重要，以大大提高网络的生存性；

5）满足信息安全性的要求。

8.2.3 数据库管理系统

产品全生命周期管理和产品工程管理系统都是基于数据库管理系统

(Database Management System，DBMS) 之上的，数据库管理系统是一种数据库管理软件，用于建立、使用和维护数据库。对数据库进行统一的管理和控制，以保证数据库的安全性和完整性。用户通过数据库管理系统访问数据库中的数据，数据库管理员也通过数据库管理系统进行数据库的维护工作。数据库管理系统提供多种功能，能满足多个应用程序和用户使用不同的方法同时建立、修改和访问数据库。

当前国内流行的数据库管理系统绝大多数是关系型数据库管理系统，一般可分为如下 3 类：一类是以微型机系统为运行环境的桌面型数据库管理系统，例如，xBASE 类的产品如 dBASE，FoxBASE，FoxPro 和 Access 等；另一类是以 Oracle 数据库为代表的数据库管理系统，这类系统还有 IBM 公司的 DB2，Sybase 公司的 SYBASE 数据库等，与桌面型系统相比，具有更巨大的数据存储和管理能力、更全面的数据保护和恢复功能，它更有利于支持全局性的及关键性的数据管理工作，被称为主流数据库管理系统，被用在许多庞大的计算机信息系统的建立和应用中；第三类是以 Microsoft 公司的 SQL Server 为代表的介于以上两类之间的数据库管理系统。

选择数据库管理系统时应从以下几个方面予以考虑。

1）构造数据库的难易程度。是否必须按照系统所规定的数据模型分析、建立相应的模型；数据库管理语句是否符合国际标准，以便于系统的维护、开发、移植；有没有面向用户的易用的开发工具；所支持的数据库容量是否满足需求。

2）程序开发的难易程度。有无计算机辅助软件工程工具，以方便复杂软件的开发、维护；有无第四代语言，具有非过程语言开发平台的设计方法，用户不需编写复杂的过程性代码，易学、易懂、易维护；有无面向对象的设计平台，即接近人类的逻辑思维方式，便于开发和维护；可支持多媒体数据类型，以减少应用程序的开发和维护工作。

3）数据库管理系统的性能。数据库响应时间、数据单位时间吞吐量的性能指标如何；有无对内外存使用情况、系统输入/输出速率、SQL 语句的执行和数据库元组件控制等性能的监控；有无参数设定与调整等性能的管理。

4）对分布式应用的支持。包括数据透明与网络透明程度。数据透明是指数据库管理系统有无自动搜索网络、提取所需数据的功能；网络透明是指数据库管理系统能否自动将数据包转换成相应的协议数据。

5）可移植性和可扩展性。要求能够支持低版本的平台，支持集中式管理模式；要求满足硬件上的扩展，支持从单 CPU 模式转换成多 CPU 并行机模式。

6）并发控制功能。对于分布式数据库管理系统，面临的是多任务分布环境，要求支持多用户对数据进行读或写操作，并保证数据的一致性。

7）容错能力。有无磁盘镜像处理功能；有无软件方法异常情况的容错功能。

8）安全性控制。具有账户管理、用户权限、网络安全控制和数据约束功能。

9）支持汉字处理能力。表名、域名、数据和数据库开发工具均支持汉字处理。

航天产品工程采用的神通数据库管理系统（简称神通数据库，原神舟 OSCAR 数据库），广泛应用于各类企事业单位、政府机关，尤其是国防、军工等事关国家政治、军事、经济安全的各要害单位的信息化建设。

神通数据库管理系统基于客户端/服务器（Client/Server）架构实现。服务器端支持所有的常见数据类型，并可灵活地增加新类型及其对应的操作函数；可支持大小达 4 Gbyte 的大对象，对于大对象的操作更为高效；SQL 92 入门级标准符合度达到 100%，部分支持 SQL 99 标准；支持 Tbyte 级的海量数据管理；支持大规模并发处理的进程结构；具有高效的查询处理方法和查询优化策略；具备高性能的事务并发处理机制，支持多种事务隔离级别和多粒度的锁机制；有完备的数据恢复机制和多层次的数据库安全机制。客户端支持嵌入式 SQL，ODBC，JDBC；支持可编程存储过程和触发器；提供系统安装和卸载、DBA 工具、交互式 SQL、性能监测与调整以及作业自动调度等丰富的管理工具；提供与 Oracle，SQL Server，DB 2 等主要大型商用数据库管理系统以及 Excel，TXT，ODBC 数据源等标准格式之间的数据迁移工具。

8.2.4　软件基础

8.2.4.1　产品数据管理系统

产品数据管理系统是产品工程中产品研制过程管理的核心软件系统，是能够管理所有与产品相关过程和所有与产品相关信息（包括从产品到零部件的信息、配置、文档、CAD 文件、结构、权限信息等）的软件。

产品数据管理系统用于在企业范围内构造一个从产品策划到产品实现的并行协作环境，产品数据管理系统能够使所有参与创建、交流以及维护产品设计意图的人员，在整个产品生产中自由共享与产品相关的所有异构数据，如图样与数字化文档、工艺文件与产品结构等。

(1) 产品数据管理解决的业务问题

① 提高产品信息的一致性

在传统的产品研制过程中，产品信息在设计部门间或制造单位间手动传递和逐步成型的过程中往往容易导致信息的失真。设计、制造之间信息的不一致，最终导致的结果是产品成本上升、进度延后。产品数据管理系统的信息集成和版本管理能使所有参加项目的人员采用同一数据工作，而且是最新的数据，能够避免产品设计、制造中的信息重复和不一致。

② 实现产品研制过程的可追溯性

在传统的产品研制模式下，产品研制过程中的大量参考、版本升级等行为很难被记录。管理这些过程性的信息和数据，有助于回溯产品研制过程，为研制过程的改进打好基础，或者事后在出现问题时有助于查找原因。产品数据管理系统通过设计文件和图样的审批、更改流程及版本管理，保证产品研制过程具有很强的可追溯性。

③ 减少频繁的设计更改

在任何产品研制过程中都会碰到更改问题，这是由产品研制的特性决定的。缺乏必要的管理，往往会导致产品设计出现过多的更改和变更，从而出现执行效率低下等问题。也会导致研制周期的拉长和研制成本的升高。为了更有效地管理更改，产品数据管理系统通过对产品及其相关过程进行并行、集成化处理的系统方法和综合技术，来实现产品数据的共享，有效地降低设计更改的产生。

④ 提高设计重用效果

企业研制产品多种多样，有些是更新换代产品。能否有效地实现设计重用将会对研制周期和成本产生重大影响。在传统的设计模式下，企业很难对标准化的优化设计进行有效管理并为设计人员提供便捷的查询工具，最终导致企业无法有效应用已有设计成果来降低研制周期和成本。产品数据管理系统中的零部件和分类管理，可以将企业的零部件按照相似性原则划分为若干类，分别加以管理。从而实现以零部件为中心，组织相关信息，达到便于检索、便于借用和重用的目的。

⑤ 规范研制流程

规范产品研制流程是企业的重要课题，而产品数据管理系统将有助于解决这个课题。产品数据管理系统包括流程自定义功能，在实施产品数据管理的过程中，可以帮助理顺产品研制流程，在一些关键点上固化流程，实现研制流程的规范化。产品数据管理系统可以通过自动数据发布和电子审签程序加强控制，使那些关键任务一经确定就不会被忽略或遗忘。

因此，产品数据管理系统核心功能或模块包括文档管理、工作流及全生命周期管理、产品结构与配置管理、更改管理、零部件分类管理和项目管理。

（2）产品数据管理系统的管理

一个复杂信息化系统的正常运行需要大量的管理工作，产品数据管理系统的维护主要有信息化管理和产品设计制造管理两部分。

① 信息化管理

产品数据管理系统中涉及大量的网络设备、计算机设备、数据库和应用系统，信息化管理涉及网络管理、系统管理、网络安全和数据安全等方面的内容。

1）网络管理方面，根据设计制造的要求配置网络节点和网络权限；

2）系统管理方面，根据设计制造的要求配置系统资源和使用权限；

3）网络安全方面，保证网络带宽、网络畅通，防止病毒侵入；

4）数据安全方面，系统数据备份。

② 产品设计制造管理

设计制造技术文件是产品数据管理系统管理的主要对象之一，其中包括：文档（Document）——产品相关的各种技术资料的电子文档，计算机辅助设计图档（CAD Document）——由计算机辅助设计软件产生的电子文档，成品和零部件（End Item & Part）——是企业制造的可以交付客户的装配和变更对象，变更对象（Change Item）——指上述对象的更改文件等4种类型。另外产品数据管理系统还定义了“产品结构”的概念，指成品、零部件、文档及相关变更通过关联形成树状结构，是在产品研制过程中定义的。这些都是产品设计制造管理的范畴。

1）产品数据管理电子文件有序存储管理方面。以产品结构为主索引，各种文档与产品结构相关联，包括以产品结构形式组织各种产品数据、产品配置；明确对象属性，实现按产品结构组织和存储数据。

2）产品数据管理电子文档的可靠性、真实性管理方面。产品数据管理审签环节，使电子文件获得真实性、准确性、可靠性、正确性并相应标识，形成具有保存价值的电子文档资源，构建管理的基础；产品数据管理跟踪更改环节，使电子文档成为产品设计制造活动中产生、使用的文件和记录的真实映射，其价值得到保持和增加；产品数据管理文件全生命周期过程中的记录由系统保存，最终可以成为源数据，为电子文件归档提供档案凭证。

3）信息归档方面。由于产品数据管理系统管理的对象是文件，那么就必须按照档案部门的管理规定定期完成归档工作。

建设与产品数据管理接口的科技档案管理系统，科技档案管理系统是文献和档案的存储应用平台。建立科技档案管理系统与产品数据管理系统的接口，将产品数据管理系统管理的文件导入科技档案管理系统，可为产品数据管理系统管理数据提供一个更为长期、可靠、宽泛的保存和使用空间，获得更高的投资回报。

(3) 航天产品数据管理系统

航天产品数据管理采用的产品数据管理系统为神舟软件公司的航天飞行器集成化设计制造系统（Aerospace Vehicle Integrated Design and Manufacture，AVIDM），航天飞行器集成化设计制造系统是企业级协同产品研制管理平台，它以神通数据库为基础，基于 Web 技术，融合先进软件工程技术及大型企业的产品数据管理经验，以分级数据安全保密技术，提供企业级设计、工艺、制造的协同工作平台，保证产品全生命周期内数据的一致性、完整性及安全性；实现企业内部和企业之间的信息集成和业务协同，使各部门、工作成员可以共享信息，有效地支持协同工作、并行工程。航天飞行器集成化设计制造系统包括的主要功能如图 8—3 所示。

① 高级功能

系统采用基于域的联邦系统管理，支持多个具有协同关系的产品研制单位采用跨域流程、跨域邮件和即时消息等方式，实现设计数据的共享、跨域流程审签、受控数据发布和及时沟通协调等能力。

数据管理中心基于完整的产品结构树，实现产品研制各阶段数据的集中分布式管理，解决航天产品研制生产的数据来源和工作依据问题。

协同工作环境基于工作分解结构（WBS）分解模板，对项目目标进行分解，依据跨域协同，打通多级计划编制、审批下发、跟踪与反馈、变更的整个管理过程。

采用国际标准，在业务流程处理中加入了对行业标准的支持，为集成企业内部各异构业务系统（CAX，ERP，MES）和进行业务系统之间的数据交换提供了技术保障，满足了企业级系统架构对集成性和开放性的要求。

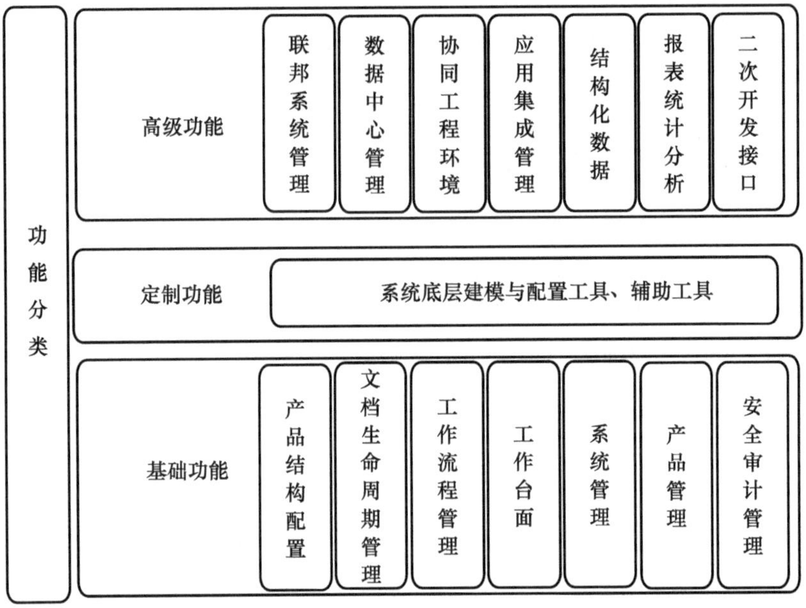

图 8—3　航天飞行器集成化设计制造系统功能

② 定制功能

为了支持用户个性化的要求，提供了全方位的定制支持，可实现系统的快速重构。定制功能包括系统建模工具、可视化工作流程建模工具、系统设置工具、企业编码建模工具等。

③ 基础功能

根据型号建设的统一规划，基于版本规则、变量规则、有效性规则等进行产品结构的配置，能够进行不同产品的批/发/次管理，实现对零部组件及所用材料的跟踪管理，有效、方便、快捷地管理各种产品数据。

文档全生命周期管理以图文档管理为基础，形成文档从创建、审签、更改、资料管理和归档等阶段的管理。

通过可视化的工作流模板定义，规范了研制流程的统一。所有产品数据、物料清单（Bill of Material，BOM）等的发布以及更改过程通过电子流程进行驱动，提高工作流和整个研制过程的效率。

8.2.4.2　管理信息系统软件

(1) 物资管理系统

物资管理系统，是企业在产品生产过程中，对本企业所需物资的采购、使用、储备等行为进行计划、组织和控制的软件。

（2）财务管理系统

财务管理系统，是对资产的购置、资本的融通和经营中的现金流量，以及利润的分配进行管理的软件。

（3）人力资源管理系统

人力资源管理系统，是通过招聘、甄选、培训、报酬等管理形式对组织内外相关人力资源进行有效运用的软件。

8.3　航天产品研制过程信息化

航天产品质量要求高，在产品研制过程中生产工艺复杂、生产工序多、影响产品质量的人为因素很多，产品研制往往由于工艺流程不合理、操作人员不严谨，增加了产品的人为缺陷，造成不必要的损失。人机工程学认为，人为差错是人、环境、技术、机械和管理等诸多因素相互作用的结果，人员方面包括人的偶然过失、不稳定状态和错觉差错等；环境方面包括不良环境和紧急事态对人的影响；技术方面包括人为判断差错和操作差错；机械方面包括信息提示不清、控制装置不灵敏对人的影响；管理方面包括信息传递差错、计划不周和监督检查不够等。因此在航天产品研制环节上必须提高整体的自动化水平，将影响产品质量的人为因素降到最低。

随着国家和国防现代化建设对航天产业提出的新要求，航天产品研制必须适应日益繁重的型号任务需求，在有效缩短周期、降低成本的同时还要保证产品质量，所以，在航天产品研制过程中必须引进如自动化设计技术、智能制造技术、现代集成制造技术等新模式和新方式，用现代化工具和手段代替传统的人工生产。

产品研制过程信息化是产品工程信息化的核心。产品研制过程信息化是将信息技术与自动化设计、制造技术相结合，利用计算机具有快速、准确、系统运算的能力，以及它的逻辑判断功能等特点，应用计算机辅助设计技术，综合航天多年来形成的设计知识，形成设计概念，进行分析和验证，选择最佳方案；借助于计算机辅助工艺规程系统，解决人工工艺设计效率低、一致性差、质量不稳定、不易达到优化等问题；通过利用虚拟制造技术、柔性制造技术、精细加工技术、敏捷制造技术，改善产品制造的各个环节，提高生产效率，超越人工生产水平和效率的极限；通过对不同产品研制软件工具的集成、过程数据的集成和研制流程的集成，解决产品设计生产过程自动化、产品数据一致性和研制过程中容易产生人为工序遗漏等方面问题，从而提高产品质量，同时带动航天企业产品设计制造方法和工具的创新，以及制造技术的创新。

8.3.1 航天产品研制过程中的软件工具

从图 8—1 中看出，产品研制过程信息化主要包括的软件工具有计算机辅助设计、计算机辅助工艺规程、计算机辅助制造、企业资源规划和制造执行系统等，通过产品数据管理系统（或结合各种集成软件工具）实现对不同产品研制软件工具的集成、过程数据的集成和研制流程的集成（见图 8—4）。

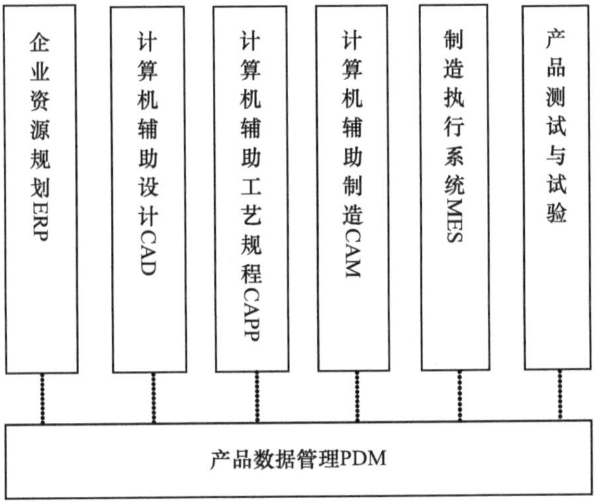

图 8—4 产品研制过程软件工具

8.3.1.1 计算机辅助设计软件

(1) 机械 CAD

机械 CAD 软件最早的功能是使用计算机辅助绘制二维工程图样，称为计算机辅助设计（Computer Aided Design，CAD）。20 世纪 70 年代在飞机汽车制造业强烈的需求推动下，产生了自由曲面建模方法，并开发出了三维曲面造型软件。它的出现，标志着计算机辅助设计技术从单纯模仿工程图样的模式向实现计算机完整描述产品零件信息的转变，用三维模型表达产品设计理念，不仅更为直观、高效，而且基于包含了质量、材料、结构等物理、工程特性的三维功能模型，可以实现真正的虚拟设计和优化设计。

（2）电子 CAD

电子 CAD，又称电子设计自动化（Electronic Design Automation，EDA），是以计算机为工作平台，融合了应用电子技术、计算机技术、信息处理及智能化技术的成果，进行电子产品自动设计的软件。其功能包括集成电路（IC）设计、电子电路设计和印制电路板（Printed Circuit Board，PCB）设计。电子 CAD 工具可以从概念、算法、协议开始自主完成电子系统设计，并能自动处理完成电子产品电路设计、性能分析直至集成电路版图或印刷电路版图。此外，电子 CAD 还可以完成电路功能设计和结构设计，并通过电气连接网络表将两者集合在一起，实现工程设计。

（3）光学 CAD

光学 CAD 是以应用光技术、计算机技术为基础，分析优化各种非对称非常规复杂光学系统的软件。它能用现代化的手段，直接描述光学系统中的光源、透镜、反射镜、分束器、衍射光学元件、棱镜、扫描转鼓、机械结构以及光路。具有光路自动设计能力、系统分析能力，以及环境因素影响计算能力。此外，有些光学 CAD 软件，还可以通过对软件提供的一组尺寸可变的光学和机械元件形状的基本实体模型实现光机一体化设计。

（4）分析仿真与设计优化

航天产品应用环境的特殊性决定了产品设计的高可靠性，除了产品需要进行大量的地面模拟试验外，设计仿真和优化设计也显得尤为重要。设计人员不仅要用计算机辅助设计软件对产品进行设计构思论证、总体设计、零部件设计，还要利用分析软件对有关零件的强度、刚度、热、电、磁进行分析计算，利用各种仿真软件对产品进行虚拟制造、虚拟仿真、虚拟装配和仿真验证，再返回设计软件进行迭代设计优化。

目前很多光、机、电设计软件都自带仿真软件。另外，航天设计人员多年来自研的，适用于本专业领域的各种分析、仿真软件，在航天产品的设计中起到了重要作用。

8.3.1.2　计算机辅助工艺规程软件

计算机辅助工艺规程（Computer Aided Process Planning，CAPP）是指借助于计算机软硬件技术和支撑环境，通过向计算机输入被加工零件的集合信息（形状、尺寸等）和工艺信息（材料、热处理、批量等），利用计算机的数值计算、逻辑判断和推理等功能，自动制定零件机械加工的工艺路线和工序内容等工艺文件的过程。借助于计算机辅助工艺规程软件，可以解决手工工艺设计效率低、一致性差、质量不稳定、不易达到优化等问题。

8.3.1.3　计算机辅助制造软件

计算机辅助制造（Computer Aided Manufacturing，CAM）是利用计算机进行生产设备管理控制和操作的过程。计算机辅助制造的核心是计算机数值控制，是将计算机应用于制造生产过程的软件。

8.3.1.4　企业资源规划软件

企业资源规划（Enterprise Resource Planning，ERP）是针对物资资源管理（物流）、人力资源管理（人流）、财务资源管理（财流）、信息资源管理（信息流）集成一体化的企业资源管理软件，在产品信息化制造环节向计算机辅助工艺规程系统提供资源信息。

8.3.1.5　制造执行系统软件

制造执行系统（Manufacturing Execution System，MES）是美国AMR公司在20世纪90年代初提出的，旨在加强物料需求计划（Material Requirement Planning，MRP）的执行功能，它把物料需求计划同车间作业现场控制之间通过执行系统联系起来，是位于上层的计划管理与底层的工业控制之间的面向车间层的管理信息系统。将制造执行系统与生产线管理系统进行集成，可以对产品生产的资源统一调配。

8.3.2　航天产品研制过程

航天产品研制过程是指产品初次研制阶段（新产品开发）中的产品立项、产品设计、产品试制和产品验证，也包括产品重复生产和使用阶段，以及产品定型和升级改进阶段中的产品再设计、再制造和再验证。

8.3.2.1　航天产品立项

航天产品立项是指将有关技术可行性、产品需求的信息综合起来，确定新产品的框架，包括新产品的概念设计、3类关键特性识别、投资需求与财务影响、产品设计和生产过程的人力资源安排。在决定某一新产品是否开发之前，可以用小规模试验对概念、观点进行验证。

8.3.2.2　航天产品设计

一旦方案通过，新产品项目便转入产品设计。产品设计的基本活动是产品原型的设计与构造以及生产中的使用的工具与设备的开发。产品工程的核心是“设计—建立—测试”循环。所需的产品与过程都要在概念上定义，而且体现于计算机中的产品原型里，接着应对产品进行模拟仿真测试。如果原型不能体现期望性能特征，则应寻求设计改进以弥补这一差异，重复进行“设计—建立—测试”循环。产品设计阶段结束以产品的最终设计达到规定的技术要求并签字认可作为标志。

产品设计涉及的软件工具和信息系统包括各种计算机辅助设计软件、仿真验证软件和信息协作平台。通过信息协作平台，设计人员可以在网络上进行设计沟通和信息共享。

8.3.2.3 航天产品试制和制造

航天产品制造的基本活动是生产中使用的工具与设备的准备、组织生产和产品装配。由此引申出产品工艺流程的制定、生产工具的使用、物料加工和装配工序等过程。此外，在产品初次研制阶段的产品试制，也应当测试新的或改进的生产过程满足未来生产的能力。将产品制造过程中的整个系统（工具与设备、零部件、装配顺序、操作工、技术员和测试人员）组合在一起，为未来产品重复生产阶段的产品再制造、产品批生产和产品生产线建设打下基础。

8.3.2.4 航天产品验证

航天产品验证是产品初次研制的重点工作，航天产品验证活动包括试验、测试工具与设备的准备，试验、测试大纲的制定，试验、测试工具的使用，以及试验、测试结论的编写。

8.3.3 航天产品研制过程中的数据

8.3.3.1 航天产品立项中的过程数据

航天产品立项的输入是客户的要求和根据企业战略所做的产品型谱规划等，经过产品的要求识别，确定产品功能基线；输出是一套完整的可行性研究和策划方案。

航天产品立项过程是一个智力过程，需要查询企业各方面知识库、历史数据库和现有的产品数据库，同时，策划方案还需要经过多级别的审批和审定。

8.3.3.2 航天产品设计中的过程数据

航天产品设计中的过程数据是产品数据管理系统所管理的主体，是整个产品生产过程数据的主要部分，包括产品设计文件、产品设计图档、产品结构与配置、产品属性表单、接口数据表、产品更改图、产品更改通知单等，具体如下所列。

（1）产品设计文件

产品设计文件包括任务需求文件、产品研制规范、产品研制技术流程、产品研制计划流程、产品设计文件（其中包括产品功能设计、性能设计、电学设计、光学设计和热设计等)、产品3类关键特性表、设计评审文件等。

(2) 产品设计图档

产品设计信息化技术主要是用计算机系统协助建立、修改、分析和优化设计的技术，即计算机辅助（绘图）设计，它通过计算机工程图样、三维模型和电路图样等形式完整描述产品信息。因此产品设计图档包括机械产品的计算机工程图样和包含质量、材料、结构等物理、工程特性的三维功能模型，电子产品的集成电路设计图、电子电路设计图和印制电路板设计图，光学产品的直接描述，包括光学系统中的光源、透镜、反射镜、分束器、衍射光学元件、棱镜、扫描转鼓的设计图以及光路图。

(3) 产品结构与配置

产品结构与配置是对产品内部结构、机械部分的体现，在产品设计过程中，起着至关重要的作用。航天产品设计中产品层级关系、产品结构与配置以产品结构树的形式出现，在产品数据管理系统中，产品结构树与产品设计三维实体一一对应，反映了产品组成以及产品和零部件的装配关系。

(4) 产品属性表单

产品属性表单记录组成产品的零部件的属性，是计算机辅助工艺规程和企业资源规划的数据源。

(5) 接口数据表

接口数据表是产品与产品之间的接口文件，直接体现产品的全部接口技术状态，也是航天产品总体、分系统及单机硬件产品之间赖以设计、生产和协调的关键技术数据。

(6) 产品更改图

当产品发生更改时，产品图样也必须进行相应的更改。

(7) 产品更改通知单

产品更改通知单是当产品设计发生更改时向相关部门发出的通知单。

8.3.3.3 航天产品试制、制造中的过程数据

产品制造涉及到零件类型多、加工方法多、物料品种规格多，同时制造信息化涉及的应用软件也较多（制造信息化的应用软件包括计算机辅助工艺规程，计算机辅助制造，企业资源规划，制造执行系统，人、财、物管理系统等），每个应用软件都产生不同的过程数据。所以制造过程数据管理非常复杂。产品制造过程输出的是一个产品的完整信息——产品研制

过程数据包。

(1) 计算机辅助工艺规程中的过程数据

产品经设计后，工艺部门对设计结果进行工艺审查，向计算机辅助工艺规程系统输入被加工零件的设计信息（形状、尺寸等）和工艺信息（材料、热处理、批量等）。计算机辅助工艺规程系统将输出优化、规范、标准的工艺过程数据，包括工艺路线和工艺规程（如产品零件信息、毛坯选择和毛坯图生成信息、定位加紧方案信息、加工方法信息、加工工序安排信息、加工设备和工艺装备信息、工艺参数计算数据等），以及制造物料清单（Manufacture Bill of Material，MBOM）、材料定额、工时定额和其他有关的工艺文件。作为计算机辅助工艺规程系统重要的过程数据，为数控机床加工与网络通信、柔性制造的需要提供信息。

(2) 计算机辅助制造中的过程数据

计算机辅助制造输入信息是零件的工艺路线和工艺规程，输出信息是数控机床刀具加工时的运动轨迹和数控程序。数控机床，包括称为“加工中心”的多功能机床，能从刀库中自动换刀和自动转换工作位置，能连续完成铣、钻、铰、攻丝等多道工序，这些都是通过程序指令控制运作的，只要改变程序指令就可改变加工过程，因此，网络计算机（Network Computer，NC）编程文件是计算机辅助制造的过程数据重要的组成部分。

(3) 企业资源规划的过程数据

企业资源规划与物资管理系统、财务管理系统、人力资源管理系统集成，产生如制造物料清单、材料消耗、工时定额和设备信息等数据，提供给计算机辅助工艺规程系统。

(4) 制造执行系统的过程数据

制造执行系统中包括部分产品信息数据，对多条产品生产线管理系统发放计划、加工、装配和检验等数据，向生产线输送原材料、生产资料，向仓库运输成品，回收制造执行过程的制造活动、存储活动等数据。

(5) 产品装配的过程数据

计算机辅助工艺规程在产品工艺文件编制过程中形成的另一个重要过程数据是产品装配信息，以装配明细表（装配物料清单）形式出现，它包括以下组成部分：

1) 产品、零部件及组件的装配顺序（产品、零部件及组件在表中的编码和排列顺序）；

2) 组成产品各部分物料的种类（图号、名称）和数量；

3）物料属性、材质、计量单位。

计算机辅助工艺规程利用计算机辅助设计完成的产品各级零部件装配图，按装配顺序重新标记产品组成的零部件，用产品数据管理系统自动生成装配物料清单，提供产品装配使用。

（6）产品验证的过程数据

产品验证是通过物理的、化学的和其他科学技术的手段和方法对产品进行观察、试验、测试后所提供的客观证据，证实产品的规定要求已得到满足。产品验证信息是产品测试和试验中产生的各种文档，如测试计划、方案、结果数据和测试结论等。

8.3.4 航天产品研制信息系统的集成

现代产品研制主要依赖于网络、计算机软硬件对生产设备、工序和时间过程进行控制，完成产品研制和生产。目前市场上有关产品研制过程的信息系统繁多，国内外各大企业也在通力打造适合本企业的产品信息系统。产品信息系统的建立应结合本企业产品的特点和实际情况，不应一概而论，盲目引进。例如，在产品相对单一的大型企业，可以建立一套完整的产品设计制造信息化系统，来满足企业的全面生产需要。而航天产品的特点是小子样、品种多、更新快，由于产品不同，生产过程不同，因此航天产品研制的信息系统必须十分具体，必须针对产品及其研制模式认真分析，对症下药，企图以不变应万变只能导致信息化项目的失败。

航天产品研制信息系统针对不同产品进行研制软件工具的集成、过程数据的集成和研制流程的固化，并根据产品的变化及时改进和提高，带动航天企业产品设计方法和设计工具的创新、制造技术的创新。

8.3.4.1 软件工具集成

所谓软件集成就是通过各种集成软件工具将不同的软件封装到一起，组成一个信息系统，实现对被封装的软件的统一调用。

产品研制是一个涉及多部门和多学科的专业知识、实践经验，以及创造性的、多源的复杂处理过程，在产品研制过程中，设计人员必须利用多种设计方法和设计工具，以及多种设计数据和知识才能达到预期目标。因此，软件工具集成是针对不同产品研制需求，将产品研制过程所需的机械CAD、电子CAD（包括集成电路设计、电子电路设计和印制电路板设计）、光学CAD设计软件，各种仿真测试软件，以及产品制造过程所需的计算机辅助工艺规程、企业资源规划、制造执行系统和计算机辅助制造等软件工具，通过集成软件封装集成为各种产品研制系统，为不同产品的研制服务。

8.3.4.2　数据集成

（1）产品结构树

产品结构树（Product Structure Tree，PST）是将产品数据管理中的产品信息依托产品零部件之间的层次关系，有效地组织成一种属性管理结构。产品数据管理通过产品结构树来管理产品几何拓扑信息的逻辑形成过程，即按照构成产品的隶属关系将零部件模块组织起来的层次模型，表达产品、零部件之间的层次关系。产品结构树应用在产品数据管理平台的文档管理（Document Management，DM）、项目管理（Project Management，PM）、工作流管理（Workflow Management，WFM）和产品配置管理（Product Configuration Management，PCM）中，通过产品结构树，用户可以直观地了解产品的零部件组成情况。如航天产品的产品结构树信息按系统（平台）级产品、产品和零部件等分级。产品结构树提供的直观、可视化的树形结构在产品管理方面的优势，使之成为数据管理系统不可或缺的结构之一。

（2）数据管理

数据管理是对研制过程数据的管理。其首要任务就是要在航天飞行器集成化设计制造系统中，按照产品工程信息化对产品和零部件的管理要求，建立完整的产品结构树，然后将每个产品（零部件）的设计文件、设计图档、属性表单、接口数据表、计算机辅助工艺规程、计算机辅助制造、企业资源规划和制造执行系统的过程数据对应存储管理，实现成套产品研制过程中产品数据的分类、送审和电子签署。而航天飞行器集成化设计制造系统对每个产品（零部件）研制过程的数据管理，应包括对生产过程相关的设计、计划、物资、生产资源、财务和人员等数据进行管理。

① 设计文件和设计图档管理

设计文件和设计图档（统称设计文档）是产品数据管理系统管理的基本对象，所有操作最终都几乎可以归结到对一个具体设计文档的操作，所以设计文档管理是产品数据管理系统核心层中的核心。

设计文档管理的主要功能应该包括以下几点：

1）设计文档的建立和属性的定义；

2）设计文档的查询和浏览；

3）设计文档的保存和入库；

4）设计文档的更改和版本升级。

② 设计更改管理

在产品研制过程中经常遇到产品设计更改问题，产品数据管理系统更改管理提供工程更改控制机制。首先，更改部门在产品数据管理系统中对变更原因进行分析和判断，对更改影响进行分析和评测，创建更改申请单；更改申请评审通过后，更改部门修改产品结构（新增零件、删除零件或调整结构）和对应的图样及技术文件；更改后的产品结构、图样和技术文件提交更改流程进行审批；审批通过后，由产品数据管理系统向相关部门发放产品更改通知单，并向接收部门发放变更后的产品技术状态文件。

③ 版本控制管理

产品设计更改经常发生在产品设计后的生产阶段，由于在工艺设计和生产准备阶段，主要是在设计的基础上增加了物料项的工艺流程（制造和装配工艺)、工装资源、原材料、半成品等信息。因此，在设计更改管理中，产品设计数据的任何变更，不但会产生新的设计文件和设计图档版本，新版本数据还会造成工艺和制造方面数据的变更，因此完善的设计更改管理，必须考虑被更改对象的版本管理。产品数据管理系统版本控制管理对更改后的设计文件及图档进行控制管理，更改后的产品结构、设计文件和图档自动与更改通知单建立关联关系，并修改产品设计过程数据包。

④ 产品配置管理

在产品结构的基础上以产品设计物料清单（Engineering Bill of Material，EBOM）为核心，生成用于生产制造的具体零件对象的装配关系，把产品的版本、有效性以及有关该产品的数据组织起来，实现对产品的完整性、有效性控制及对产品相关数据的检索与查询。

（3）研制过程数据的集成

研制过程数据包括计算机辅助设计数据、计算机辅助工艺规程数据、计算机辅助制造数据、企业资源规划数据和制造执行系统数据等。航天企业中产品数据管理和企业资源规划等系统是被不同的部门管理使用，这些部门所管理的系统的数据在很多方面是重合的，由于数据来源不尽相同，同一数据经不同部门的多次输入，可能造成数据失真，数据的一致性无法保证，例如物料清单的管理就是冲突部分，需要相当多的手工干预来避免产生严重的错误。所以把产品数据管理系统与企业资源规划系统和制造执行系统等系统的数据协同集成，形成一个整体，在产品数据管理系统中建立统一的数据库，统一存储，做到各个系统统一数据输入源，规范数据传递，实现数据共享，这也就是过程数据集成的主要目的。

① 计算机辅助设计、计算机辅助工艺规程与产品数据管理系统传递的数据

计算机辅助设计、计算机辅助工艺规程在产品数据管理系统的管理是以文档管理的形式出现的，计算机辅助设计产生的模型、图样和计算机辅助工艺规程产生的工艺文件是产品数据包的主要信息，当产品定型后这些数据是不会改变的，因此也是产品重复生产和使用阶段产品再生产的重要信息。模型、图样和工艺文件通过产品数据管理系统进行管理和审批，实现了产品过程数据的自然积累，而产品更改、版本控制均需要由产品数据管理系统完成。

② 制造执行系统与企业资源规划系统信息传递的数据

制造执行系统通常包括以下功能模块：生产订单与工序计划（作业计划）、质量控制、计量管理、生产管制与生产执行、生产统计等。制造执行系统在下发作业计划以后，对生产的执行进行管理，将生产实绩反馈给企业资源规划系统的车间管理和库存管理模块，作为计算生产成本的依据。从制造执行系统传入企业资源规划系统的生产实际的具体数据有：生产工单、产品编码、生产单位、生产工艺结果和质量结果、物料编码、消耗材料数据、对应产品需求量和生产数量等。

③ 企业资源规划系统与产品数据管理系统信息传递的数据

企业资源规划系统与产品数据管理系统的信息传递数据主要是通过物料清单来体现的。因而，企业资源规划系统与产品数据管理系统的集成主要是基于产品结构实现。一个产品要经过工程设计、工艺设计、生产制造才能最终形成，物料清单在这个过程中也经历了从产品设计物料清单到制造物料清单的演变。制造物料清单是在设计物料清单的基础上，参照装配工艺补充工艺信息，进行必要的修改后形成的，其基本数据是设计物料清单的数据。设计物料清单的基础数据可分为两类：一类为物料信息，即物料（零件、部件、材料）的属性信息，包含物料的编码、名称、有效性控制等；另一类为产品的结构信息，包含物料原材料的编码和物料数量等，此即为企业资源规划系统需从产品数据管理系统中导入的基本数据。由于产品数据管理系统集成了计算机辅助工艺规程，那么还包括第三类数据，即加工工艺信息，即加工该物料的工序和设备等。另外，产品数据管理系统也需要从企业资源规划系统中获得设计指导信息和反馈信息，这也主要涉及物料清单的数据交换。

8.3.4.3　研制过程集成

研制过程集成的目的是实现产品研制过程流程化，是对产品研制过程的管理和优化。

首先，研制过程管理用来定义和控制软件工具的使用，在软件工具集成的基础上，利用集成软件（如产品数据管理系统）的流程定制功能，通过对重大设计、工艺改进和流程优化，将封装在产品研制系统中的软件按照产品研制需求和航天产品研制的相关标准规范进行排列，通过判别进行顺序调用和访问控制。研制过程流程化是在产品研制过程中制定一个个流程，通过设计一致的工作流模型，统一协调人员，组织在各个节点的执行活动，使不同人员参加产品研制时能够保证研制过程一致性，避免研制过程的人为工序遗漏问题。

其次，产品研制过程管理还用来定义和控制数据操作的基本过程，主要管理当用户对数据进行操作时人与人之间或活动与活动之间的数据流向，以及在一个产品的全生命周期内跟踪所有事物和数据的活动（如实现对文档审批、发放过程的跟踪与控制，实现对更改过程的跟踪与控制等）。所以，产品数据管理系统中产品研制过程管理需要和产品研制数据管理相结合。数据管理是对研制过程数据的管理，过程管理是对研制过程数据的生成过程进行管理和控制，数据和过程管理在产品研制过程中相互联系、不可分割。

产品研制过程优化意味着准时的信息传递、合理的资源配置以及高效的团队组织。

航天产品设计和制造工艺复杂，研制过程所需工具和设备种类繁多，研制过程中信息管理要求高。为了保证不同产品的设计生产，使企业具备强有力的新产品研制能力，就必须在航天产品生产单位针对产品建立起若干专门化的产品研制信息系统，实现研制技术与管理交叉融合，确保产品质量。如在机械产品研制中，通过工具软件集成、数据集成，统一数据的输入输出，通过航天飞行器集成化设计制造系统进行产品研制流程定制，组成一个集设计、制造执行和数据管理于一体的产品研制信息系统(图 8—5)。

8.3.4.4　空间光学遥感器集成分析/设计软件实例

空间光学遥感器集成分析/设计软件（Space Optical Remote Sensor Integrated Analysis/Design Software，SORSA）利用集成框架的软件封装技术，将光学有效载荷研制过程中涉及的 CAX 软件进行封装，包括光学

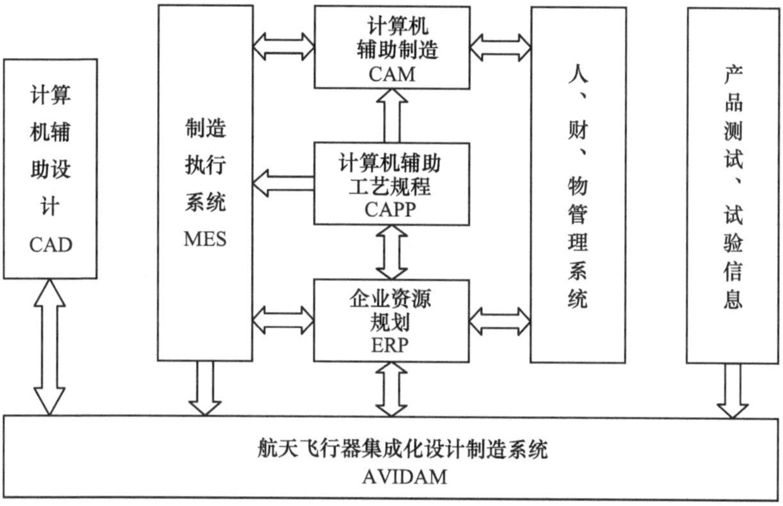

图 8－5　产品研制信息系统组成示意图

系统设计分析仿真软件 CodeV 和 LightTools、机械设计软件 Pro/E、热控系统设计分析计算软件 Sinda/G 和 Nevada、机械结构分析软件 Patran 和 Nastran、Sinda/ATM 和 MatLab。使这些 CAX 软件成为 Simmanager 框架管理的应用组件，由 Simmanager 框架对组件提供一致的访问控制，完成光机快速构型设计、反射镜轻量化设计、机械结构动力分析与优化设计、热控系统优化分析设计、反射镜镜面评估和杂散辐射抑制设计与分析，实现了空间光学遥感器设计全过程的虚拟、闭环、多学科综合集成分析设计。

空间光学遥感器集成分析/设计软件应用产品模型数据交换标准（STandard Exchange of Product data model，STEP），以及 LightTools Step，Patran，Sinda/ATM 和 Matlab 等软件的前后处理/数据接口软件，实现不同软件的数据转换集成。

空间光学遥感器集成分析/设计软件在 Simmanager 集成框架基础上，利用框架的流程管理与执行功能和已经集成的 CAX 组件及其数据接口组件，建立光学有效载荷设计分析流程，实现过程自动化。空间光学遥感器集成分析/设计软件功能结构见图 8－6。

8.3.5　航天产品研制数据包

8.3.5.1　航天产品研制过程数据包

产品数据是在产品研制过程中由产品数据管理系统动态产生、修改和

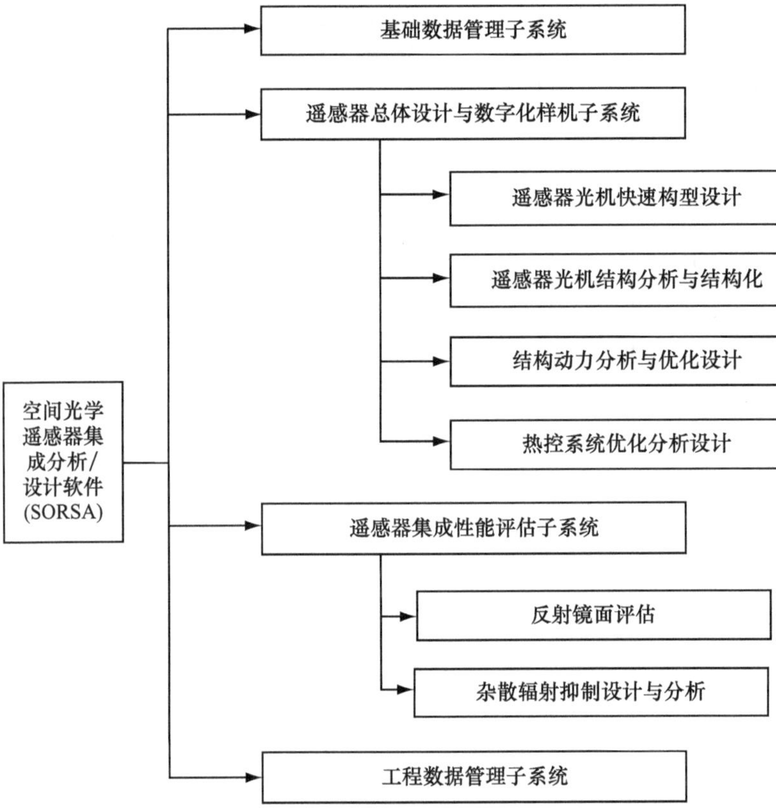

图 8－6　空间光学遥感器集成分析/设计软件功能结构图

变化的，而对这种变化过程的控制也是必不可少的。前面提到，产品数据管理系统把当一个用户对数据进行操作时发生的影响、人与人之间数据的流动，对产品过程中数据活动的跟踪以及所发生事务的管理称为过程管理，产品数据管理系统具有对这些过程和数据进行存储、分类、数据集成等基础功能，当某一产品的研制工作结束后，产品数据管理系统生成的针对该产品的过程和数据的集合称为产品研制过程数据包。

产品研制过程数据包从产品的分解状况和进展状况来控制产品研制的全过程，实现对数据的有效组织和利用，包括产品设计文档管理、产品结构管理和配置管理，以及过程管理数据。

8.3.5.2　*产品研制数据包*

产品研制数据包是对产品数据管理系统产品过程数据包整理的结果，一般是产品过程数据包中各种过程和数据最终版本的集合（因产品而异，有些产品需要保留必要的过程版本），是航天产品数据包的一个重要子集，是描述产品设计特性、产品实现过程中工艺特性的一组完整参数，是产品设计要求和产品制造、装配、调试、检验、试验各环节的量化数据。

产品研制数据包应具备设计文件和图样完备、工艺文件和图样细化、配套物资来源稳定、制造过程文件完整和可重复性高、测试试验与设计指标吻合等特性，经过产品初次研制阶段，产品研制数据包将被存储到产品数据库中，以备产品重复生产和使用阶段产品再生产时使用。

由于产品研制数据包是由产品过程数据包整理而来，因此它是一套完整的可作为产品再生产和批生产时产品制造信息系统的输入数据，它的数据准确性、质量和可靠性状态直接影响后续产品的质量。根据产品成熟度理论，航天产品在产品重复生产和使用阶段，以及产品定型和升级改进阶段经过对 3 类关键特性“再识别、再设计、再验证”的反复多次迭代过程中，航天产品数据包不断完善，产品成熟度不断提高，产品质量与可靠性也不断提高。因此，在这一阶段，产品研制数据包应根据航天产品数据包的完善和产品成熟度的提高而不断修正和更新，并在产品定型和升级改进阶段被固化。

8.4　航天产品管理信息化

航天产品管理信息化采用产品生命周期管理理念，在产品全生命周期内通过航天产品数据库实现对产品信息、产品成熟度、产品型谱、产品定型过程和产品生产线等管理，通过建立航天产品数据库中的产品数据包与航天飞行器集成化设计制造系统产品结构树对应关联，对航天飞行器集成化设计制造系统进行扩展，以扩展的航天飞行器集成化设计制造系统构成产品的产品生命周期管理系统，构成产品应用管理系统，覆盖航天产品工程管理全过程。

8.4.1　航天产品数据库

8.4.1.1　航天产品数据库的定义

航天产品数据库是面向产品工程管理和面向型号设计师选用产品的管理信息系统，它包括产品系统、生产线管理系统、产品工程规章制度管理系统。

8.4.1.2　航天产品数据库的功能

航天产品数据库利用数据库管理技术，实现对已有产品信息进行编辑、批量导入和产品维护，利用计算机 Web 技术，实现产品信息检索。产品数据库的功能有以下 4 个方面：

1）收集产品信息、产品成熟度信息、产品定型信息等信息资源；

2）开发数据库管理软件，以软件系统为工具实现对产品信息、产品成熟度、产品型谱、产品数据包和产品生产线等信息的动态管理；

3）开发产品检索和管理系统，采用层次目录结构，为型号设计师提供基于产品对象的可视化树型结构浏览功能，保证型号设计师在运载火箭、航天器型号设计时查询和选用产品；

4）与产品数据管理系统进行集成，实现用产品数据库的产品数据包为产品数据管理系统构建产品结构树的功能。

8.4.1.3　航天产品数据库结构与内容

航天产品数据库将产品型谱信息、产品数据信息、产品数据包信息、产品生产线信息、产品工程标准与规范分类管理（见图 8—7）。

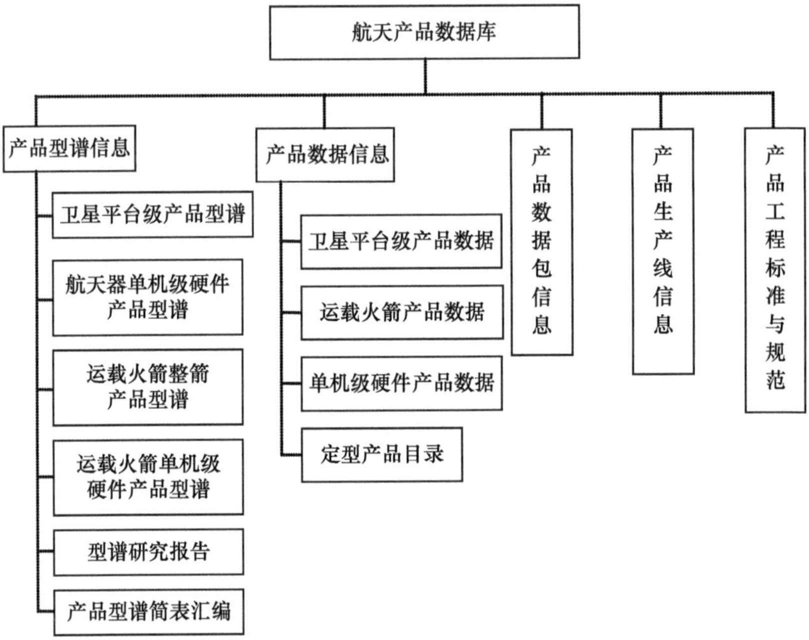

图 8—7　航天产品数据库结构与内容

（1）产品型谱信息

产品型谱信息包括卫星平台级产品型谱、航天器单机级硬件产品型谱、运载火箭整箭产品型谱和运载火箭单机级产品型谱。

1）卫星平台级产品型谱包括高轨道卫星平台型谱、中低轨道卫星平台型谱和返回式卫星平台型谱等。

2）航天器单机级硬件产品型谱按结构与机构、制导导航与控制、测控与通信、热控制、电源与供配电、推进、天线、数据管理与传输、通信有效载荷、光学遥感有效载荷、微波遥感有效载荷、导航有效载荷等专业进行划分。

· 结构与机构。包括中心承力筒、机械太阳翼等。

· 制导导航与控制。包括光纤陀螺组合、惯性敏感器、红外地球敏感器、太阳敏感器、星敏感器、光学敏感器、控制计算机、动量轮、控制力矩陀螺、控制力矩陀螺线路盒、磁力矩器等。

· 测控与通信。包括测控应答机、GPS 接收机、遥测单元、遥控终端、时钟单元、加解密单元、测控/数传/通信一体机等。

· 热控制。包括热管、控温仪等。

· 电源与供配电。包括蓄电池组、太阳电池、电源控制设备、配电器、火工品管理器等。

· 推进。包括推力器组件、贮箱、气瓶、自锁阀、加排阀、单向阀、减压阀、安全阀、电爆阀等。

· 天线。包括测控天线、低轨数传天线、GPS 天线等。

· 数据管理与传输。包括数管/星务/中心计算机、测控/远置单元、存储器、数据复接器、数传终端机、下位机（总线终端机）等。

· 通信有效载荷。包括接收机、变频器、信标机、输入多工器、输出多工器、输入滤波器、输出滤波器、通信天线、测试耦合器、固态放大器、低噪声放大器、行波管放大器、混合接头、微波开关、星载数据传输调制器、中继终端等。

· 光学遥感有效载荷。包括扫描型光学遥感器、推扫型光学遥感器、凝视型光学遥感器等。

· 微波遥感有效载荷。包括气象雷达、目标捕获和跟踪雷达、辐射计、合成孔径雷达等。

· 导航有效载荷。包括测距接收机、频率基准源、频率综合器等。

3）运载火箭整箭产品型谱包括液体火箭（现役）型谱、固体火箭（探空）型谱等。

4）运载火箭单机级硬件产品型谱按箭体结构、动力系统、控制系统、测量系统、电源产品、火工产品等专业进行划分。

· 箭体结构。包括整流罩、卫星适配器、星（船）箭包带类锁紧装置、回收机构等。

·动力系统。包括常温发动机、低温发动机、姿控发动机、固体发动机、减压器、加注阀（排放阀）、蓄压器等。

·控制系统。包括平台系统、捷联惯性测量组合、速率陀螺仪、箭载计算机、程序配电器、开关放大器、综合放大器、伺服机构等。

·测量系统。包括天馈、卫星导航接收机、遥测发射机、中心程序器、脉冲相参应答机、连续波应答机、安全指令接收机、安全控制器等。

·电源产品。包括电池等。

·火工产品。包括点火器、起爆器、爆炸螺栓、非电系统、导爆索及切割药环、火工作动装置、固体小火箭、点火药盒等。

5）卫星平台级产品型谱和航天器单机级硬件产品型谱的特征信息有名称、代号、描述、成熟度、应用领域和型号、主要技术指标、承担单位等；运载火箭整箭产品型谱和单机级硬件产品型谱的特征信息有名称、代号、描述、成熟度、应用领域和型号、主要技术指标、承担单位等。

6）型谱研究报告和型谱简表。包括各类产品的型谱研究报告和型谱简表文档。

（2）产品数据信息

① 卫星平台级产品数据

卫星平台级产品数据包括高轨道卫星平台产品数据、中低轨道卫星平台产品数据和返回式卫星平台产品数据。

卫星平台级产品数据特征信息有适应任务类型、适应轨道类型、平台质量、承载能力、姿控方式、姿控测量精度、姿控指向精度、定点位保精度、推进系统、推进剂质量、电池阵类型、电池片类型、输出功率、蓄电池组、电源母线、测控体制、数据管理方式、热控方式、设计寿命、运载接口等。

② 运载火箭产品数据

运载火箭产品数据包括液体火箭产品数据和固体火箭产品数据。

运载火箭产品数据特征信息有芯级最大直径、推进剂质量、推进剂、发动机、发动机推力、发动机比冲、助推器数量、助推器直径、起飞质量、总长度、整流罩直径、运载能力、目前承担的主要任务、主要发射场、总体单位等。

③ 单机级硬件产品数据

单机级硬件产品数据包括单机硬件定型产品和非定型型谱产品，采用了与产品型谱一样的分类方法。为了满足型号系统设计师对产品选用的要求，产品特征信息包括产品信息、产品代号、成熟度等级、成熟度文档、定型等级、定型文件、产品数据包、设计单位、生产单位、库存数量、主要功能与特点、技术指标、接口状态、环境试验条件、可靠性与安全性指标、接口数据表（IDS）、设计与产品规范、生产周期、工艺流程、原材料装机清单、配套生产文件、关键生产资源、关键项目、生产线成熟情况、已应用型号、应用平台、质量问题、后续任务应用建议、后续工作建议、其他需说明的情况、产品图片以及产品简要技术说明文档等。

④ 定型产品目录

定型产品目录包括不同版本的一级、二级和三级定型产品目录。

(3) 产品数据包信息

航天产品数据包信息包括在产品成熟度不同阶段形成的全套技术文件和基础数据、关键特性数据、功能特性数据等，同时本书 8.3.5 节提到的由产品研制过程产生的直接用于产品再生产和批生产的电子化的产品研制数据包也随产品数据包文件一同存储。根据产品成熟度与产品数据包的关系，不同成熟度等级的产品，产品数据包的内容是不同的（产品成熟度各等级产品数据包的具体内容见本书第 3 章）。

(4) 产品生产线信息

航天产品生产线信息包括生产线所属单位、生产线建设文档、生产线布局和产能、技术安全、管理制度、原材料管理、环境控制、人员管理、质量管理、设备管理、生产线评估信息等。

(5) 产品工程标准与规范

产品工程标准与规范包括航天产品型谱编制指南、成熟度定级规定、成熟度定级标准、定型管理办法、定型工作指南、定型标准、生产线建设与认证指南、生产线认证方法和程序、型谱产品规范编制指南等产品工程相关管理规范和技术规范等。

8.4.1.4　航天产品数据库信息检索系统

为了方便型号系统设计师等用户对产品信息检索，产品数据库信息检索功能有以下几点：

1）产品型谱数据检索，可按专业检索；

2）产品检索，可按专业检索和按产品研制单位树检索；

3）产品简要技术说明检索，可按产品检索；

4）定型产品目录检索，可检索一级、二级和三级目录；

5）产品生产线信息检索，可按生产线所属单位检索，可打印生产线目录表；

6）产品型谱研究报告和型谱简表检索，可按产品类别检索（根据本书 4.2.5 小节，每类产品均应编制产品型谱研究报告和型谱简表）；

7）产品工程规范检索，可按工作指南、管理办法、管理规定和技术规范等分类检索。

8.4.2 航天产品成熟度管理

航天产品成熟度是产品在设计、工艺、生产和应用上的成熟程度，是产品培育、定型和选用的基本依据，成熟度的确认程序是产品管理的重要内容，是贯穿产品工程信息化的工作之一。按产品工程定义，产品成熟度分为 8 级（参见本书 2.3 节）。产品成熟度信息管理是在产品数据库中，将某产品成熟度写入该产品成熟度等级属性和将产品成熟度定级过程中产生的各种文档纳入该产品相应等级成熟度文档结构下的管理过程。

航天产品经过对产品 3 类关键特性“再识别、再设计、再验证”的反复多次迭代，产品成熟度等级不断提高，产品成熟度文档不断丰富。因此，产品数据库中在每个产品的产品成熟度文档字段下设 n 级成熟度文档结构，对应产品成熟度的 8 个等级（可扩展，以备产品成熟度重新评定时使用），其中 n 以产品成熟度等级名称命名（扩展部分，以重新定级 n 级成熟度文档名称命名），分别管理产品成熟度定级过程中各等级产生的各种文档。

根据本书第 2 章，将产品成熟度分为以下 8 级：

1）产品研制完成，形成原理样机产品，产品成熟度为 1 级；

2）形成工程样机产品，产品成熟度为 2 级；

3）形成飞行产品，产品成熟度为 3 级；

4）产品经过一次飞行考核，产品成熟度为 4 级；

5）产品经过多次飞行考核，产品成熟度为 5 级；

6）三级定型产品，产品成熟度为 6 级；

7）二级定型产品，产品成熟度为 7 级；

8）一级定型产品，产品成熟度为 8 级。

产品数据库中的产品成熟度数据，可以成为产品工程中产品定型、产品应用、现货产品生产线准入和产品批生产管理的决策依据之一。

各级产品成熟度文档的管理，也应按照本书航天产品成熟度一章的叙述执行。

对于已完成成熟度定级的产品，当技术状态发生更改时，应根据更改和验证的情况，重新评定产品成熟度等级，重新评定后，产品数据库中的产品成熟度等级属性可直接更改，而 n 级成熟度文档结构应做扩充，不应用重新评定后的 n 级成熟度文档覆盖原有文档。

产品数据库中的产品成熟度的升级管理过程，能够反映出产品培育过程和产品的成熟程度，实现了产品成熟度等级提升管理过程的可追溯性。

8.4.3　航天产品型谱管理

航天产品型谱管理是根据产品更新情况和产品化管理的需求对产品数据库中产品型谱数据不断扩展和完善的过程。

按照本书4.4.3小节，型谱更新分版内更新和版本升级两种。

8.4.3.1　版内更新

申请型谱更新单位提交申请，详细说明版内更新的目的或需求、更新对象、信息更新的具体内容、更新信息的来源和相关可信性证据等，申请经审查获批后，型谱主管部门授权相关单位对产品数据库的型谱数据库进行修改。

8.4.3.2　版本升级

型谱主管部门汇总型谱升级方案，经审查后，型谱主管部门授权相关单位对产品数据库的型谱数据库进行修改。

8.4.3.3　型谱发布

型谱信息更新后，根据型谱主管部门的要求，相关单位可从产品数据库的型谱数据库生成更改的电子媒体型谱、纸质型谱或版内更新更改单等，进行型谱发布工作。

8.4.4　航天产品定型管理

8.4.4.1　航天产品定型管理

航天产品定型是产品通过考核认证，达到规定要求的标志，是型号设计师系统进行产品选用的重要特征参数。按产品工程定义，产品定型分为三级。产品定型信息管理是在产品数据库中，将某产品定型等级写入该产品定型等级属性和将产品定型过程中产生的各种文档纳入该产品相应等级定型文件结构下的管理过程。

随着航天产品定型等级的提高，产品状态、产品的定型要求和考核方式不同，因此定型文件也不相同。产品数据库中在每个产品的产品定型文

件字段下设 n 级定型文件结构，对应产品定级的 3 个等级（可扩展，以备产品重新定级时使用），其中 n 以产品定型等级名称命名（扩展部分，以重新定级 n 级定型文件名称命名），分别管理产品定型过程中各等级产生的各种文档。

根据本书第 6 章，产品成熟度为 6 级、7 级和 8 级分别满足三级定型产品、二级定型产品和一级定型产品的基本申请条件，因此，产品数据库中的产品成熟度数据，可以成为产品工程中产品定型管理的决策依据之一。

各级产品定型文件的管理，也应按照本书第 6 章的叙述执行。

对于已完成定型的产品，当产品发生重大质量问题和技术状态发生更改时，应根据更改和验证的情况，及时更改定型等级。更改定型等级后，产品数据库中的产品定型等级属性可直接更改，而 n 级定型文件结构应做扩充，不应用重新定型后的 n 级定型文件覆盖原有文件。

8.4.4.2　航天定型产品目录

产品数据库中的产品管理软件，能够直接生成一级定型（对应产品成熟度 8 级）、二级定型（对应产品成熟度 7 级）和三级定型（对应产品成熟度 6 级）的定型产品目录，作为产品选用的决策依据之一，供型号设计师系统选用。

8.4.5　航天产品数据包管理

航天产品数据包是产品质量保证的核心，在航天产品工程中，航天产品成熟度以航天产品数据包的完善程度作为定级的主线。根据产品数据包与产品成熟度的关系，随着产品数据包内容的不断完善，产品成熟度等级也不断提高。因此，当产品成熟度提升时，应对产品数据包的信息进行更新和管理。

产品数据库中每个产品均有产品数据包字段，用来存储产品过程数据包和相关的各种文档。

在产品工程管理中，产品的成熟度是根据产品的设计、生产、试验和应用情况对产品质量与可靠性的度量，既然产品数据包要作为产品再生产和批生产的输入，它的质量和可靠性状态就显得极为重要。产品刚刚经过设计和试制，没有经过任何验证过程，它的可靠性程度较低，这样的数据包用于批生产显然是不合适的。经过对产品 3 类关键特性“再识别、再设计、再验证”的反复多次迭代，产品数据包从内容到数据质量及可靠性方面都要经历不断完善的过程，使得产品成熟度不断提高。根据本书 3.5 节对产品数据包与产品成熟度关系的叙述，不同成熟度等级的产品，产品数据包的内容是不同的，因此，当产品成熟度提升时，应对产品数据库中产品数据包字段下的内容进行维护和管理。

8.4.6　航天产品生产线管理

航天产品生产线是指根据不同航天产品建立起的各种光学、机械、电子产品生产线。由于航天产品品种多、更新快，因此生产线的管理也较烦琐。产品生产线信息化系统包括在产品数据库中的生产线建设和生产线评估模块中，以及根据不同产品生产线管理需求建立的各种产品生产线管理系统中。

8.4.6.1　生产线建设模块

根据本书第 7 章，申请生产线建设的单位应根据生产线策划结果提供生产线建设所需的各种文档，依据生产线建设实施方案完成生产线布局，初步开展生产线的试运行。生产线经过认证，通过生产线建设模块，将生产线的信息、生产线建设文档和生产线认证文档等添加到产品数据库中。

根据本书第 7 章，产品成熟度达到 5 级是申请现货产品生产线的依据，因此产品成熟度指标也成为生产线建设的参考指标之一。

8.4.6.2　生产线评估模块

根据本书 7.6 节，要对建成并稳定运行一年以上的生产线进行评估，在此基础上，还要按年度组织相关部门和专家对生产线进行评估，因此，生产线评估模块可将生产线评估结果和生产线评估文档及时添加到产品数据库中。

8.4.6.3　产品生产线管理系统

由于生产线多种多样，不同生产线管理需求不同，因此各种产品生产线管理系统也不同。总的说来，产品生产线管理应包括对人员、设备、质量、技术安全、管理制度文档、原材料、环境控制和测试设备等的管理。在这方面，国内外有很多成熟的生产线管理系统可供裁剪选购和功能扩充定制，选购时应注意，生产线管理系统应包含以下基本功能。

1）生产线人员管理。对生产线所属人员的基本情况进行录入和编辑。

2）生产线设备管理。对生产线上各种设备的名称、型号和基本参数进行编辑。

3）生产线加工中心信息管理。添加生产线加工中心，编辑各个加工中心所对应的设备和人员信息。

4）生产线生产过程信息管理。生产工序流程信息管理，生产线生产过程中人员、设备使用情况和产品生产情况的管理。

5）质量管理。产品质量及不合格产品的管理。

6）环境技安管理。对厂房、库房、温度、湿度和消防等环境的监视与管理。

7）日志管理。实现生产线管理的可追溯。

产品生产线管理系统可通过产品数据管理系统与制造执行系统进行数据层的集成，从制造执行系统接收发放计划、加工、装配和检验等数据，回传制造执行过程的制造活动数据。

8.4.7 航天产品应用信息化

8.4.7.1 航天产品发布

航天产品数据库利用数据库管理系统对产品信息进行管理，并利用Web形式向型号设计师系统进行产品推荐，它是型号设计师系统选用产品的信息化平台，是航天产品应用的信息化工具。

航天产品数据库是一个虚拟的产品现货管理系统，它不但能够像真实货架一样管理现货产品，而且可以管理其他型谱化产品，并利用产品研制数据包信息的重用进行产品再生产。产品数据库的动态管理能使产品的种类和现货数量准确可靠，型号设计师系统能够通过发布系统，实时查询各种产品的详细信息。

8.4.7.2 航天产品重复生产和使用的信息化流程

航天产品应用流程即型号设计师系统接受型号研制任务后，可根据各级定型产品目录或产品数据库对产品信息进行检索，以得到现货产品直接选用或对其他型谱化产品进行再生产的过程。下面以型号设计师系统进行航天器型号设计为例，说明型号设计师系统对产品进行管理的基本流程。

型号设计师系统在型号研制中，根据型号总体指标需求选择产品时，首先进入航天飞行器集成化设计制造系统，通过产品发布信息化平台对产品数据库中的产品信息进行检索。如果没有找到可选用的产品，则按照新产品的研制流程进行产品的研制；如果找到可选用的产品并有现货，型号设计师系统即可直接选用；如果有可选用的产品但无现货，型号设计师系统可通过产品数据库中该产品的产品研制数据包，进行产品再生产（见图8—8），对非一级定型的型谱化产品进行再生产时，还必须对产品3类关键特性进行“再识别、再设计、再验证”，以实现型谱化产品成熟度的提升。

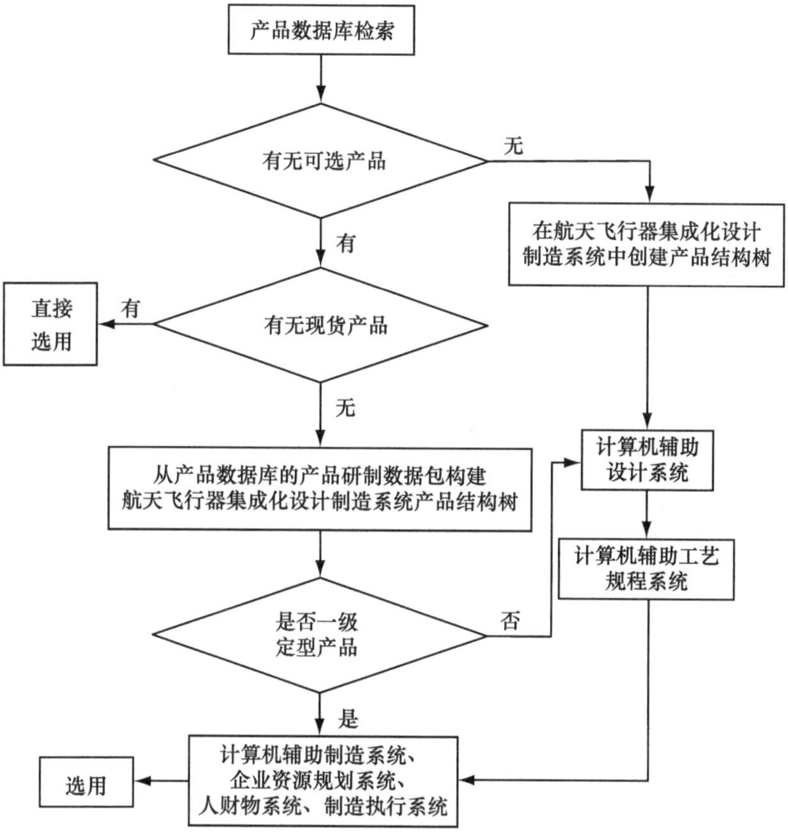

图 8－8　航天飞行器集成化设计制造系统中产品重复生产和使用流程

8.4.7.3　航天产品批生产的信息化流程

航天产品批生产是根据型号任务需要和产品未来使用需求对定型产品进行批量生产的过程。

航天产品批生产应使用产品数据库中的产品研制数据包，构建航天飞行器集成化设计制造系统中的产品结构树，并提取产品研制数据包用于产品制造。产品研制数据包含有产品的配套信息、单机硬件产品的零部件信息、最终版本的设计和工艺文档、物料清单以及工作流模板，能够直接输入产品制造信息系统进行产品制造，从而避免了产品的重复设计，提高了生产效率，降低了成本，缩短了周期，但对于非一级定型的型谱化产品，批生产前必须对产品 3 类关键特性进行“再识别、再设计、再验证”，实现型谱化产品成熟度的提升。

8.4.8 航天产品工程文档管理

航天产品工程标准、规范等文档管理通过产品数据库中文档管理模块完成，其功能包括文档建立与发布、文档更新、文档删除与废止等，管理人员可通过此模块完成对各种工作指南、管理办法、管理规定、技术标准和规范的管理。

8.4.9 航天新产品入库管理

在每一个新产品研制结束后，根据需要对该产品在航天飞行器集成化设计制造系统中的信息进行抽取，新产品入库管理就是将新产品信息补充到产品数据库中的过程。

新产品入库应完成以下内容：

1）根据产品的类别（是卫星平台级产品、运载火箭整箭产品，还是单机级硬件产品）整理和填写产品特征信息；

2）新产品属于原理样机产品，产品成熟度定为1级，成熟度文档同时入库；

3）根据产品工程对原理样机产品数据包的要求完成产品数据包入库；

4）对规范化产品，根据产品型谱规划，将该产品编入产品型谱数据库。

8.5 航天产品工程信息系统

建立产品工程信息系统是企业现代化的重要标志，是产品生产企业发展的一条必由之路。面对要求越来越高的产品质量、越来越多的产品信息资源和越来越复杂的研制环境，企业有必要建立高效、实用的信息系统，为产品研制和管理提供保障，这是实现企业现代化的必然趋势。因此，要考察一个航天产品生产单位的产品研制能力，首先就是要考察其是否拥有一套或几套针对其研制产品的专用产品信息系统。产品信息系统的建立在企业现代化过程中起着举足轻重的作用，它不仅是企业实现现代化的有效途径，同时，也可以促进企业走向现代化的进程。

8.5.1 航天产品工程信息化平台

从图8—1中看出，产品管理信息化主要包括产品成熟度、产品型谱、产品定型、产品数据包、产品生产线和产品应用的管理，由产品数据库作为数据存储，产品研制过程信息工具通过产品数据管理系统（或结合各种集成软件工具）实现对不同产品研制软件工具的集成、过程数据的集成和研制流程的集成，因此对于各航天产品研制单位来说，要建立一套或几套针对其研制产品的专用产品信息系统，都离不开一个公用的产品数据管理系统和产品管理信息化系统，这个公用的产品数据管理系统和产品管理信息化系统就称为产品工程信息化平台（见图 8－9 中实线部分）。

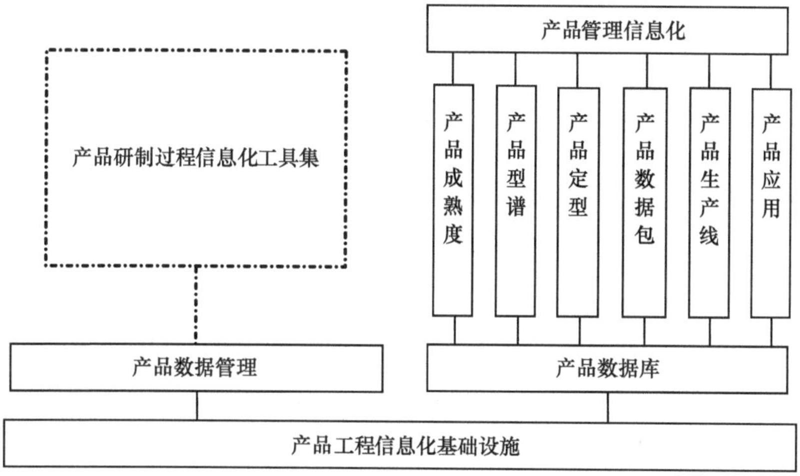

图 8－9　产品工程信息化平台

航天产品研制企业目前均建立了由航天飞行器集成化设计制造系统为核心的产品研制数据管理系统，并结合产品数据库建立了产品工程信息化平台，通过航天飞行器集成化设计制造系统和产品数据库能够实现产品管理，以及对产品研制的工具集成、数据集成和过程集成。

8.5.2　航天产品工程信息系统

航天产品工程信息化最终就是要形成一系列针对不同产品的专用信息系统。

航天产品工程信息系统采用产品全生命周期的管理理念，通过航天产品工程信息化平台（包括产品数据库和产品生产线管理系统），集成不同产品研制过程软件工具，建立针对不同产品的专用信息系统。图 8－10 是航天产品研制的产品工程信息系统组成示意图。

航天产品工程信息系统在航天产品工程中形成了闭环体系，覆盖了航

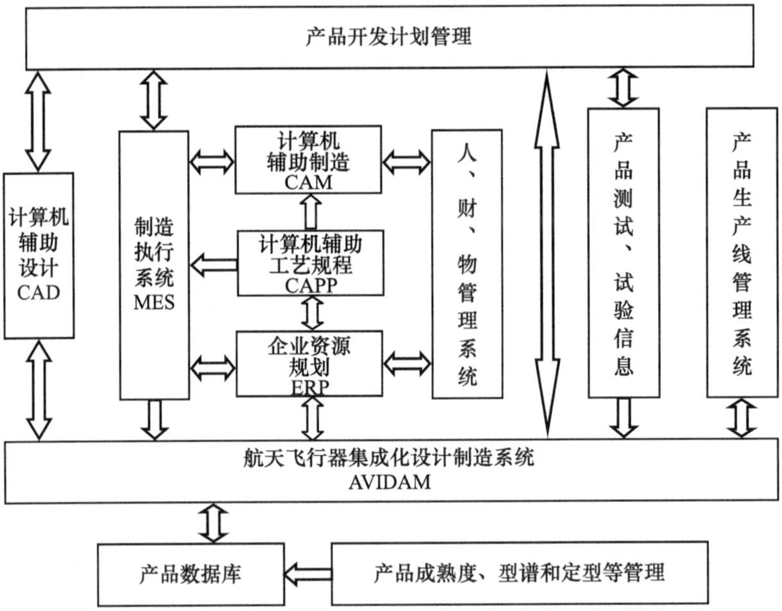

图 8－10　航天产品工程信息系统组成

天产品从需求到应用、从执行层到管理层的管理过程，是根据需求针对不同产品建立的完整的信息化解决方案。

航天产品工程信息系统紧密结合航天产品小子样、品种多、更新快，以及产品质量、稳定性要求高的特点，以产品管理信息化为产品快速成熟提供支撑，保证了产品质量的提高，通过产品研制过程的信息化提供产品的精细制造，保证了产品性能的稳定性，应用航天产品工程信息系统研制的大量成熟产品为快速增长的航天型号任务的圆满完成提供了保证。

参考文献

[1] 曹学先. 军工集团公司科技档案信息化管理模式 [J]. 数字军工，2009 (10).

[2] 程辉明，等. 先进电子制造技术 [M]. 北京：国防工业出版社，2008.

[3] 李天盟，曹宝香，等. PDM 产品结构树的一种权限管理方法 [J]. 信息技术与信息化，2005 (5).

[4] 刘胤，林晓青，刘金山. 论制造执行系统在航天制造企业中的事实与应用 [J]. 数字军工，2010 (2).

[5] 穆绪涛，穆建华，邹微，等. 管理信息系统的作用及应用 [J]. 现代情报，2005 (10).

[6] 齐从谦. 制造业信息化导论 [M]. 北京：中国宇航出版社，2003.

[7] 谢黎明，杨娟，靳岚，等. 基于机床制造的 PDM/ERP/MES 系统协同集成研究 [J]. 科学技术与工程，2007 (20).

[8] 詹友刚，王峰. DFMA 面向制造与装配的设计——并行工程的核心技术 [J]. 计算机辅助设计与制造，2001 (6).

[9] 张炜，邓世祥，等. 基于产品结构树多视图的企业应用集成研究 [J]. 武汉理工大学学报，2006 (1).

[10] 赵敏. PLM 与企业信息化 [J]. 中国制造业信息化，2003 (8).

[11] 赵苹. 步入 21 世纪的农业信息化：信息资源开发理论探讨 [M]. 北京：经济科学出版社，2000.